LISHI BIANZHENGFA

历史辩证法

——青年卢卡奇历史唯物主义思想研究

邹之坤◎著

LISHI BIANZHENGFA
— QINGNIAN LUKAQI
LISHIWEIWUZHUYI
SIXIANG YANJIU

中国社会科学出版社

图书在版编目（CIP）数据

历史辩证法：青年卢卡奇历史唯物主义思想研究／邹之坤著．—北京：
中国社会科学出版社，2015.6

ISBN 978 - 7 - 5161 - 5420 - 5

Ⅰ.①历…　Ⅱ.①邹…　Ⅲ.①卢卡奇，G.（1885—1971）- 历史唯物
主义 - 研究　Ⅳ.①B515②B03

中国版本图书馆 CIP 数据核字（2014）第 311064 号

出 版 人　赵剑英
责任编辑　任　明
特约编辑　芮　信
责任校对　季　静
责任印制　何　艳

出　　版　中国社会科学出版社
社　　址　北京鼓楼西大街甲 158 号
邮　　编　100720
网　　址　http：//www.csspw.cn
发 行 部　010 - 84083685
门 市 部　010 - 84029450
经　　销　新华书店及其他书店

印刷装订　北京市兴怀印刷厂
版　　次　2015 年 6 月第 1 版
印　　次　2015 年 6 月第 1 次印刷

开　　本　710×1000　1/16
印　　张　13.25
插　　页　2
字　　数　203 千字
定　　价　50.00 元

中 文 摘 要

青年卢卡奇在《历史与阶级意识》这部著作中把马克思的历史唯物主义理解为"历史辩证法"。

1. 卢卡奇所理解的历史辩证法的真实含义

卢卡奇是要实现对黑格尔概念辩证法的彻底变革，这符合马克思的想法，即把黑格尔的神秘的"倒置"的辩证法颠倒过来。卢卡奇也称之为"历史化"。在这个基本点出发，卢卡奇进一步以"物化"为历史事实基础，把人类的历史性生存逻辑理解为历史辩证法。在卢卡奇看来，历史辩证法就是揭示物化及其扬弃的历史生存逻辑。他着眼于共产主义这个最高目标，看到的是一种历史性存在的人的异化及其扬弃，这就是历史辩证法。这里可以简要地概括历史辩证法的基本内容：人总是从当下的异化生存状态，返回到自由状态，即共产主义。这个过程就是异化和异化的扬弃。在资本主义这个特定阶段，就表现为人对资本客观逻辑力量的超越，回到人本身。它反映的是人在其历史性生存中追求理想生存状态的辩证运动。

卢卡奇进一步从阶级意识的角度来理解作为社会结构的历史辩证法。阶级不是人类历史的全部特征，而仅仅是资本主义阶段的特征。而在资本主义阶段，这个能够充当历史主体的"自我意识"就是无产阶级。无产阶级在超越物的束缚的意义上对人类整体的反思，形成一种历史的自我意识。这样，在卢卡奇这里，历史辩证法就获得了进一步的规定：无产阶级通过总体性反思态度，确立了历史的自我意识，从而使历史具有了"主体"，有了这一"主体"，历史的辩证运动才成为可能。

2. 历史辩证法没有完成"颠倒"黑格尔辩证法的任务

众所周知，马克思在《资本论》序言中提出黑格尔辩证法是"颠倒"的和"头足倒置"的。马克思在《资本论》中已经意识到了这种"颠倒"工作一定要通过经济学来实现。卢卡奇因此注意到了要"颠倒"黑格尔的辩证法，把辩证法放在"历史"领域当中来理解人类的生存活动。但是，这种颠倒是否最终完成了对黑格尔的批判和超越？是否是真正的马克思本人所希望的那种颠倒过来的辩证法？显然回答是否定的。

3. "历史辩证法"的积极意义

历史辩证法在理解马克思与黑格尔之间的关系上做出了重要的贡献。

可以说，黑格尔和马克思甚至更多的哲学家所关注的问题只有一个，那就是人的自由。但是，以往哲学都没有在历史的和实践的层面上去改变世界，实现现实的人的自由。而马克思则认识到，实现人类的生存自由最终要走出纯粹哲学的和理论的领域，进入历史的、实践的和经济的领域。需要注意的是：马克思虽然进入真正的历史和实践，但是，却没有抛弃人类生存的精神向度。因为自由必须要有精神的自由。所以，共产主义是人类的精神与现实统一的自由王国。在这个意义上，我们可以认为：黑格尔和马克思是互为对方的前提的辩证统一关系。黑格尔哲学发展到马克思才算完成；而黑格尔哲学反过来也可以被看作是马克思哲学的一个内在环节。这样，整个历史似乎就在黑格尔和马克思的张力关系中被实现出来了。

既然黑格尔和马克思之间的关系可以被看作是对人类生存自由的理论的和实践的统一的表达，我们可以断定，卢卡奇从黑格尔哲学立场出发理解马克思自然有其积极的意义。所以，卢卡奇能够从黑格尔的立场来理解马克思，显然已经比站在黑格尔立场上理解黑格尔还要困难。正是在这个意义上，卢卡奇认为《历史与阶级意识》是"比黑格尔还要黑格尔的尝试"。

但是，不可否认的是，这种对社会历史的辩证运动形式的揭示，虽然具有黑格尔的唯心论性质，但却不失为一次创造性的发挥。它也符合马克思自己对人类社会生存逻辑的揭示。马克思自己也在哲学的意义上指出了共产主义的辩证运动，即私有财产的扬弃过程。所以，卢卡奇对社会历史的思辨结构的阐释不乏积极的意义。

尽管卢卡奇在《历史与阶级意识》当中存在着诸多与黑格尔主义有关的错误，但是，却不能忽略的一个事实是：卢卡奇已经注意到了应该回到马克思的经济学领域来研究马克思哲学这样一个重要的理论着眼点。这也是青年卢卡奇的《历史与阶级意识》所敞开的通向马克思的一条道路。所以，能够在积极的意义上去超越黑格尔主义，在《历史与阶级意识》当中主要就表现在卢卡奇对"历史辩证法"的理解。青年卢卡奇把马克思的历史唯物主义理解为"历史辩证法"，是出于以下的考虑，即试图对马克思的经济学与辩证法的哲学关系进行考察的结果。正是在考察经济学与辩证法的关系的总体目标中，卢卡奇把历史唯物主义理解为了"历史辩证法"。而且，在"物化现象"这一部分中，卢卡奇已经十分接近马克思对商品经济异化问题的分析了。所以，青年卢卡奇在《历史与阶级意识》当中对"历史辩证法"的阐释，构成了卢卡奇超越黑格尔主义的最有价值的萌芽。

4. "历史辩证法"的消极意义

卢卡奇的历史辩证法始终没有彻底超越黑格尔主义。卢卡奇停留在了黑格尔的思辨结构之中了，没有按照马克思的步伐前行。在这个意义上，卢卡奇对历史辩证法的理解是对马克思主义来说是倒退。这也就是说，卢卡奇没有按照马克思所说的"改变世界"的哲学去做。所以，早期的卢卡奇受黑格尔的影响比较深，在这个意义上，卢卡奇的黑格尔主义传统影响了他的理论成为彻底的"马克思主义"。这也是学界对卢卡奇争议颇多的原因。

从总体上看，卢卡奇对自己早期的思想所做的回忆和批评可以被归结为一个问题，这就是：在黑格尔主义的笼罩下，对马克思的历史唯物主义作出了抽象的唯心主义的理解。尽管强调了历史范畴，并以此来规范和颠倒黑格尔的辩证法，但是仍然没有彻底在经济学意义上回到真实的实践概念。这导致了他的理论必然具有黑格尔的浪漫主义和乌托邦宗派主义的基本倾向。为此，他所理解的"历史辩证法"自然还仅仅是通向本真的马克思主义哲学的一个环节。而《历史与阶级意识》也不过是对"马克思主义学徒期"的一次总结而已。

Abstract

Marx's historical materialism was understood as "history dialectics" by Lukacs in his works of ⟨history and class consciousness⟩.

1. the essences of "history dialectics"

Lukacs want to turn over Hegel's concept dialectics completely. It is consist with the idea of Marx that to turn the Hegel's dialectics down. . This was called as "historicalize" by Lukacs. Lukacs explained the historical existence logic as history dialectics based on the foundation of the "materialization". According to Lukacs, history dialectics is the logic of materialization and overcoming materialization. Seen from communism, history dialectics is human historical existence dissimilation and overcoming dissimilation. It could be understood that the content of the history dialectics is that human always come back to the freedom world from the dissimilation of existence, namely, communism. This state is come back to be human from the bondage of the capital logic. It is dialectic movement that human pursuing his ideal existence state.

Lukacs understands the history dialectics as a structure of society which based on the class – cautiousness. Class is not the whole characteristics of history, but only at the special capitalism station. The "self – consciousness" which could be the subject of history is only proletariats. Proletariats reflect on human to transcend the bondage of the capital and became the "self – cautiousness". According to Lukacs, history dialectics could be understood deeply as: proletariats established the "self – consciousness" of history and became the "subject" in history through reflecting on the whole attitude. It is this "subject" who makes the dialectic motion of the history possible.

2. history dialectics did not complete the work to "turn over" Hegel's dialectics.

As was known to all, Marx believe that Hegel's dialectics is "overturn" and "bottom up" in his 〈on capital〉. Marx decided to "turn over" the dialectics through his political – economics. So it was paid attention to put Marx's dialectics in "history" to "turn over" Hegel's dialectics and understand human existential behave. But did it complete the work to criticize and transcend Hegel? Is it the wish that to turn over that upside down dialectics of Marx? It is negative obviously.

3. the affirmative sense of "history dialectics"

History dialectics makes a lot contributory to the relation between Marx and Hegel. We can make a conclusion that there is only one question be cared by Hegel, Marx and other more philosophers. But all the philosophers except Marx did not change the world at the plate of history and practices to realize human freedom. Marx believes that it is necessary to come out of the old self – consciousness philosophy and come into history, practices and economics. But we should pay attention to this question that human spirit dimensionality was not cased away by Marx although he come into history. So communism is a freedom country as unite of practices and spirit. We believe that the relation between Hegel and Marx is dialectic. Hegel's philosophy was finished by Marx's philosophy and Hegel's philosophy is a component of Marx's philosophy. All the history looks like was show by the dialectic relation between Hegel and Marx's philosophy.

Since the relation between Hegel and Marx could be looked as a unity of theory and practices for human freedom, we can draw a conclusion that it is reasonable for Lukacs to understand Marx according to Hegel's philosophy. So it is more difficult to understand Hegel than Hegel's philosophy itself. Just for this reason, Lukacs believe that 〈history and class consciousness〉 is an experiment for "like Hegel more than himself".

But it is could not be neglect that history dialectics is really an important creation although there are some idealism elements in it. It is also consist with the explaining of the logic of human existence by Marx. Marx analyzed the dialectic movement of Communism that is the overcoming process of private property. So it is very important for the interpretation of Lukacs on the self – conscious structure of society history.

Though Lukacs made many mistake related with Hegelism in ⟨ history and class consciousness⟩ , we could not ignore the fact that Lukacs had paid attention to the keystone which he should study Marx philosophy through backing Marx's economic domain. It is also a road towards Marx which was opened wide in ⟨ history and class consciousness⟩ by Lukacs. Therefore it was showed in how to understand "history dialectics" that Lukacs transcend Hegelism affirmatively. It was based on the following views to understand Marx's historicalism as history dialectics that he wants to analyze the relations between Marx's economics and dialectics. Just in the aim of analyzing the relations between Marx's economics and dialectics, Lukacs understood Marx's historicalism as history dialectics. Furthermore, in the part of "phenomena of materializing" Lukacs has already come near to the view on commodity economic dissimilation of Marx. So the understanding of history dialectics in ⟨ history and class consciousness⟩ is the most valuable sprout that transcends Hegelism.

4. the negativesense of history dialectics

The history dialectics understood by Lukacs could not transcend Hegelism. He stopped in the consciousness structure of Hegel and did not go forward toward Marx. So it is a retrogress to Marx because he did not act as "changing world" requested by Marx. The traditions of hegelism prevent him from becoming a Marxian. It is also the reason why to oppugn Lukacs in academic circle.

To sum up, the recollection and self – criticizing made by Lukacs could be concluded as that he understand Marx's historilism infected by idealism in the shadow of Hegelism. He did not go back to the practices in his economics completely although he stress on history and turn over Hegel's dialectics. It must take Hegel's romanticism and Utopia into his theory. In this sense, the history dialectics understood by Lukacs is only a step to go to Marx's philosophy really and ⟨ history and class consciousness⟩ is only a sum for "apprenticing phase to Marxism".

前　言

为什么要研究青年卢卡奇的
历史唯物主义思想

一　青年卢卡奇的理论旨趣

卢卡奇"青年时期的《历史与阶级意识》被西方激进左翼思想家奉为'西方共产主义的圣经'"。① 在这部著作中，青年卢卡奇把马克思的历史唯物主义理解为"历史辩证法"。卢卡奇在《历史与阶级意识》中的基本目的就是试图完成马克思在《资本论》当中所说的对黑格尔辩证法的"颠倒"。为此，卢卡奇在这一点上是十分准确和敏锐的，这就是：用"历史"范畴去拯救辩证法，从而试图把辩证法从黑格尔的"概念王国"中拯救出来，纳入到"历史"范围之内。应该说，这是卢卡奇把马克思的历史唯物主义理解为"历史辩证法"的合理性所在。然而，青年卢卡奇毕竟没有彻底完成这一历史使命。其原因就是：青年卢卡奇是在黑格尔哲学的笼罩下来完成对马克思哲学的理解的。这使得卢卡奇的"历史辩证法"没有完全实现对黑格尔辩证法的"颠倒"，更没有实现对马克思哲学的准确理解。正是在这个意义上，卢卡奇把《历史与阶级意识》看作是他"通向马克思的学徒期"，并分别在1967年为《历史与阶级意识》所写的序言（以下简称"67年序言"）和晚期著作《关于社会存在的本体论》当中试图对早期思想做出自我批评和修正。

---

① 卢卡奇：《关于社会存在的本体论》（上卷中译本序），白锡坤、张西平、李秋零等译，重庆出版社1993年版，第1页。

二　如何看待卢卡奇"67 年序言"和《关于社会存在的本体论》中的自我批评？

众所周知，卢卡奇在"67 年序言"中对《历史与阶级意识》这部著作以及这部著作中的主要观点进行了反思与评价，这就是卢卡奇针对《历史与阶级意识》所写的著名的"自我批评"。能否说卢卡奇的自我批评具有客观性？或者说，卢卡奇本人对自己早期思想的评价是否是客观的？按照解释学的原理，任何文本产生之后，就成为了一种客观的、开放的、有待于进入读者视域的自在存在。因此，我们甚至在理论上可以得出"卢卡奇自己评价自己也不见得是客观的"这样的结论。所以，有学者也甚至指出，在极端的意义上，马克思也回不到马克思本人。正因为此，我们才可以简略地对卢卡奇的自我评价加以评价。当然，自己对自己思想的后来评价，肯定应该最准确的，而且事实上卢卡奇的"自我批评"确实也比较客观地评价了自己的早期思想。可以说，"67 年序言"是我们理解青年卢卡奇思想的最好的参照。

首先，这一自我批评是因为国际共产主义运动形势的变化，导致了卢卡奇后来对待现实的态度发生了变化。卢卡奇在 30 年之后重新反思《历史与阶级意识》，肯定会发现其中存在的问题。这种评价是站在后来的现实背景，针对当初的情况的反思才得出来的结论。因而，这种评价并不意味着取消《历史与阶级意识》在当时所起到的积极的历史作用。其次，"67 年序言"中的自我批评，是卢卡奇已经在写作《关于社会存在的本体论》的时候所写，因而，这说明他已经站在了新的更加成熟的思想体系中去重新解读《历史与阶级意识》了。因此，序言中的"自我批评"实际是隐含地或者明确地相对于《关于社会存在的本体论》而提出来的。在一定意义上可以说，青年卢卡奇的理论主要侧重点是"研究马克思"，而在《关于社会存在的本体论》当中，其侧重点主要是"发展马克思"。以上两点说明，卢卡奇的自我批评是真诚的。至于这一自我批评是否得到了在后期著作中的修正，则是另外一回事。

实际上，青年卢卡奇在《历史与阶级意识》当中存在很多"错误"。但是，这些错误总结起来，不过是一个问题，即：他没有跳出黑格尔哲学的影响，因而是黑格尔主义的马克思主义者。在黑格尔哲学的影响下，卢卡奇形成了"宗派主义"或"乌托邦主义"。没有在"劳动"和经济学的基础上理解"实践"范畴。对"异化"问题的理解也存在一定的缺陷。也就是说，没有把异化和对象化区别开来。当然，最主要的问题还在于，青年卢卡奇在对"历史辩证法"的理解中，没有把"自然辩证法"与"历史辩证法"做出充分的区别，并且，出于对当时流行的庸俗唯物主义、经济决定论、科学主义、自然主义和实证主义等的批判，卢卡奇过分强调了马克思哲学中的人道主义因素。在此基础上，卢卡奇形成了《历史与阶级意识》当中的核心的方法论，即"总体性"的方法论。所有这些显然是依靠黑格尔哲学所提供的思维方式造成的结果。这一理论倾向使得青年卢卡奇对"历史辩证法"的理解没有完全实现"颠倒"黑格尔辩证法的初衷。这是青年卢卡奇早期思想的核心误区所在。后来卢卡奇在"67年序言"中的"自我批评"以及《关于社会存在的本体论》所做出的理论修正，主要都是针对这一问题展开的。

　　那么，卢卡奇晚期著作《关于社会存在的本体论》是否真正实现了他对早期思想的修正，从而真正回到了马克思主义呢？按照他本人的说法，《关于社会存在的本体论》实现了对黑格尔辩证法的"颠倒"。他明确指出："只是在30年后的今天，我才试图在关于社会存在的本体论中找到解决这一问题的根本方法"①。然而，卢卡奇此时虽然已经形成了一种以"劳动"为基础的"社会存在"范畴，但这种对"社会存在"所做的"本体论"的理解，却仍然没有超出黑格尔哲学的"本体论"的思维方式。这也就是说，直到晚年，卢卡奇仍没有完全超出黑格尔哲学的影响。这可能与哲学家的先天的思维特质有关，或者说他本来就是一位黑格尔式的哲学家。

三　当代研究青年卢卡奇思想的意义何在？

　　最后，我们立足于当代国内学者对历史唯物主义的研究成果，在对比中进一步认清青年卢卡奇的历史唯物主义思想的不彻底性，从而也可

――――――――――

①　卢卡奇：《历史和阶级意识》（序言），杜章智、任立、燕宏远译，商务印书馆1999年版，第33页。

以进一步看到超越黑格尔主义去理解马克思的必要性。

　　长期以来，学术界从来没有间断地争论的问题就是：如何在当代人类生存状况之中去发展马克思主义哲学？我们应该如何对待马克思主义哲学？通过对青年卢卡奇历史唯物主义思想的研究，我们或许能够发现：当代人对马克思主义哲学的理解，仍然在走青年卢卡奇通向马克思所走的学徒道路。也就是说，能否仍然站在黑格尔主义的立场上来理解马克思哲学？如何实践而不是解释马克思所说的"问题在于改变世界"？我们肯定能够通过对青年卢卡奇历史唯物主义思想的研究，从中获得很多在如何真正发展马克思主义哲学上的启发。当代中国学术界自20世纪八九十年代展开了对马克思哲学的大讨论，形成了实践论哲学的基本定位。当然，这种定位，就其对马克思主义哲学的一种"理解"而言，是不无道理的。然而，这种"实践论哲学"的理解，是否真正能在现实中发展了马克思主义哲学呢？而我们所要关心的问题是如何发展马克思主义哲学。正如卢卡奇本人所说的，这种对"实践"范畴的强调，实际上并没有最终导致真正的实践本身，毋宁说仍然是一种唯心主义的实践概念。卢卡奇的下面一段话应该是十分令当代学术界警醒的："马克思对费尔巴哈的批判更加强了我的信心。然而，我没有认识到，如果不以真正的实践为基础，不以作为其原始形式和模型的劳动为基础，过度夸张实践概念可以走向其反面：重新陷入唯心主义的直观之中。"[1]

　　面对当代社会的资本逻辑带来的冲突的加深，我们更需要从马克思主义当中寻找人类生存的理由。为此，国内的学者已经分别展开了对马克思哲学的当代化研究。在这其中，主要是重新理解马克思哲学的历史唯物主义思想。有学者明确提出，马克思哲学就是历史唯物主义。"马克思的新唯物主义是历史唯物主义，它是实践唯物主义的基础，也是马克思主义认识论的基础。因此，在对马克思主义哲学总体性质的理解上，不仅需要从物质本体论走向实践唯物主义，而且需要进一步从实践唯物主义走向历史唯物主义。"[2] 也有学者提出，"马克思哲学实质上是

---

　　① 卢卡奇：《历史和阶级意识》（序言），杜章智、任立、燕宏远译，商务印书馆1999年版，第12页。

　　② 刘福森：《从实践唯物主义到历史唯物主义》，《理论探讨》2001年第6期，第20页。

社会存在本体论，确切地说，是社会生产关系本体论"①，等等。这些对历史唯物主义思想的研究，虽然存在差别，但是，有一点是共同的，这就是，他们都超出了黑格尔哲学的束缚，立足于《德意志意识形态》这一文本基础，按照马克思的对资本逻辑批判的路向，从"现实的人"出发去思考当代人类生存困境。

然而，在对待马克思主义哲学的问题上，我们当代的问题实际上仍然是卢卡奇当年所面临的困境，这就是：我们是否还要经历卢卡奇当年的那种从理论走向实践的弯曲道路？卢卡奇当初思想上的两重性，仍然是当代理解和实践马克思主义的困境所在。也就是说，仍然是马克思本人所要强烈批判从前哲学的那样一种根深蒂固的矛盾：究竟是解释世界，还是改变世界？

马克思曾经批判青年黑格尔派，总是在观念上、在自己的理论里自认为超出了黑格尔。而实际上，他们都没有真正超出黑格尔来面向人类社会的历史现实。马克思愤恨地指出："德国没有历史"。包括费尔巴哈在内，尽管他也关注着人的现实，却也最终在宗教的和思辨哲学内部把其中的"唯物主义"因素窒息了。马克思极力批判从前的哲学，认为从前的哲学主要地就是以黑格尔为代表的唯心论哲学。他们的错误就在于：总是在"哲学"内部来解决人的自由，而问题在于如何实现人的自由。马克思与从前哲学的这种差别，直到当代也从来没有被彻底认清。因此，总是与卢卡奇一样，站在黑格尔的意义上去理解马克思。卢卡奇不过仅仅是一个能够自我觉醒的突出的例证而已。所以，通过对青年卢卡奇的历史唯物主义思想的理解，我们可能更加清楚究竟马克思哲学的本质是什么。为什么超越黑格尔回到马克思的路途如此之艰难！

马克思实现了从哲学到经济学的转向，卢卡奇对马克思的历史唯物主义的理解同样经历了从黑格尔的思辨哲学走向马克思的实践哲学。我们当代人之所以要重新研究卢卡奇的历史辩证法，其最重要的意义也就在于，如何真正超越黑格尔，按照马克思主义哲学本身的"改变世界"的原则来思考当代人类的生存困境？也就是说，我们对卢卡奇的历史辩

---

① 俞吾金：《存在、自然存在和社会存在——海德格尔、卢卡奇和马克思本体论思想的比较研究》，《中国社会科学》2001年第2期，第54页。

证法的研究，主要地就是要吸取他当年在黑格尔主义立场上理解马克思的历史唯物主义中所导致的一些理论上的不彻底性这一经验。这可能是我们从卢卡奇那里获得的超出纯粹思辨理论体系本身来发展马克思主义哲学的又一重要经验。

综上所述，我们看到，卢卡奇一生的思想始终没有与黑格尔哲学彻底决裂。这使他对马克思哲学的理解总是不彻底的。能否超越黑格尔主义的影响，回到真正的马克思主义哲学的真正的实践概念？进一步回到社会存在，回到经济事实？这可能是青年卢卡奇对我们当代研究马克思主义哲学的最重要的启示，这可能也是我们今天仍然要研究《历史与阶级意识》这部"充满争议"的著作一个重要的原因。我们是否也仍然在黑格尔主义的笼罩之中，因而只能对马克思主义哲学进行某种"理解"，而不是去把目光放在如何"改变世界"之上呢？无论如何，青年卢卡奇在《历史与阶级意识》当中对马克思的历史唯物主义的理解，对于当代我们理解和发展马克思主义哲学都具有重要的理论启发和参考价值。正如卢卡奇自己所说的："它们在今天的正确理解马克思主义本质的尝试中仍将具有某种史料价值。……并且，只要以批判的眼光加以对待，它们对于了解今天的情况和以此为基础的继续前进是不会没有意义的。"① 可见，摆脱黑格尔哲学去重新理解马克思哲学，是何等的困难。我们今天所以要重新研究卢卡奇青年时期的历史唯物主义思想，可能最大的意义就在于：卢卡奇为我们提供了究竟如何理解马克思哲学、如何理解马克思与黑格尔之间的关系的一个"学术典范"，并且他所存在的理论困惑也同时构成了对我们来说的"教训典范"。

---

① 卢卡奇：《历史和阶级意识》（序言），杜章智、任立、燕宏远译，商务印书馆1999年版，第1页。

目　录

第一章

青年卢卡奇的黑格尔主义传统

青年卢卡奇的《历史与阶级意识》曾经被西方激进左翼思想家奉为"西方共产主义的圣经"。① 在这部著作中，卢卡奇把马克思的历史唯物主义理解为"历史辩证法"。卢卡奇的这一理解，直到今天还存在着诸多莫衷一是的争议。然而，从总体上看，这些争议都不过是因为卢卡奇对马克思的理解基本是站在黑格尔主义立场上完成的。因此说来，首先弄清卢卡奇的黑格尔主义传统，对于如何理解青年卢卡奇的历史唯物主义思想具有首要的意义。

在《历史和阶级意识》当中，卢卡奇一直在主张恢复黑格尔主义传统。

在认识论原理上，我们思考什么东西的"本质"也就是"本质地"思考什么东西。历史辩证法就是历史唯物主义的"本质"。这是我们用辩证法的观点去理解历史的结果，同时，也是我们理解历史中的"辩证法"的结果。青年卢卡奇对马克思的历史唯物主义所做的理解，主要地体现在：他把马克思的历史唯物主义理解为一种"历史辩证法"。卢卡奇为什么能够把马克思的历史唯物主义理解为一种"历史辩证法"？首先，就是因为卢卡奇吸收了黑格尔哲学的"反思"态度。为此，卢卡奇多处指出恢复黑格尔主义传统的主张。在理解马克思的时候，他时常强调不能忽视黑格尔。也就是说，卢卡奇做出"历史辩证法"的概括时，实质上是吸收了黑格尔那种"反思"基础上的思辨哲学的特点才

---

① 卢卡奇：《关于社会存在的本体论》（上卷中译本序），白锡坤、张西平、李秋零等译，重庆出版社1993年版，第1页。

得以可能的。或者说，历史辩证法是卢卡奇"反思"马克思的结果。卢卡奇徘徊在黑格尔和马克思的两条道路之间，卢卡奇反思马克思时看到，马克思是一种寻求人类理想生存状态的历史辩证法。卢卡奇还是用反思的态度来理解马克思，所以，在方法论上看是黑格尔的，但是，在内容上，是对马克思所做的对现实人的关切的理论的一种"反思"，这就构成了"历史辩证法"。

要理解卢卡奇的"历史辩证法"思想，其中的一个主要问题就是要弄清马克思与黑格尔的关系。因为卢卡奇是站在黑格尔和马克思之间的人。他自己也承认，他是站在黑格尔的立场来理解马克思。因此，对卢卡奇的理解实际上也就是理解黑格尔和马克思之间的关系。卢卡奇所理解的历史辩证法究竟是什么？主要包括两个方面：一是辩证法的"历史化"问题，二是以物化问题和阶级意识问题为中心，来理解人的历史性生存逻辑问题。后者也就是从异化和异化扬弃的角度去理解人的历史性生存，即如何获得理想的生存状态。这是符合马克思哲学本意的。只不过，马克思在《1844年经济学哲学手稿》中已经意识到了这个基本目标。卢卡奇的高明也就在于，他在没有读到《1844年经济学哲学手稿》的时候，却也同样能在物化的层面上来理解马克思。所以，卢卡奇实际实现了"马克思哲学的自觉"。马克思在《1844年经济学哲学手稿》中已经实现了对自己理论目标的自觉，但是，卢卡奇则进一步明确了马克思哲学的实质。我们可以看到：在《历史和阶级意识》中，卢卡奇是在反思马克思哲学。正因为此，争论也就出现了：这种对马克思哲学的反思，是否是正统的马克思主义？卢卡奇是否还在"解释"的意义上来理解马克思哲学，而不是关注真正的"实践"？所以，这也使得卢卡奇早年在《历史和阶级意识》时期没有最终摆脱黑格尔主义的束缚。

马克思哲学的实质究竟是什么？通过对这个问题的反思，卢卡奇把马克思的理论理解为历史辩证法。马克思是按照历史本身的辩证逻辑来追求人类生存理想的。人类追求生存理想，并经过异化的中间环节返回自身，这是马克思在《1844年经济学哲学手稿》中对共产主义的集中概括。卢卡奇虽然此时没有看到马克思的《1844年经济学哲学手稿》，但是已经把马克思的这种做法的实质理解为一种历史辩证法了。实际上，马克思确实也是按照这种辩证逻辑来解决人类生存理想问题的。马克思既符合了黑格尔的逻辑，同时又是在历史中解决人的自由问题。所以，从哲学史上看，马克思处于比黑格尔更高的环节，因为黑格尔最终没有进入历史来思考和解决人的自由问题。

卢卡奇曾经多次指出，对于黑格尔的研究是不可缺少的。他对黑格尔的肯定性态度十分明显。卢卡奇关注的是黑格尔对马克思的积极影响。他曾经在关于赫斯的文章中指出马克思哲学直接来源于黑格尔，并且这种观点也隐藏在《历史和阶级意识》当中。这一对待黑格尔的态度，在卢卡奇对马克思哲学的整个理解当中都发挥着作用，尤其在对历史辩证法的理解过程中，卢卡奇强调是"以黑格尔主义的方法进行的"。因此，说卢卡奇是"黑格尔主义的马克思主义者"是不无道理的。卢卡奇对黑格尔的评价是很高的。"在这些和相类似的问题的前提中，我们可以看到一个失败的结果就是缺乏对黑格尔的遗产进行彻底的唯物主义的再解释，从而超越和保留它"。① 这正好符合马克思对黑格尔的批判。马克思在《资本论》序言中指出黑格尔的辩证法是"头足倒置"的。卢卡奇也主张把黑格尔的辩证法做"唯物主义的再解释"。卢卡奇还指出："对于任何期望返回到马克思主义的革命传统的人来说，恢复黑格尔的传统都是势在必行的，《历史和阶级意识》表达了也许是这方面最激进的尝试，它试图通过对黑格尔的辩证法的方法的革新和扩展来恢复马克思理论的革命性质。"② 这里明显看到，卢卡奇在《历史和阶级意识》中怀有强烈的黑格尔情结，恢复黑格尔的传统是他的任务之一。

总之，在考察卢卡奇的黑格尔主义传统的时候，应该有两条线索。一条线索就是卢卡奇本人从黑格尔那里获得的东西；另一条就是黑格尔对马克思的影响。在后者的意义上，我们可以把卢卡奇的黑格尔主义传统的根源归结为马克思本人。也就是说，正因为马克思本人也具有黑格尔主义传统，所以，卢卡奇在理解马克思的时候，必然也要具有黑格尔主义传统。这样，我们看到，卢卡奇也确实是企图从马克思哲学对黑格尔的积极态度，来完成他对马克思历史辩证法的理解。只有这样，卢卡

① 卢卡奇：《历史和阶级意识》（序言），张西平译，重庆出版社1989年版，第25页。
② 同上。

奇或许才真正获得了对黑格尔积极态度的一种有效的根据。

第一节　卢卡奇的黑格尔主义倾向

一　马克思哲学并非是没有"反思"的唯物论

卢卡奇在序言中明确指出："对于任何期望返回到马克思主义的革命传统的人来说，恢复黑格尔的传统都是势在必行的。《历史和阶级意识》表达的也许是这方面最激进的尝试，它试图通过对黑格尔的辩证法和方法论的革新和扩展来恢复马克思理论的革命性质。"① 这里，卢卡奇明确了自己的黑格尔主义传统。

马克思哲学是要在现实中解决人的问题。克服资本主义的异化生存需要人"行动"起来。马克思是通过人在现实中的"行动"来解决人的问题，这种行动在马克思时代就表现为革命的批判本性，而革命的批判行动本身就是人的存在的辩证法本性的实现。因此，卢卡奇有理由把马克思的哲学理解为或反思为一种"辩证法"。在辩证法的层面上理解马克思与在经济学意义上理解马克思有差别，这是两种完全不同的态度。马克思的这种辩证法，不是辩证法本身（如果说辩证法本身仅仅是概念辩证法的话），而是历史的符合辩证法的运动，历史本质也就成为了辩证法。当然，历史辩证法既是历史本身的规律，也是我们对历史的"反思"的认识的规律，二者是同一个规律。总之，马克思在历史中解决人的理想生存问题（共产主义）这样的一种理论，实际要依靠一种历史"行动"。而我们反思的时候，看到了历史中的辩证法。历史要成为有自我意识（即卢卡奇后来所说的"阶级意识"）的主体，而主体就是要有反思的自我意识。无产阶级的阶级意识，就是历史的主体的决定因素。因为资产阶级不能形成自我意识，只有无产阶级才是从"总体性"出发。总体性原则就是一种反思性原则。只有总体性才能形成自我意识，历史才能成为有主体的自己的运动，进而，这个运动才是辩证法的。也就是说，历史的运动，必须通过阶级意识才能显现为一种辩证法。

---

① 卢卡奇：《历史和阶级意识》（序言），张西平译，重庆出版社1989年版，第25页。

以上说的是，马克思解决人的现实问题的历史"行动"，为什么被理解为一种历史辩证法？原因就是，我们仍然需要一种"反思"。我们是把马克思的关于人类在"行动"中解决人的问题的这种理论"反思"为一种历史辩证法。这种行动不是没有根据的，而是按照辩证法来理解人类向自己的生存理想复归的。人向自身的复归，不但是在精神领域，而且还要在各个领域都实现复归。审美、道德、现实生活都要复归于理想。个体的和人类的都是理想。

卢卡奇的工作就是如何把马克思解决的不是个体的生存理想，而是人类的生存的历史唯物主义理解为历史辩证法。他面对着马克思的"革命的行动"，在反思中构造着革命的历史行动的"本质"。所以，卢卡奇特别强调反对朴素的反映论，认为是人自己的"解释"构成了历史的"本质"。这显然是黑格尔的反思哲学态度，而不是科学态度。我们看到了历史辩证法也是我们思想中的辩证法与历史的统一，它们是同一个辩证法。就如同面对自然，我们看到种子——植物——种子时，想到了"自然辩证法"一样，面对历史，我们看到了非异化——异化——返回自身，这个过程便是一种历史辩证法。

二　实践范畴中的黑格尔主义倾向

卢卡奇的黑格尔主义倾向的一个表现就是，由于他早期所具有的所谓的"救世主主义"或"乌托邦主义"思想的影响，没有形成对实践概念的准确理解。卢卡奇自己承认了他对实践概念理解上的唯心论倾向。卢卡奇是在思辨的意义上来对待实践概念的。他想要详细地理解实践，结果却走向了反面。从总体性上看，对实践概念的错误理解，是青年卢卡奇思想错误的总根源。"卢卡奇在《历史与阶级意识》中所犯的错误，从根本上说，就在于他对实践的片面理解，忽视了实践活动中人与自然之间物质变换这一根本内容。这再次证明了马克思以下观点的真理性、预见性，即把人与自然的关系从历史排除出去往往导致唯心主义历史观"[1]。

---

① 杨耕：《超越与回归：斯大林与卢卡奇本体论思想的比较研究》，《哲学研究》2003年第12期，第19页。

人总要去"理解"，而理解本身就是一种思辨活动。而且，卢卡奇思考的出发点，他自己明确说是要建立一种"阶级意识"，即通过对实践的理解来强调实践的重要性，并把这种理解上升为一种阶级意识。然而，这一做法却最终仍然陷入了思辨。此时，与卢卡奇形成鲜明对照的是，他看到列宁已经完成了这一工作。列宁是在实践的"行动"（而不是理解）中建立这种阶级意识的，而卢卡奇则还要企图在理论上去建立一种阶级意识。这个问题说明了什么？阶级意识的产生不是靠一种思辨被建立起来的，而是在实际的行动中产生的。实践本身而不是对实践的理解产生了阶级意识。所以，卢卡奇企图通过思辨来确立阶级意识的做法，对列宁来说是个倒退。他自己认识到了这一点，因而，也就意识到了自己在实践问题上所犯的唯心论错误。显然，卢卡奇的这种对待实践的态度，仍然是理论的而不是实践的。我们必须把对待实践的实践态度和对待实践的理论态度区别开来。

实践就要用实践的态度来对待。然而，卢卡奇却没有彻底摆脱黑格尔主义的倾向，他的很多思考都最终回到了黑格尔形而上学的怀抱之中。"卢卡奇在提出问题方面几乎已经走到了黑格尔哲学的边缘，而且可以说是最遥远的边缘；但他却仍然在此一界限之内：只要超越近代哲学的努力未曾在存在论的根基处内在巩固地建立起来，那么在最好的情况下，就是命运般地重新跌入黑格尔哲学的怀抱——因为黑格尔哲学就其根本性质而言不是形而上学之一种，而是形而上学之一切，从而现代诸形而上学样式不过表现为黑格尔哲学的一个或若干个环节。"①

三　"自然"范畴中的黑格尔主义倾向

对于马克思来说，自然应该被纳入到社会这个范畴之中被理解。与人无关的自然是毫无意义的存在。卢卡奇对自然范畴的理解，也符合了马克思在《1844 年经济学哲学手稿》中的这一自然观。马克思曾经指出，"被抽象地理解的，自为的，被确定为与人分割开来的自然界，对人来说也是无。"② 因此，卢卡奇为了从哲学的态度上来理解马克思哲

---

① 吴晓明：《卢卡奇与现代性批判——〈历史和阶级意识〉的分析定向及存在论基础》，《天津社会科学》2002 年第 5 期，第 18 页。

② 马克思：《1844 年经济学哲学手稿》，人民出版社 2000 年版，第 116 页。

学，把自然概念放在了社会概念之内，实际就是用社会概念取代了自然概念。这也看出了卢卡奇的一个基本认识：马克思研究的是人的世界，而只有这个世界才是真正的"辩证法"的世界。当我们说自然界也存在辩证法的时候，就容易引起歧义：似乎自然物也按照辩证法来运动。实际上，只有对作为有理性存在的人来说，才是真正按照辩证法来运动的，因为人能够自觉到这个辩证法本身。而自然物虽然"符合"了辩证法，但是，自然物却是按照自然必然性来运动的。人则超越了这种自然必然性，按照理性的辩证法来行动。这是人的历史性生存与动物的自然性生存的绝对差别所在。正是在这个意义上，卢卡奇区分了自然概念，从而把人类的历史性生存理解为一种"辩证法"。所以，严格说来，只有人才有辩证法问题。纯粹辩证法就是精神本身。

把自然理解为社会范畴，这是符合马克思的"人是世界的主体"这一新世界观的。转向历史辩证法，我们看到马克思的主要视野就是社会历史。这就与纯粹的"自然"区别开来，表明马克思不是一种纯粹的自然主义的辩证法。因而，也就不能用"自然规律"或自然必然性的科学思维来理解社会历史。卢卡奇的这种对自然与社会的区分的做法，使其偏向了社会历史领域来理解马克思。实际上，这里主要的意义在于：卢卡奇不用自然的眼光看待马克思，历史的辩证法才得以可能。否则，自然则按照必然性来发生的，而历史所以不同于自然，就是因为历史是"辩证法"的。自然物不是按照辩证法来发生的，只是按照必然性发生。

但是，卢卡奇把自然辩证法从历史辩证法当中分离出去，一方面有合理的地方，但也存在缺陷。"把'对自然界的看法'与'对社会历史的看法'当作是两个完全不同的问题，使它们分开、并列，这是以往哲学静态直观思维的一个通病，马克思从未赞同过"。①

总之，所以能够形成历史辩证法，唯心论的认识论原理在卢卡奇背后起着决定性作用。他总是相信，不能按照反映论来理解马克思。因为反映论总是在经验科学中才有效。在哲学意义上，真理不是自在就能在自然中显现，它总是要"我"去理解，它才能显现。因此，总是"我"

――――――――

① 李德顺：《马克思主义哲学在当代》，《北京行政学院学报》，2005 年第 2 期，第 75 页。

在理解马克思。这样，卢卡奇就是在哲学的意义上而不是科学意义上来理解马克思。所以，卢卡奇才强调总体性原则，而不能沉浸在经济学的分析当中。经济学动机并非是理解马克思的最高意义，相反，卢卡奇认为总体性才是理解马克思的最基本的范畴。总体性超出了自然范畴本身，进入了社会历史范畴。这是卢卡奇的黑格尔主义倾向的一个根据。

四　"中介"范畴中的黑格尔主义倾向

"中介"范畴中的黑格尔主义倾向，可以从卢卡奇对"中介"范畴的强调得到说明。"中介"范畴应该说是黑格尔的逻辑学的重要范畴和方法。所谓中介，应该包括两个方面：其一是说，某物打破了直接性状态，通过对自身的否定，重新返回自身的过程。这样，中介就成为某物成为自己的一个必要的"环节"。这在逻辑学中，主要说的是"纯存在"的自我实现的过程。作为精神性的"绝对"，纯存在最初是无规定的直接性。而它自己的显现就要经过自己的内在否定来完成。这个第一个否定性环节也就是"中介"，而经过中介了的存在，就成为完成了的存在。全部逻辑学就是说明存在如何经过"中介"来返回自身的过程。所以，逻辑学的最高环节——绝对精神就是被中介了的纯存在。在这个意义上，中介是辩证法的必然环节，即"否定性环节"。其二是说，事物在直接性中，仍然是"自在"的。也就是说，事物还没有获得它的本质。而事物的本质是什么？就是事物的"概念"。因而，当我们说对事物的本质进行理解的时候，实际上就是要通过概念认识，把直接性的事物纳入到我的意识之中。这个观念的活动就是中介。因而，中介就是指这种纯粹反思性的"概念认识"活动。

上述对"中介"范畴的理解，是黑格尔概念辩证法的主要内容。卢卡奇对马克思哲学所做的历史辩证法的理解，同样强调了"中介"范畴的重要意义。这也就是说，卢卡奇从来不是一种彻底的"朴素的唯物论"。他多次批判那种直接反映论或自然主义的反映论。因为在他看来，社会历史绝对不是一种完全脱离人的观念的存在者。所谓历史辩证法，其中重要的一个因素也就是：历史必须是被"中介"了的存在。这种结合历史活动来理解的中介构成了历史辩证法的基本结构。可见，中介不单纯是黑格尔概念辩证法的基本结构，同时也是马克思的历史辩证法的基本结构。这是卢卡奇从黑格尔那里继承下来的重要因素。

第二节 卢卡奇所理解的历史辩证法的"黑格尔结构"

一 马克思的"黑格尔结构"

卢卡奇把马克思的历史唯物主义理解为一种"历史辩证法"。卢卡奇的"历史辩证法"实际是针对黑格尔的概念辩证法而言的，是按照马克思的思路把辩证法"历史化"。它也可以说是卢卡奇对马克思与黑格尔关系的详细考察。卢卡奇承认自己早期思想中的"二重性"，这种二重性的根源实际就是黑格尔与马克思的区别。一方面是黑格尔哲学的浪漫主义乌托邦或唯心论倾向，另一方面是马克思的"革命的行动主义"。早期卢卡奇思想一直处在这种矛盾之中。黑格尔和马克思实际上分别代表了两种解决人类问题的道路：一是哲学的理论道路，一是实践的革命道路。而这两条道路都可以被理解为一种"辩证法"。但是，两种辩证法却有差别，即一个是概念辩证法，一个是历史辩证法。一切事物都是按照辩证法规律发展的，人也一样。但是，人是能够自觉到辩证法、自觉按照辩证法行为的存在者。在这个意义上，揭示人类历史性生存的内在规律的历史唯物主义就是历史辩证法。马克思的共产主义人类生存理想实质就是辩证法的开端和结尾。黑格尔哲学的开端和结尾是"存在"，而马克思哲学的开端和结尾就是共产主义。共产主义就是人的历史性的"存在"。历史辩证法揭示的最高规律是：人从非异化——异化（资本主义）——返回自身（共产主义）的历史性生存运动。这其中，主体不是精神而是人。因为黑格尔的概念辩证法的主体就是精神，而马克思的历史辩证法的主体是"人"。这里的人不是指单个人，而是指人类整体。在资本主义时代就表现为人类整体行动构成的"主体"。历史辩证法就是"历史主体"的自我运动，也就是历史客观性在人的现实生存活动中的自我实现。

二 "主体"—"客体"的统一

卢卡奇把黑格尔的"主体—客体"的统一作为辩证法的基本原则。

在黑格尔那里，主体与客体的统一是绝对精神，而在卢卡奇这里，主体与客体的统一就是无产阶级。在社会历史中，无产阶级通过"阶级意识"的成熟使自身确立为历史的主体。只有具有健全的意识形态，主体才能成为主体。当我们说某人是主体的时候，意思是这个人已经具有了理性，并且能够在自己理性的支配下去行为。而当我们说无产阶级是历史的主体的时候，首先也是指无产阶级具有了自己的"阶级意识"。正是在这种阶级意识的支配下，无产阶级才成为能够为自身的解放而行动的历史主体。"无产阶级要实现推翻资产阶级社会的革命，首先要具备一个根本性的条件，即无产阶级意识。无产阶级只有具备了无产阶级意识，才能彻底摆脱资产阶级意识形态即拜物教意识的束缚，进而实行一种根本变革资本主义制度的革命。无产阶级必须具有无产阶级立场，这个立场就是它必须意识到自己是这个历史发展阶段中的主体—客体，意识到自己在资本主义社会中的历史地位和历史使命。为此，它首先必须同资产阶级的意识形态划清界限。"① 当无产阶级为自己的解放和自由而进行革命斗争的时候，同时也就是把自己的前途和命运作为"对象"来看待的，这就是自然符合了自己是自己的对象的辩证法的基本规律。辩证法就是自己的自我否定运动。当人类实现从必然王国向自由王国飞跃的时候，历史的主体与客体才达到完全的统一。

显然，卢卡奇是在历史语境中来理解人类生存的"历史辩证法"。这种辩证法实现为人类的生存活动，实现为人类从异化状态中摆脱出来，进入自由的理想生存状态的历史活动。然而，这种历史辩证法在卢卡奇后来看来却仍然没有比黑格尔"更加真实"。他连续两次使用了"好像"一词来说明他与黑格尔辩证法之间的关系。"当这样做时，的确看起来好像使'黑格尔以脚站立了'，好像《精神现象学》的逻辑——形而上学的结构已经在无产阶级的存在和意识当中真正实现了自己"。② 这里就意味着，卢卡奇实际上后来已经悟出当初的那种浪漫主义倾向必然通向一种"理论的人道主义"态度。这种态度，看起来好像是历史唯物主义的，但实际仍然存在唯心主义的根本局限性。这还是

---

① 孙伯鍨：《卢卡奇与马克思》，南京大学出版社 1999 年版，第 66 页。
② 卢卡奇：《历史和阶级意识》（序言），张西平译，重庆出版社 1989 年版，第 27 页。

在反思无产阶级的整个人类命运上的自我运动的逻辑，而不是直接在感性中确立无产阶级的历史主体性。所以，卢卡奇对此提出疑问："这种同一的主体—客体比纯粹的形而上学结构有任何更多的真实性吗？自我认识无论怎样的充分，无论怎样真正地建筑在对社会的充分认识的基础上，也就是说，无论它是怎样完善的自我认识，真正的同一的主体—客体能被这种自我认识所创造吗？"① 所以，事实上，卢卡奇的历史辩证法，由于这种浪漫主义倾向和黑格尔主义传统，仍然保持着与黑格尔同样的唯心论性质。他并没有用真正的历史性原则来理解人的现实的生存逻辑，因此，卢卡奇自己指出："把无产阶级看作人类历史的唯一的主体—客体并不是克服唯心主义结构的那种完美的唯物主义，而是一种试图超过黑格尔的黑格尔主义，它是建立在现实的可能性基础上的空中楼阁"。②

可见，卢卡奇的黑格尔主义传统中，最为明显的就是他对历史辩证法结构的理解与黑格尔的概念辩证法结构的理解是同样的。总体性原则、乌托邦主义是卢卡奇黑格尔主义传统的总体性表现，而对"异化问题"的理解、对"辩证法结构"等较为具体的问题理解，同样能够表现出卢卡奇的黑格尔主义传统。

卢卡奇对辩证法结构的理解是与黑格尔辩证法结构相同的。这里从两个方面说明在辩证法结构问题上卢卡奇所具有的黑格尔主义传统。一方面，卢卡奇所理解的历史辩证法是历史主体—客体的统一。这与黑格尔的逻辑学和精神现象学所坚持的精神本身的逻辑是一致的，即都是主体和客体的统一。黑格尔在《小逻辑》中，对存在—本质—绝对精神的整体概念辩证法的揭示，同样被马克思和卢卡奇所接受。不过，马克思本人也明确指出过，只是黑格尔的辩证法是"头足倒置"的。也就是说，在辩证法的结构问题上，马克思和卢卡奇都能够接受黑格尔的辩证法。只是在辩证法的根基问题上，或者说辩证法与人的关系问题上，马克思和卢卡奇都实现了对黑格尔辩证法的改造。这个改造就是把辩证法放入"历史"。因为黑格尔"从来未在具体的界限内表明这种主体—客

① 卢卡奇：《历史和阶级意识》（序言），张西平译，重庆出版社1989年版，第28页。
② 同上。

体的统一是如何实现的"。① 也就是说，黑格尔仅仅是在精神内部说明
主体与客体的统一，而没有在"具体的界限内"来说明主体与客体的
统一。这样，就仍然是一种唯心主义。正是在这个意义上，卢卡奇才把
马克思哲学理解为一种"历史"辩证法。它区别开了黑格尔的"概念
辩证法"。

　　另一方面，卢卡奇自己明确知道，历史辩证法是自己在对历史进行
的一种"反思"的结果。所以，最终这种对马克思的理解仍然不免陷
入一种理论的态度。卢卡奇对此有一句十分经典的概括，这就是："把
无产阶级看作人类历史的唯一的主体—客体并不是克服唯心主义结构的
那种完满的唯物主义，而是一种试图超过黑格尔的黑格尔主义"。② 卢
卡奇在《历史和阶级意识》中对马克思哲学所做的理解，在很多地方
都没有超出黑格尔。尽管他是在力图超越黑格尔的唯心论态度。因而，
在一定程度上，可以说卢卡奇还没有超出马克思对费尔巴哈的批判。费
尔巴哈当年就停留在了抽象的唯物主义之中。也就是说，虽然回到了
"人"，回到了人的本质，但是，费尔巴哈却仍然是一种"抽象的人本
学"。他还保持着德国古典哲学的思辨性质。回到了人还仅仅是第一步。
在马克思看来，重要的在于：能否回到现实的历史性生存的人。所以，
马克思指责费尔巴哈，在批判天国之后，"重要的事情还没做哩！"③ 也
正是在这个意义上，很多学者才认为卢卡奇是一位"黑格尔主义者"。
所以，他自己对自己提出了这样的疑问："这种同一的主体—客体比纯
粹的形而上学结构有任何更多的真实性吗？自我认识无论怎样的充分，
无论怎样的是真正地建筑在对社会的充分认识的基础上，也就是说无论
它是怎样完善的自我认识，真正同一的主体—客体能被这种自我认识所
创造吗？"④ 显然，卢卡奇在后来写的序言中，明确意识到了自己当初
所陷入的黑格尔主义的抽象唯心论传统。卢卡奇的这种反思态度，最终
被他自己认识到了，这其中仍然存在一种黑格尔主义的"抽象唯心论"
的理论态度。也就是说，没有真正超出辩证法的形而上学结构。我们这

　　① 卢卡奇：《历史和阶级意识》（序言），张西平译，重庆出版社 1989 年版，第 28 页。
　　② 同上。
　　③ 《马克思恩格斯全集》（第 3 卷），人民出版社 1960 年版，第 4 页。
　　④ 卢卡奇：《历史和阶级意识》（序言），张西平译，重庆出版社 1989 年版，第 28 页。

里需要的恰恰是马克思的辩证法的历史行动。总之，辩证法结构问题体现了卢卡奇的黑格尔主义传统。

第三节　卢卡奇黑格尔主义对西方马克思主义的影响

卢卡奇的黑格尔主义传统，实际上一直影响了后来整个西方马克思主义。因而，反过来，从整个西方马克思主义中的黑格尔主义倾向来看，也能反映出卢卡奇的黑格尔主义倾向。

西方马克思主义分为两个基本派别。一派是法兰克福学派，代表有霍克海默、阿多诺、马尔库塞、哈贝马斯，这派构成了人道主义的马克思主义，或者称为存在主义的马克思主义。另一派为"科学主义"的马克思主义，代表有阿尔都塞。实际上，马克思的理论体系当中，既包括一种从人性论出发的西方哲学传统的存在论哲学，同时也包括一种以经济学为对象的经济规律的"科学"和以社会历史规律为对象的"历史科学"。西方马克思主义的两个派别，实质上就是分别强调了马克思主义体系中的某一个方面。卢卡奇却显然对马克思的早期著作"情有独钟"。尽管卢卡奇当时并没有看到马克思的《1844 年经济学哲学手稿》，但在写《历史和阶级意识》的时候，却与马克思早期思想有很多地方"不谋而合"。那种对"哲学"的高度重视尽管被理解为一种黑格尔主义传统、乌托邦主义等，却仍然表达了马克思早期的人性论思想。比如，对异化问题的关注与马克思在《1844 年经济学哲学手稿》中对异化问题的关注表现出尤为"惊人"的一致性。卢卡奇也是从"异化"的角度来理解整个人类生存自由问题的。因而，卢卡奇在后来的序言中就明确指出了他对马克思早期著作的"看重"。在卢卡奇看来，马克思早期的著作并非是对马克思主义发展来说的早期的重要的"历史文献"，而是说，这些著作已经就是"马克思主义"的了。正是在这个意义上，他是把早期和后期的马克思作为"一个整体"来看待的。"无论正确和错误，我始终把马克思的著作作为一个本质统一的整体来看待"。[①] 这说明，卢卡奇特别重视早期马克思的哲学思想，因而对马克

---

① 卢卡奇：《历史和阶级意识》（序言），张西平译，重庆出版社 1989 年版，第 31 页。

思的理解总是具有人道主义倾向，这影响了西方马克思主义的发展。

马克思主义当中具有西方传统哲学的因素。当然，马克思不再讨论"存在"的哲学。但是，那种对人性的反思仍然与西方古典哲学尤其是黑格尔哲学有很多一致性。我们仅仅指的是马克思的尤其是《1844 年经济学哲学手稿》等早期著作、也包括《资本论》当中的一切思辨的东西的那种表达。他自己也承认在《资本论》中曾经卖弄过黑格尔的表达。这些说明，马克思的理论体系当中毫无疑问地包含着思辨的哲学。另一方面，马克思却又反对这种单纯的思辨哲学，因而主张对于人的自由问题，还应该回到现实的历史现实当中来解决。因而，马克思就批判了这种单纯"解释世界"的哲学。而为了在经验世界中解决人的生存自由问题，马克思就必须要回到现实。而现实的最为重要的问题就是经济活动。马克思早期认识到了要回到现实中来解决人的自由问题。但是，早期的马克思却回到了现实的"政治生活"当中。我们看到，在《1844 年经济学哲学手稿》之前，马克思完成了《黑格尔法哲学批判》和《黑格尔法哲学批判导言》。此时，马克思是想对当时的政治生活进行批判。但是，马克思很快就开始了对经济事实的研究，这就是《1844 年经济学哲学手稿》的重要问题。可见，马克思很快就回到了以经济学为中心的现实生活世界。

在经验世界中我们所遵循的原则就是"规律"。这里的"规律"就是指自然科学意义上的必然性。所以，当马克思回到经验世界来解决人的自由问题的时候，不可避免地要从现实中寻找"规律"。这样，马克思就开始了"经济科学"的研究。而这在西方科学主义的西方马克思主义者看来，这时的马克思才是真正的马克思主义者。阿尔都塞就明确指出，马克思早期并非是个真正的马克思主义者。在他看来，马克思的著作以《德意志意识形态》为标志，分为两个时期。前期是"意识形态"理论，也就是不成熟的马克思。后期则以《资本论》为代表，是成熟的马克思主义。显然，这种对马克思的理解，首先就是对马克思主义的"割裂"。而且，阿尔都塞本人也承认是马克思著作中存在的"认识论断裂"。实际上，马克思的所有著作都是围绕同一个问题展开的，这就是"共产主义"。早期马克思是侧重在"哲学"或者"人性论"的意义上来论证共产主义的原理。而后期，马克思则主要是探讨一种实现共产主义的现实的根据，这就是马克思的政治经济学。实际是马克思在经济科学的意义上来分析共产主义的经济学原理。然而，这种本来是一体的马克思主义理论却被阿尔都塞的"科学主义"的马克思主义所割裂了。显然，对待马克思哲学的这种"科学主义"忽略了马克思主义当中所具有的"哲学"因素。

卢卡奇在很大程度上，就是针对这种以经济学为中心的"科学主义"态度来理解历史辩证法的，这一点一直影响了西方马克思主义。后来西方马克思主义基本是吸收了卢卡奇的这一黑格尔主义倾向，从哲学而不是经济科学的角度去理解马克思。科学主义态度在第二国际的伯恩施坦那里也得到了发挥，所以，他才会强烈地站在黑格尔的传统上来理解马克思。对马克思主义当中的"哲学"的忽视是卢卡奇所不能忍受的，因此，他明确要求恢复对黑格尔哲学的肯定性态度。他在《历史与阶级意识》的序言中多次提到了重视黑格尔的想法。可见，西方马克思主义中的存在主义的马克思主义的根源来自黑格尔。不但卢卡奇，而且当代的哈贝马斯都被视为"黑格尔主义的马克思主义者"。

第四节　对卢卡奇的黑格尔主义传统的评价

一　对黑格尔辩证法的"历史化"

卢卡奇曾经指出要把黑格尔辩证法"历史化"。他从对辩证法的历史化角度，重新理解了马克思的历史唯物主义，并概括为"历史辩证法"，这是符合马克思的本意的。实际上，黑格尔与马克思的关系始终是研究马克思哲学不可逾越的环节。正如怀特海在他的《分析的时代》中所指出的，20世纪的哲学都是以批判黑格尔这个辩证法大师为其出发点的。黑格尔是整个现代哲学的"起点"，马克思当然也不例外。对于马克思哲学来说，黑格尔到底具有怎样的地位？这似乎是个永远都说不完的论题。从总体上看，马克思本人对待黑格尔的态度就是"扬弃"。扬弃就意味着对黑格尔的双重态度：既有肯定又有否定。一般说来，我们总是按照从前的对唯物主义和唯心主义的划分来理解马克思和黑格尔。这其中，辩证法自然被看作是马克思从黑格尔那里继承来的肯定性的东西。长期以来，我们也指认马克思把黑格尔的辩证法"颠倒过来"。显然马克思对黑格尔的辩证法进行了某种"改变"。这里的问题是，马克思是如何改变的？颠倒的到底是什么？马克思在《资本论》第二版的跋中关于辩证法的经典理解是："辩证法在黑格尔手中神秘化了。但是，全面地、有意识地叙述辩证法一般运动形式的，仍然不妨算他是最早的一个人。在他手上，辩证法是倒立着的。必须把它顺过来，以便在神秘的外壳中，发现合理的内核"。① 这一点也构成了卢卡奇理解马克思的辩证法的全部出发点。

　　对于人类向自由王国飞跃这个宏观的历史过程来说，黑格尔也具有积极的意义，他的理性主义的最高成果标志着人类的自我意识的觉醒。无论黑格尔哲学在理论上怎样忽视人，但毕竟他把理性的内在逻辑第一次如此清晰地展示出来了，这不但是理性的觉醒，实际上是整个文艺复兴之后，人类自我意识所达到的顶峰。黑格尔把最一般的逻辑或者辩证法表达出来了，这个绝对知识，对于人的存在并非没有意义。从整个人类发展过程来说，正因为有了理性，人类对自由和解放的寻求才具有了历史的可能性。从这个宏观历史逻辑来看，黑格尔为人类的解放事业奠定了革命的和理性的基础。卢卡奇甚至认为，马克思直接从黑格尔那里建立了自己的哲学，或者说，"马克思实现了黑格尔的哲学纲领。"黑格尔指出了人的人性，指出了人性中所天然具有的感性和理性的矛盾，以及由此展开的人的生存逻辑。当黑格尔在阐明辩证法的时候，我们不能认为这与人的存在没有任何关系。人的生存活动同样一刻也离不开黑格尔所解释的辩证逻辑。因此，马克思也无非是按照理性逻辑的东西来建构人类理想的生存状态的。在这个意义上，马克思作为一种历史性的乌托邦，同样把黑格尔所确立的辩证逻辑作为内在的规律。我们可以认为，马克思对人类历史发展的过程——从必然王国到自由王国的飞跃的一整套关于人类解放的共产主义理论——都是在实现人类的生存逻辑。我们看到了黑格尔和马克思两位伟大的哲学家之所以伟大的地方就在于：一个把最一般的辩证逻辑显现出来，从而为人的问题确立了自由的逻辑；一个按照这个最一般的规律，来解决人类的生存命运问题。或许

---

① 马克思：《资本论》（第 1 卷第二版的跋），人民出版社 1953 年版，第 xxii 页。

正是在这个意义上，卢卡奇说"马克思实现了黑格尔的一个纲领"。

马克思的历史唯物主义就是辩证逻辑指导下的人类生存道路的"历史辩证法"。我们可以把马克思的历史唯物主义理解为人类生存活动的历史辩证法，即探索人类从异化的资本主义制度下，经过对异化和私有财产的扬弃，来实现完成了人的本身的学说。这个过程是人向人的复归。马克思在手稿中指出了这种历史辩证法的深层逻辑："共产主义是私有财产即人的自我异化的积极的扬弃，因而是通过人并且为了人而对人的本质的真正占有；因此，它是人向自身、向社会的即合乎人性的人的复归，这种复归是完成了的，自觉的和在以往发展的全部财富的范围内生成的"。① 如果说马克思的历史唯物主义是一种"历史辩证法"，那么，上述马克思对人类命运的发展过程的描述，是这种历史辩证法的明确表达。马克思不是论述存在如何从存在出发，经过定在、本质论、最后返回到概念论，从而完成自身的纯粹逻辑运动。相反，马克思所揭示的是人如何克服资本主义制度下的异化的生存方式，返回到自由自觉的本真的人的生存状态。因此，《1844年经济学哲学手稿》的积极意义并不在于马克思对黑格尔哲学的批判。而且，马克思对黑格尔哲学的批判并非是一般所认为的那样，是马克思反对形而上学的集中体现。相反，《1844年经济学哲学手稿》最重要的地方就在于：马克思第一次用哲学话语，在思辨的人性论基础上提出了人类解放的历史性生存道路，实现了辩证法的"历史化"。这就是卢卡奇把马克思哲学理解为"历史辩证法"的深层原因。

二　类似于费尔巴哈的"不彻底的唯物主义"

卢卡奇的浪漫主义倾向和道德乌托邦主义，既存在着不可缺少的一面，同时，又存在着通向唯心主义的危险。对此，卢卡奇最终还是承认了其中所包含的唯心论因素。当我们在反思马克思哲学的时候，总是要从中找出黑格尔的因素。作为对马克思的理解，很难不从反思的维度，看到马克思所遵循的深层逻辑。这样，在评价马克思的体系的时候，不免总是容易通向唯心论的一方。卢卡奇就是如此。这是对马克思的历史

---

① 马克思：《1844年经济学哲学手稿》，人民出版社2000年版，第81页。

唯物主义的一种唯心主义态度呢？还是真正全面地理解马克思哲学的本质？卢卡奇显然是以理论的态度对待马克思哲学的。

这样看来，在整个大的方向上，卢卡奇与费尔巴哈是具有同样性质的"错误"。可以被归结为一种"不彻底的唯物主义"。费尔巴哈是因为没有回到历史，在理论上论证了人的现实的感性。在《基督教的本质》中，费尔巴哈极力在论证上帝的本质无非是人的本质的异化。"人之对象，不外就是他的成为对象的本质。人怎样思维、怎样主张，他的上帝也就怎样思维和主张；人有多大的价值，他的上帝就也有这么大的价值，决不会再多一些，上帝之意识，就是人之自我意识"。① 费尔巴哈是在一种思辨哲学中来理解人的感性本质的。但是，费尔巴哈在理解人的感性本质的时候，还是坚持唯心论的。因为他不是从社会的历史中的人的感性出发，而是从人的感性主观因素来理解人的本质。这样，他指出了他的哲学作为"人本学"与黑格尔的理性主义哲学的区别就是，把人的本质理解为第一性的东西，是人把自身的本质异化给了上帝。所以，费尔巴哈的贡献就是把神的本质还给人本身。而进一步，人的本质是什么？是人的情感，而最高的情感就是"爱"。

在资本主义制度下，人类在经济生活中发生了异化，失去了道德法则和理性。而此时，理性的东西尽管经过黑格尔得到了加强，但还是显得与人很遥远。理性不能把人从受奴役的状态下拯救出来。费尔巴哈于是想到了用上帝的爱来拯救人，并进一步指出上帝的爱就是人自己的爱，这就构成了费尔巴哈的"人本学"。"人本学是跟思辨哲学完全不同的。人本学并不像被神秘的假象所迷惑的思辨那样把人化看作是某种特殊的、奇突的神秘；宁可说人本学破坏了认为有某种特殊的、超自然的秘密隐藏在后面的那种幻想；人本学批判了教条，将它还原为其自然的、人生来就有的要素，还原为其内在的发源和中心点——爱"。② 显然，这是企图用爱来摆脱人的异化状态，这种观点就是一种纯粹的道德乌托邦。应该说，这是符合希腊的生存论观点的。然而，马克思却明显地指出，只有人在感性的活动中，革命的批判中才能拯救人自身。所

---

① 费尔巴哈：《基督教的本质》，荣震华译，商务印书馆 1984 年版，第 42 页。
② 同上书，第 89 页。

以，费尔巴哈是用感性的主观因素"爱"来理解人的本质的，这样，费尔巴哈实际是上升到了极端的浪漫主义的道德乌托邦。爱的哲学无非是企图通过一种道德的乌托邦力量来直接解决资本主义条件下的人的异化状态。费尔巴哈陷入了直接的形而上学的态度，企图通过形而上学的力量解决人类生存矛盾。而在马克思看来，这种爱仍然是一种宗教性质的东西。感性世界必须依靠物质的力量来摧毁，因而，马克思在《提纲》中批判费尔巴哈在对天国的批判之后，还没回到现实的人的异化。就这一点而言，费尔巴哈与卢卡奇也是保持在相同的"视界"中。正是在这个同样视界中，卢卡奇与费尔巴哈就获得了更加深层的一致性，即这种"理论上的人道主义"。

马克思曾经批判费尔巴哈是"理论上的人道主义"，从而区别他自己的"实践的人道主义"。现在看来，这种理论的人道主义同样适合于卢卡奇。卢卡奇对自己错误的承认，也无非是对自己的"理论的人道主义"态度给予反思而已。费尔巴哈是在理论上回到了人的感性，他本人在反思人的感性本质。所以，是在理论的反思哲学中规定人的感性本质。而马克思则是在经济学的支持下，在革命的理论中来确证人的感性本质的。这一点就决定了唯物主义与唯心主义的差别。而对于卢卡奇来说，卢卡奇是在反思马克思的哲学，这种反思，很明显地看到了马克思哲学中的超验性因素。所以，卢卡奇宁愿把一种浪漫主义倾向投注到马克思的历史唯物主义之中。问题是，这种理解到底还是"黑格尔主义的"！就是说，卢卡奇还是在理论的范围内来思考马克思哲学基本问题的。用黑格尔提供的逻辑框架来审视马克思，就会发现历史唯物主义作为一种"历史辩证法"的逻辑构成。而这种认识，仍然是"建立在现实的可能性基础上的空中楼阁"。

那么，卢卡奇是如何把黑格尔的辩证法加入到历史唯物主义之中的呢？无非是借助于辩证法的普通逻辑——主客体的统一。在逻辑学中，黑格尔做的工作就是如何让绝对精神自己实现自己，自己既是主体，同时又是客体。因而，绝对精神的逻辑运动，就是绝对精神自己建立自己的辩证逻辑过程。绝对精神怎样从最初单纯的纯存在开始，经过本质阶段，返回到概念论阶段。这个过程中，其中的本质论阶段，相当于"异化"阶段。黑格尔的辩证法就是一系列范畴，从直接性出来，经过异化，到异化的扬弃，从而返回自身的辩证的否定之否定过程。这一点在《逻辑学》和《精神现象学》中都有明显的表达。卢卡奇恰好遵循了黑格尔的这一辩证法结构，这使得卢卡奇与费尔巴哈同样不是彻底的唯物主义者。

三　青年卢卡奇对黑格尔传统的超越

1. 青年卢卡奇对黑格尔传统的超越，是从转向马克思开始的

卢卡奇在写《历史与阶级意识》的时候，他的思想是特别复杂的。"至少我发现我的思想彷徨在：一方面，渴望得到马克思主义和政治行动主义，另一方面，我的纯粹唯心主义的道德偏见却不断被加强"。①应该说，这种"彷徨"恰好反映了卢卡奇对人类资本主义生存困境的深层矛盾的洞见。政治行动主义是革命的直接力量。但是，卢卡奇所针对的却是整个资本主义的生存方式，而不是单纯的现实矛盾，他被一种所谓的"唯心主义的道德偏见"所吸引。显然，这种道德唯心主义是从黑格尔那里获得的。"如果我现在认为这种不协调的两重性作为我那一时期的思想特征的话，我并不试图把这两种倾向说成是泾渭分明互不联系的。"但是，卢卡奇毕竟认识到了形而上学尽管作为不可缺少的东西，却被"政治行动主义"所驱使，从而促使他进一步走向马克思主义。"我的道德观趋向于实践、行动以及政治。而这又引导我转向了经济学，并且出于寻找理论基础的需要，最终促使我转向了马克思主义哲学"。② 可见，卢卡奇在对待形而上学的态度上与马克思是一致的，即都经过了对形而上学的肯定性阶段，从一种纯粹理论的态度转变为实践的态度。

正因为卢卡奇后来意识到了他自身存在的问题，才有了超越黑格尔传统的哲学反应。这对于青年卢卡奇的历史唯物主义思想的成长产生了重要的意义。这些思想主要体现在《历史和阶级意识》之后的著作中。

那么，在《历史和阶级意识》之后，卢卡奇对待黑格尔又是什么态度呢？卢卡奇的黑格尔主义传统当然并不影响他转向马克思主义者。根

---

① 卢卡奇：《历史和阶级意识》（序言），张西平译，重庆出版社 1989 年版，第 14 页。
② 同上。

据后来卢卡奇的回忆，在《历史和阶级意识》之后的几篇书评文章中，用他自己的理解来说，更加符合马克思哲学的本意了。这主要表现在：他对列宁实践观点的理解上、关于布哈林的述评中对经济思想的关注上以及对拉萨尔的信札和赫斯的评论中更加关注了社会批判以及社会进化的"经济基础"问题等。所有这些趋向唯物主义的做法，卢卡奇自己总结为："这倒帮助了我，使我在一些问题上比《历史和阶级意识》更接近真正的马克思"。① 卢卡奇进一步明确地回到了马克思所关注的实践和现实的经济领域，在《历史和阶级意识》以后的书评中，渐渐回到了马克思。但是，由于历史的局限性，他最终仍然没有彻底实现这一愿望。在他看来，只是到了晚年才开始真正回到了马克思，这就是《关于社会存在的本体论》一书的写作。

　　马克思对辩证法的写作设想，在深层上决定了卢卡奇对黑格尔主义传统的超越。卢卡奇把马克思哲学理解为"历史辩证法"，应该说是对马克思哲学的一次"理论自觉"。因为，卢卡奇的这一做法实际是为了迎合马克思本人的一个想法——详细写作关于辩证法理论的著作。众所周知，马克思曾有亲自构思写作辩证法的设想。马克思曾给狄慈根写道："辩证法的真正规律在黑格尔那里已经有了，自然是具有神秘的形式。必须把它们从这种形式中解放出来"。② 可见，马克思在辩证法的规律方面首先是赞同黑格尔的。也就是说，作为纯粹的"辩证法规律"来说，黑格尔已经形成了。马克思的目标就是如何在人类历史性生存中，同样按照这个辩证法规律，来实现人类的理想生存状况。这是马克思所关心的问题。在这个意义上，马克思是特别欣赏黑格尔辩证法的。马克思甚至认为，"黑格尔的辩证法，对马克思主义来说，其重要性并不亚于这种方法的本质上的重要性"。③ 换句话说，黑格尔对马克思的重要性并不比辩证法本身的重要性差。然而，遗憾的是，马克思并没有最终实现这一目标。这样，卢卡奇实际是要从一种辩证法的视角，从总体上理解马克思哲学。正是出于这个目的，卢卡奇才把马克思哲学理解为一种"历史辩证法"。因而，卢卡奇迎合了马克思对待黑格尔辩证法

---

① 卢卡奇:《历史和阶级意识》（序言），张西平译，重庆出版社 1989 年版，第 41 页。
② 《马克思恩格斯全集》第 32 卷，人民出版社 1956 年版，第 535 页。
③ 卢卡奇:《历史和阶级意识》（序言），张西平译，重庆出版社 1989 年版，第 49 页。

的一种肯定性态度。这一点也在深层上决定了卢卡奇必然要超越黑格尔主义传统。

2. 卢卡奇读到《1844 年经济学哲学手稿》之后

应该说，明确意识到黑格尔主义传统对他的唯心论倾向起到了决定性影响，是从卢卡奇读到马克思的《1844 年经济学哲学手稿》开始的。因而，《1844 年经济学哲学手稿》促使卢卡奇更加趋向于本真的马克思，从而进一步超越黑格尔主义传统。

卢卡奇是在 1930 年的莫斯科第一次读到马克思的《1844 年经济学哲学手稿》。卢卡奇把这件事看作是一个"好运气"。他在序言中回忆说："1930 年，我在莫斯科的马克思恩格斯研究院开始了研究工作。在那里，我未预想到突然交了两个好运气：一个是马克思的《1844 年经济学哲学手稿》的内容已经被全部的整理了出来，并且我能读到。另一个是我结识了 M. 里夫希茨，从此开始了我们一生的友谊。"①

读到马克思的《1844 年经济学哲学手稿》，卢卡奇的第一个反应就是他明确意识到了自己由于黑格尔主义传统所产生的唯心主义倾向。《1844 年经济学哲学手稿》的核心问题是分析异化劳动，初步进入国民经济学领域来探讨人类在资本主义状态下的生存困境。马克思的这种对经济学的关注强烈地提醒了卢卡奇。正是从这个时候起，卢卡奇开始了向马克思的进一步的"回归"。此前，可以说卢卡奇一直在黑格尔的乌托邦主义和马克思的政治行动主义之间徘徊，而且，黑格尔的影响还是十分强大。而现在，卢卡奇开始意识到要理解马克思的辩证法，或者说，如果要实现对马克思辩证法实质的理解，必须进入"历史"。而进入历史，恰恰在马克思那里表现为对经济学的关注。也就是说，卢卡奇认识到，一种不同于黑格尔的辩证法的"历史辩证法"，必须要摆脱黑格尔主义的唯心论倾向，进入历史，从而才能实现辩证法的"历史化"。正是在这个意义上，卢卡奇指明了他在读到《1844 年经济学哲学手稿》后的一种变化："阅读马克思手稿的过程中，《历史和阶级意识》的所有唯心主义都被抛到了一边。毫无疑问，我应该从我已经看过的马克思的著作中发现那种和经济学哲学手稿相类似地对我产生极大影响的

① 卢卡奇：《历史和阶级意识》（序言），张西平译，重庆出版社 1989 年版，第 42 页。

思想。但在过去的阅读中这些并没有发生，显然这是因为我用自己的黑格尔主义来理解马克思的著作结果"。① 实际上，卢卡奇的这一反应对当代研究马克思哲学来说仍然具有积极的启发意义。在对马克思哲学的理解上，我们通常犯的毛病就是用黑格尔的存在论来加以理解。尽管主张要超出黑格尔的本体论，实际却在最终结果上仍然没有突破黑格尔。就如同卢卡奇一样，在《历史和阶级意识》中无论如何主张构建马克思的历史辩证法，都没有在根本上超出黑格尔主义的影响，对马克思哲学的最好的解释也仅仅是一种"解释"。这种解释无论如何也不能超出马克思而向前迈进一步。

---

① 卢卡奇：《历史和阶级意识》（序言），张西平译，重庆出版社 1989 年版，第 42 页。

第二章

总体性：历史辩证法的存在论基础

第一节 “总体性”何以成为存在论基础

当卢卡奇把马克思的历史唯物主义理解为历史辩证法的时候，最重要的一点就在于，历史辩证法是“哲学”还是“科学”？显然，卢卡奇的理解应该是“哲学”。而卢卡奇使用了一个基本概念，甚至是贯穿于全部对马克思历史唯物主义的理解中的一条基本原则。这就是：必须从“总体性”观点上来理解马克思。而简单说，总体性无非是一种“反思态度”。也就是说，他不是要研究历史中的具体事实和具体规律，而是要“从总体出发”来理解人类社会历史的发展问题，也就是人类的生存命运问题。而所谓的“从总体出发”只能是“反思”。在这个意义上，总体性构成了历史辩证法的存在论基础。所谓存在论基础，实际就是某某事物的“本质”。因为本质只能是在存在论意义上才能被显现出来的。因此，对某某事物的存在论基础的理解，无非就是对某某事物所做的本质性理解。本质只能是存在论的。因此，对于卢卡奇的“总体性”概念，我们不能做一般的社会学意义上的理解。在一般意义上，我们总是从“经验”的角度来理解，比如，有学者把总体性划分为两个方面，即社会历史的“共时性”上的总体和社会历史的“历时性”的总体。这种理解没有把“总体性”作为一种存在论范畴来看待，因而，不符合卢卡奇所理解的“总体性”意义。

进一步，卢卡奇为了分析总体性这一理解历史辩证法的“最高”范畴，把总体性具体展示为两个基本特点，这就是“方法论”和“历史性”。因而，我们在关于历史辩证法的存在论基础这个问题上，主要分析两个问题：一个是历史辩证法的"方法论"意义；另一个是历史辩证法的"历史性"特征。

卢卡奇的总体性原则构成了他理解历史辩证法的存在论基础。也就是说，这是一个根本的立脚点。他从黑格尔那里吸收了"反思"态度，才能够形成"总体性原则"。所以，总体性只有在"反思"的哲学意义上才能被看到。卢卡奇把马克思的哲学理解为一种历史辩证法，就依赖于这种原始的反思态度。如果没有这种反思态度，就没有能力把马克思哲学理解为一种历史辩证法。也就是说，历史辩证法绝对不是用"科学主义"的思维，在经验中就能够被看到的存在。在这个意义上，没有黑格尔的存在论哲学、没有黑格尔的反思态度，就不会引起卢卡奇从"总体性原则"出发来理解马克思。同时，这种"总体性原则"也是有针对性的。它所针对的就是非总体性原则。而非总体性原则无非是说，在具体的个别事物的研究中所呈现出来的"规律"。因此，"科学主义"态度就是一种沉浸在"事实"的具体问题之中，而没有能力从总体上把握马克思的做法。在这个意义上，总体性原则就是针对"科学主义"而言的。总之，总体性原则是卢卡奇从黑格尔那里继承来的用来理解马克思的总体原则，也是历史辩证法所以可能的前提。因而，我们可以把"总体性"理解为历史辩证法的存在论基础。

我们可以从列宁的"总体性"观念来理解总体性的存在论意义。我们知道，即便列宁这样特别优秀的理论家和实践家，也不是完全不顾及对马克思哲学所采取的那种高屋建瓴的总体性态度。列宁绝对不是在经验主义和实证主义的意义上亦步亦趋地跟随马克思，而总是从实际情况出发，因而不断真正发挥马克思的方法论。正是从总体性出发这一点才使得列宁成为真正的马克思主义者。因此，卢卡奇在谈论总体性范畴的重要性的时候也提到了列宁的《哲学笔记》。列宁的《哲学笔记》当中主要的内容之一就是列宁研读黑格尔的《小逻辑》的笔记。显然，列宁是在哲学的层面上对总体性问题发生了兴趣。而且，尤为值得注意的是：卢卡奇的《历史与阶级意识》比《哲学笔记》提前9年就完成了。可见，卢卡奇在对待黑格尔的态度上具有高度的敏感的。

此外，我们还可以从总体性的"自在性"来理解它作为历史辩证法的存在论基础。卢卡奇指出了"总体性"这种态度总是不自觉地存在着的。总体性实际上相当于在马克思的历史辩证法中的存在论基础，相当于黑格尔逻辑学中的"纯存在"。总体性只是一种"存在"，是最普遍的思维方式。它通常处在一种"自在"的状态。对于这种自在性，卢卡奇指出："无论是研究时代，或研究专门的课题，对历史过程的统一的态度问题是无法回避的。总体性的辩证观的至关重要性就表现在这里，因为，一个人可以对历史事件的真正本质和这些事件在历史的总体作用一无所知的情况下，描述一个历史事件的实质。这就是说，他并没有认识到这个事件是作为统一的历史过程的一部分"。① 当然，从绝对的意义上看，人的一切合理性行为都是出自"逻辑"的。因而，逻辑就构成了人类生存的原始的"家园"。在黑格尔哲学中这个家园就是"存在"。总体性就相当于这种原始的存在。只要我们对历史事实进行着某种解释，这种解释总是从"统一的历史过程"中出发的，尽管我们还没有自觉到这个总体性原则。因而，总体性在非反思的态度中是一种"自在性"存在。这也就说明了，总体性仅仅是在反思中才能被自觉到的"存在"。它似乎在辩证法的意义上构成了人类生存活动背后的"看不见的手"。这一"看不见的手"在历史辩证法的意义上看，就是卢卡奇所说的"总体性"。这样，总体性的这种自在性特征也说明了总体性是作为历史辩证法的存在论基础而存在的。

第二节　作为方法论的"历史辩证法"

一　"人"的辩证法生存本性

在《什么是正统的马克思主义》一文中，卢卡奇开篇就指出了正统的马克思主义仅仅是"方法"。这样，他就把辩证法锁定在方法论的意义上来加以理解。对辩证法的理解，在卢卡奇看来，仅仅是"人"或者"人类社会"内部的规律。只有"人"的存在才需要在一种辩证法的理论中寻找存在的根据。辩证法在黑格尔那里是概念辩证法。但是，这种概念辩证法却表达了辩证法的一种纯粹的逻辑规定。辩证法就是

---

① 卢卡奇：《历史和阶级意识》，张西平译，重庆出版社 1989 年版，第 15 页。

"存在"的自我生成的活动。辩证法在这里实际完全是与最高的"存在"是同一东西。我们只是在思考最高"存在"的时候才会出现辩证法。所以，康德曾经指出，只有进入思辨理性的时候才会出现"先验的幻象"，"吾人曾泛称辩证法为幻象之逻辑"。[1] 就辩证法为纯粹的形式而言，它只是纯粹理性自身陷入无限领域时所经受的内在的矛盾。因而，辩证法实际就是"理性"或"存在"的内在法则。这样就有了一个问题，辩证法既然是属于无限领域，为何还要说辩证法是历史的？实际是说，历史不过是人的活动而已。而人的特点就是他总是从理性那里获得生存的根据，因而人本身就是与辩证法同在的。因为只有人才能够让理性显现出来，才能让辩证法显现出来，这就是人的存在论根基。这样，我们通常说人是未完成的存在，人总是自己规定自己、自己生成自己。在这个意义上，由人所构成的"历史"就充满了辩证法的内在规律。当我们说人的存在是历史的存在的时候，同时也就意味着人是与辩证法同在的。

那么，与此相关的另一个问题是：如果说人是与辩证法同在的，自然物是否在辩证法之外呢？在卢卡奇看来，自然物是不存在辩证法的。这种理解当然不完全合适。因为单纯就自然物的存在而言，我们可以说是符合辩证法的，也可以说无所谓辩证法。自然物是纯粹的自己存在，而且仅仅是那样沉默地存在着。但是，自然物同时也是有理性的。只不过自然物中的理性是一种完全自在着的理性。黑格尔曾经指出过自然物是自在理性的存在者。自然物本身不能让理性显现出来，它与理性是天然合一的。在这个意义上，自然物没有变化，因为理性是单纯的自我同一性。就是说，理性的存在是纯粹存在。用黑格尔的话说，是"无规定性的直接性"。"纯存在或纯有之所以当成逻辑学的开端，是因为纯有既是纯思，又是无规定性的单纯的直接性"[2]。就如黑格尔在《小逻辑》的开端中说的那样，纯存在就是"纯有"，而纯有就是"纯无"。"但这种纯有是纯粹的抽象，因此是绝对的否定。这种否定，直接地说来，也就是无"。[3] 我们把辩证法追溯到最高的存在，其目的是说，卢卡奇是

---

① 康德：《纯粹理性批判》，蓝公武译，商务印书馆1960年版，第245页。
② 黑格尔：《小逻辑》，贺麟译，商务印书馆1980年版，第189页。
③ 同上书，第192页。

从最高"存在"那里获得理解马克思辩证法的宏观境遇的。这种对形而上学的依恋就使得他对马克思的辩证法的理解上，获得了人的辩证法生存本性。

二　自然物有没有辩证法？

我们可以说，卢卡奇所理解的历史辩证法正是在黑格尔所开创的对最高存在的领会中来展开的。卢卡奇从一开始就走向了"存在主义"。另一方面，我们追溯辩证法的原始意义是要把这种纯粹的原理清理出来，以便进一步理解为何这种辩证法会在有限的世界以怎样的方式存在。这样，既然纯粹的自然物也有理性，因而也就遵循着理性的内在规定。但是，在最初的环节上，理性是纯粹的无，因而，我们似乎可以认为自然物中没有辩证法。于是，卢卡奇才错误地批评恩格斯把辩证法推广到自然界。卢卡奇指责恩格斯在《反杜林论》中阐述了自然辩证法的思想。他认为，在恩格斯那里，由于主张"片面的和僵化的因果关系必定为相互作用所取代"而"对最根本的相互作用，即历史过程中的主体与客体之间的辩证关系连提都没有提到，更不要说把它置于与它相称的方法论的中心地位了。然而没有这一因素，辩证法就不再是革命的方法，不管如何想（终归是妄想）保持'流动'的概念"。[①] 卢卡奇不愿考虑自然界的原生态及其本性，他要求把辩证法严格限制在历史领域。

卢卡奇认为，马克思是在历史本身中发现了辩证法的。辩证法不是被带到历史中去，或是依靠历史来解释的，辩证法是历史本身，是在历史的这个特定的发展阶段的必然的表现形式，并被人们所认识。辩证方法不管讨论什么主题，始终是围绕着同一个问题转，即认识历史过程的总体。而总体的基础是人，本身作为历史辩证法的客观基础，作为历史辩证法的基础的同一的主体—客体，是以决定性的方式参与辩证规律的。这样一来，在卢卡奇的眼中，辩证法的唯一形式就是历史的辩证法。"认识到这种方法被限定在历史的和社会的范围内，这是特别重要的。恩格斯的辩证法的说明所产生的误解主要基于这样一个事实，即恩

---

① 卢卡奇：《历史和阶级意识》，张西平译，重庆出版社 1989 年版，第 50 页。

格斯错误地追随黑格尔，把这种方法扩大到自然界。然而，辩证法的决定性的因素——主体和客体的相互作用，理论和实践的统一，在现实中历史的变化处在范畴的下面，作为思想上的变化根源等等——都存在于我们对自然的认识中"。①

当然，我们认为，卢卡奇把辩证法限制在人类社会内部是不正确的，这是受传统思维方式影响的结果。卢卡奇在《历史与阶级意识》中激烈地抨击了资产阶级的"科学的"思维方式，但他并未真正摆脱这种思维方式，所以，他觉得自然界中的辩证法是不可思议的。传统科学的思维方式主要体现在分析、分解的方法上，这种思维方式对一切都首先加以"分"，然后才开始真正的研究。对于传统的思维方式来说，在哲学的层面上首先应该加以区分的是自然和社会；其次，在社会中看到人与社会、我与他、整体和个体等，重新对这些方面作以概括，得到主体与客体这对范畴，这个时候再去看自然，自然界就被纳入到了客体的范畴中来了，因而也就成了社会范畴。实际上，传统的思维方式把世界二元化了。由于这种二元化，社会历史中的人就独立于自然界之外来理解人与自然的关系，因而，将自然界视作纯粹必然性（或纯粹偶然性）支配的领域是完全被动的。在社会历史领域则发现了完全不同的情景。在社会历史领域中处处都显现着人的活动，洋溢着人的能动性，人在这个范围内，改造和重塑着属人的"自然"。这个"自然"被看作是社会存在的一部分。

按照传统的思维方式，社会历史领域是属于人的领域，是辩证法唯一能够发生和存在的领域。因为辩证法可以简化为相互联系、相互作用、共存互长等的规定，而自然界是不存在这些规定的。就是说，在自然界中，由于没有人、没有自觉的主体，因而不存在自觉的相互联系、相互作用、共存互长等。只有在社会历史领域中，在主体和客体之间才具有这些规定。因此，所谓辩证法就最终归结为主体—客体的辩证法，辩证法的一切具体规定和具体存在方式都成了主体—客体辩证法的分殊。它的外部边界就是社会历史，超出这个领域，辩证法就被看作神秘主义的因素。因此卢卡奇否定自然辩证法的存在。

---

① 卢卡奇：《历史和阶级意识》，张西平译，重庆出版社 1989 年版，第 6 页。

真正说来，我们认为自然物也存在辩证法。只是这种辩证法不能够被显现出来，总是处于自在的状态而已。物的存在是直接性的、没有规定的。因此，在这个层面上对物的认识只能是黑格尔所说的"意谓"。意谓就没有辩证法的活动参与。因此，自然物中即便存在辩证法，也是以自在的方式存在的。而且，这种辩证法是通过自然物所表现出来的精神本身的辩证法。在这个意义上，自然物不过是符合了辩证法而已。但是，卢卡奇的说法也不是完全没有道理。或者说，否认自然辩证法，从辩证法中剔除自然是有着逻辑的合理性的。因为，在社会历史领域中，辩证法很容易找到自己的人学基础。我们可以从人的总体性，从人这个主体—客体的统一体出发来阐发辩证的总体观。而一旦涉足自然就会使辩证的总体观要么陷入不可理解的神秘主义，要么退回到自然哲学的独断主义。而且对于辩证法的理论体系来说，自然辩证法的提出总有推广辩证法的存在范围和为辩证法的理论提供自然方面的证据之嫌。所以，卢卡奇为了总体的可理解性不得不牺牲"自然"。

对于自然物说来，既然辩证法是自在存在着的，一般说来就不能通过辩证法来给予说明。其存在只能用自然的因果必然性规律来说明。这就是说，对自然物的认识仅仅是一种经验性的知性认识。相反，在解释人的存在以及人的活动中所具有的价值标准的时候，就必须使用辩证法的根本原则。在这个意义上，人的存在总是自觉或不自觉地服从辩证法的规律的。这里值得注意的是：马克思的辩证法不应该与自然规律的科学主义的认识方式混同起来。这一点始终被卢卡奇所强调着。在一定意义上，卢卡奇就是在针对科学主义的态度才提出对待辩证法的合理态度问题的。我们不排除恩格斯在对待辩证法的态度上存在科学主义态度的倾向。恩格斯甚至用"合力论"的自然科学观念来理解人类社会的发展规律。这其中存在合理的因素，但毕竟容易引起对辩证法所具有的超越本性和哲学上的浪漫主义倾向的遗忘。

最后还需要指出的一点是：对于卢卡奇的总体性问题，我们不能单纯从"方法论"的意义上去理解，而且还要从存在论的高度上来理解。因为方法论问题的讨论远远没有涉及历史辩证法的更加深刻的内在特质。对历史辩证法的"方法论"意义上的理解，已经被外在化和形式化。"在方法论的理解已被外在化、形式化和中性化之际，这里的问题根本不是所谓的方法论问题，而是存在论的根基问题——无论卢卡奇本人是否清楚地意识到这一点，而上述理解上的偏差之所以出现，就因为用已然无关乎痛痒的方法论表述掩盖了至关重要也至为迫切的存在论根基问题。因为只要一谈到'对黑格尔遗产进行彻底唯物主义改造'，只要真正去思索'主体与客体的关系这种决定性问题的前景'，那么存在论的根基问题便俨然以其自身的严重性绽露出来了"。①

第三节　历史辩证法的"历史性"特征

一　关于"历史"范畴的含义

按照卢卡奇的理解，历史范畴在马克思哲学中具有重要的意义。卢卡奇指出，"历史"不同于各种"社会制度"。制度是死的和确定性的，而历史本身的特点则是不断自我生成的。辩证法的基本特征正好就是历史自身的特点。或者说，历史就是按照辩证法的原则来运动的，辩证法是历史的本性。

历史成为马克思哲学的基本范畴。历史辩证法的发生领域是"历史"，历史的态度实际是一种世界观的基本视野。历史也可以成为人观察人自身生存的新的思维方式，它不同于观察自然物的思维方式。自然物的存在是自然的，而人的生存则是历史的。因此，解决人的问题，主要是用一种历史思维。这种历史思维是与科学思维相对的。卢卡奇指出了马克思历史辩证法的这种历史本性。卢卡奇针对马克思的《德意志意识形态》当中对历史高度重视的态度并切实进入历史的做法，分析了历史的含义。他认为，"社会制度"实际上是历史的一种外在表现。因为"制度"也无非是一种确定性的规定。马克思的"这种批判哲学首先表示了历史的批判。它废除了社会制度的那种僵硬的、非历史的、自然现象；它揭示了社会制度的历史起源，从而证明了社会制度的每一方面都服从于历史，包括历史的衰退。所以，历史并不仅仅在由这些制度确定的范围内展开，当社会的原则永远保持其合法性时，历史并不把自身分

---

① 吴晓明：《卢卡奇的存在论视域及其批判——〈历史和阶级意识〉的黑格尔主义定向》，《云南大学学报》2003 年第 1 期，第 19 页。

解为内容的进化、人类的进化、社会的进化等情况。这些社会制度也不是历史做追求的目标，他们看来，如果是这样，当这些社会制度实现时，历史也将完成了它的使命，从而终结了。相反，历史恰好是这些制度的历史，是它们作为把人们集合在社会中的制度经历变化的历史"。①

历史是无限运动和发展的。如果把某种社会制度看作是历史的目标的话，历史就终结了。所以，卢卡奇指出，不是社会制度是终极的存在，相反，历史才是终极的存在。也就是说，历史是不断发展的。这就为突破资本主义社会制度奠定了历史辩证法的基础。正是从这种历史作为绝对的自我运动以及历史辩证法的特点出发，才为破坏资本主义社会制度提供了哲学基础。可见，马克思是把"历史"作为更加本然的存在。历史是绝对的自我运动的，而社会制度则成为历史自身运动当中的个别阶段的"标志"，每个社会制度都不是历史的最终目标。历史不是为了确立某种终极的社会制度，而是不断超越当下的制度去建立新的制度，并继续超越制度，这样，历史表现为一系列"社会制度"的更替，这就是历史辩证法。

二　卢卡奇对三种错误历史观念的批判

1. 把历史看作是僵死的社会制度

这种对待历史的态度主要是资本主义的历史观。他们从维护资本主义制度出发，把历史理解为僵死的、自然的、永恒不变的社会制度，把经济学规律作为制度永恒性的理论根据。这种科学的态度，就是为了回避"意识形态"。卢卡奇说："假如它并不总是有意识的话，它的出发点和目的总是对事物的现存秩序的辩解，或者至少是要证明它们是永久不变的"。② 说到这里，卢卡奇想到了马克思对经济学的这种非历史的态度的批判："于是，以前是有历史的，现在再也没有历史了"③。马克思在《德意志意识形态》当中明确批判从前没有历史，并指出："我们仅仅知道一门唯一的科学，即历史科学"。古典经济学就没有用历史的态度来分析经济学规律之所以成立的前提，而马克思则恰好是要用历史

---

① 卢卡奇：《历史和阶级意识》，张西平译，重庆出版社 1989 年版，第 53 页。
② 同上书，第 54 页。
③ 《马克思恩格斯全集》（第 4 卷），人民出版社 1958 年版，第 154 页。

的态度重新分析经济事实。正是马克思的这种真正历史的态度，才实现了对旧经济学的批判。可以说，马克思的历史辩证法表现在对旧经济学的"哲学前提"的批判。关于这一点，马克思在《1844 年经济学哲学手稿》当中有明确的说明。尽管当时卢卡奇还没有看到马克思的《1844 年经济学哲学手稿》，但是，卢卡奇已经看到了马克思在《1844 年经济学哲学手稿》中所表达的旧经济学的这种非历史的态度。

　　能否进入历史，是马克思与从前哲学的根本差别。卢卡奇紧紧抓住了马克思历史唯物主义的这一根本特点。历史唯物主义的主要目标就是要批判资本主义制度。所以，资本主义把"社会制度"作为不变的东西，企图用"科学"加以辩护。用卢卡奇的话说，他们企图把"历史的客体对象作为永不变更的、永恒的自然规律的客体表现出来。"这是不符合历史辩证法的。卢卡奇认为这是一种"形式主义"，仅仅看到了历史的外在形式，而没有回到历史的本质。在卢卡奇看来，历史辩证法才是历史的本质。这种对辩证法的基本态度，可以看到卢卡奇所具有的黑格尔主义传统，也可以看到他对马克思的历史唯物主义的总体性质的理解。这样，为了进入历史，卢卡奇也看到了马克思的这种主体性的世界观。

　　可以说，马克思的主体性世界观是人本主义的。也就是说，马克思所关注的主要问题就是人，而且是历史性生存的人。马克思的主体性世界观，时时刻刻都贯穿在他对社会历史的理解和对资本主义的批判理论当中。有的学者把马克思的这种主体性世界观理解为"辩证法的主体向度"。① 所谓主体性世界观是人本主义的，是说马克思总是从"人性"的角度出发来理解人所创造的世界。马克思曾经从主体出发来理解异化劳动、曾经从人的社会关系理解商品、曾经从人的本质出发理解人所创造的世界，等等。卢卡奇在这里看到了马克思的这一人本主义的主体性世界观，所以，把历史也看作是"人"的社会关系的表现。"从一种形式主义的角度出发就无法理解社会历史制度的真正性质便在于是由于人们之间的关系构成的"。② 而人的主体性就在于，人是在自己意识当中

---

① 张一兵：《马克思历史辩证法的主体向度》，南京大学出版社 2002 年版，第 330 页。

② 卢卡奇：《历史和阶级意识》，张西平译，重庆出版社 1989 年版，第 54 页。

按照辩证法的方式来生存的。这也就是说，人总是不断自己变化着的存在。历史的辩证特性实际上根源于人的辩证特性；而人的辩证特性，还是因为人是有理性的存在者。只不过马克思是把人的这种与辩证法所具有的天然关系放在历史性生存当中来理解。所以，马克思是在现实性和历史性的生存中理解人的存在，而不是单纯在抽象的人性论意义上理解人的辩证法。

社会关系是马克思历史唯物主义对人的本质理解的总体性概括，因而，卢卡奇也把社会关系看作是历史辩证法的基础。人的历史性生存表现为"社会关系"。社会关系本身就是人与人之间的现实的关系和理性关系的结合。马克思在《德意志意识形态》当中关于"意识"这一节中讨论了"关系"问题，"凡是有某种关系存在的地方，这种关系都是为我而存在的……"① 这种人与人之间的关系构成了历史辩证法的基本内容之一。这种关系不单纯是现实的利益关系，而是包含着一种处理感性世界活动的种种理性原则。按照哈贝马斯的理解，就是一种由"交往理性"建立起来的人与人之间的关系。所谓"交往理性"是指"把以符号为媒介的相互作用理解为交往活动。相互作用是按照必须遵守的规范进行的，而必须遵守的规范规定着相互的行为期待，并且必须得到至少两个行为主体〔人〕的理解和承认"。②

2. 把历史看作是"非理性"的仅仅具有"美的色彩"的艺术作品

第一种情况是把理性看作是一种资本主义的"计算性思维"。这种计算性思维实际背叛了历史辩证法。所谓"计算性思维"是海德格尔使用的概念。他在《泰然任之》一文当中，把人的生存所依凭的理性区分为两种，一种是计算性思维，另一种是沉思思维。"因此就有两种思想，两者各以它们的方式而为有根据的和必要的：计算性思维和沉思之思。"③ 这种思维显然不能看到历史的生成性运动。相反，就陷入了另外一种消极的方式，认为历史根本没有理性。历史就如同艺术作品一

---

① 《马克思恩格斯全集》（第3卷），人民出版社1960年版，第34页。

② 哈贝马斯：《作为"意识形态"的技术与科学》，李黎、郭官义译，学林出版社1999年版，第49页。

③ 《海德格尔选集》（下卷），孙周兴编，生活·读书·新知三联书店1996年版，第1233页。

样，艺术作品因为是"感性"的对象，而感性的对象只对感觉和体验有效。这样，艺术作品所给人的东西只是在非理性的感觉和体验中显现，历史也是如此。这种对待历史的态度，就把历史归结为一种非理性的存在了。诚然，历史性生存也不可缺少人的非理性因素。但是，如果把非理性作为历史的本质，就没有任何规律和辩证法可言了。历史成为一种虚幻的审美对象，人也就失去了对历史反思的能力。这种对待历史的非理性态度破坏了历史辩证法的客观实在性。

3. 康德对历史的抽象的理性原则的理解

马克思超越了古典经济学的科学思维方式，也超越了古典哲学的思维方式，这是马克思的历史辩证法所必须面对并清理的"理论前提"。所以，马克思哲学主要就是要扬弃从前的非历史态度。这种非历史态度包括前面提到的资本主义的经济学，其次还包括古典哲学为代表的超历史的态度。众所周知，康德也研究历史，但是，黑格尔和康德都是在抽象的思辨哲学当中来研究历史，因而，当用纯粹理性的态度去对待历史的时候，历史也就显现为"纯粹的理性"。只要用纯粹理性的态度去看什么，什么就是理性的本质。所以，站在德国哲学的背景当中，整个世界全都成为"理性"的表现了，历史当然在他们的视野中也毫不例外地属于"理性"了。

三　总体性在理解"历史"中的意义

1. 总体性与"历史"的关系

在什么意义上，卢卡奇说只有从总体性或者辩证法的意义上才能真正理解历史？这个历史的本质究竟指的是什么？卢卡奇反复强调，只有从总体性出发、从辩证法出发才能理解历史。这个历史指的是什么？指的就是资本主义社会的本质。我们前面还仅仅是在普通的抽象的意义上来指出认识历史事实的可能性。进一步，卢卡奇就结合着对资本主义的本质的理解来说明总体性的辩证法在理解资本主义本质、批判资本主义方面所具有的独特作用。在这个意义上，批判资本主义，只有从人本身出发，也就是从辩证法出发才能实现。全部马克思的历史唯物主义是要做什么？无非是批判资本主义，构建人类的理想生存状况。这种批判实际就是一种对人的理解。具体说，就是对处在资本主义状态之中的

"人"的理解。所以卢卡奇极力强调要确立一种总体性的辩证法观念。也就是说，为了批判资本主义，指出资本主义的本质，我们必须使用这种从人出发的辩证法。这样，辩证法在马克思那里首先就是一种理论活动，然后才进入现实的批判活动，这些都是辩证法的具体运用。

卢卡奇以马克思的拜物教为例，分析了为什么只有总体性的观点才能理解资本主义的本质。这个本质说来就是：把人变为"非人"。为什么要从辩证法的意义上来理解历史？根本原因就是因为人本身就是辩证的。而资本主义的社会状态作为一种现象层面存在的东西，我们首先是要用"科学"来加以解释。而问题是，既然资本主义仍然是"人"的存在方式，就说明资本主义的社会现象的后面仍然是人本身的东西在起作用。因而，理解这种社会现象就要从人本身出发。用现象学的话语说，也就是"回到事情本身"。所以，对资本主义的一切批判归根到底还是对人本身的批判。正是因为人本身具有这个特点，才决定了对资本主义社会状况的批判必须通过辩证法回到人本身。

作为"本身"的东西也就是事物的本质。本质总是"中介"了的存在、是间接性的存在，或者说，总是要在思维中显现出来的。思维所把握到的东西既是本身，同时却又不能直接在经验界中获得。所以，思维所把握到的事物既是事物的本身，同时又不是事物的本身。因为纯粹的事物本身对人说来没有任何意义。只有能够进入人的思维中的事物才真正成为"人"的事物。一切对人显现的事物都是被思维所把握到的事物；而思维所把握到的最高的东西就是事物的"本身"。在这个意义上，我们认识事物就很"困难"。因为事物本身不可能直接获得，需要我们在思维中去寻找，这个寻找过程就是辩证法。因而，辩证法是很困难的事情。我们通达事物总要以辩证法的方式实现。对于资本主义来说，就是要获得资本主义的反人性的东西。资本主义在表面上被人们所看到的是种种"理性"，但是，这仅仅是在"物"的前提上的理性。也就是说，在"物"的逻辑上看，这些现象同样遵循一种科学的规律。而马克思所要发现的"秘密"是在这些所谓的规律背后的东西。"在资本主义社会中人的环境、特别是经济范畴，以它的客观形式直接地和必然地呈现在人们的面前，这种客观形式掩盖了它们是人和人之间关系的范畴这一事实。相反，它们表面上呈现出了物及物与物的关系。因此，当辩证法摧毁了这些范畴永恒的虚构时，它也就摧毁了它们物化的特征，并且为认识现实扫清了道路"。①卢卡奇的这一论述实际是结合资本主义事实，具体地指明了辩证法对于认识历史事实上的唯一有效性。卢卡奇所以强调辩证法对认识历史事实的独特作用，就在于要说明只有辩证法才能有效地批判资本主义的生存方式。这是马克思的辩证法的真正意义所在。马克思对资本主义的批判肯定是在两个方面实现的：马克思一方面是在理论上批判资本主义的违反人的本性，这是辩证法的理论应用；另一方面，马克思也在现实的阶级斗争中来运用，这是辩证法的实践运用。在这个意义上，马克思是唯一把辩证法从思维的理论领域一直贯穿到历史领域中的哲学家。

　　卢卡奇结合资本主义的事实，分析了辩证法的作用。而马克思本人也正是从辩证法的意义上来批判资本主义、确立共产主义的学理根据的。如果是单纯的物与物的关系，我们就可以在自然科学中来理解。而问题是，这些物与物的关系实际是由人与人之间的关系参与和支配的。而对于人与人的关系来说就只有辩证法才能揭示。对共产主义的纯粹学理上的论证也应该是辩证法的基本任务。所以，马克思在《1844年经济学哲学手稿》中的核心问题就是在学理上来论证共产主义的必然性，这种必然性就是依靠辩证法来揭示的。"共产主义是私有财产即人的自我异化的积极的扬弃，因而是通过人并且为了人而对人的本质的真正占有；因此，它是人向人自身、向社会的即合乎人性的人的复归，这种复归就是完全的、自觉的和在以往发展的全部财富的范围内生成的。这种共产主义，作为完成了的自然主义＝人道主义，而作为完成了的人道主义＝自然主义，它是人和自然界之间、人和人之间的矛盾的真正解决，是存在和本质、对象化和自我确证、自由和必然、个体和类之间的斗争的真正解决。它是历史之谜的解答，而且知道自己就是这种解答"。②我们可以从马克思的这段对共产主义的论述中来理解马克思的辩证法方法。首先，这里马克思指出了人类历史的生存逻辑，即从自我异化和异化的扬弃的角度理解人的生存辩证运动。这就是第一句话的实质，即人

①　卢卡奇：《历史和阶级意识》，张西平译，重庆出版社1989年版，第18页。
②　马克思：《1844年经济学哲学手稿》，人民出版社2000年版，第81页。

向人的复归，这就是我们所说的人类生存逻辑的辩证法。其次，马克思指出了这种理想的生存状态是人道主义和自然主义的统一，这也是对人说来的一种辩证性生存状态。最后，马克思指出了共产主义就是历史之谜的解答，并且自己知道就是这种解答。这实际就指出了辩证法的反思的、自觉的状态。人只有凭借这个辩证法才能自觉到自身的生存意义，获得自己的生存理想。所以，在这个意义上，辩证法也充当了人类对自身的终极关怀意向。总之，马克思在上述三个方面都贯穿了辩证法这个基本的方法论，从而实现了对资本主义的历史事实的批判。这可以说是从马克思本人的思想中寻求辩证法的有效性的一个典型的根据。这种对共产主义的学理上的理解绝对不是一种科学行为，恰恰就是一种辩证法的哲学行为。

在这个意义上，辩证法就是让人自觉起来。首先在人的本质问题上自觉到人的自由本性，然后重新"回到人本身"。马克思的历史唯物主义在这个意义上仍然应该保留思辨的人本学的合法性。马克思的"唯物主义"绝对不是那种素朴的唯物主义。因为马克思是研究人的，而研究人就不能离开人的观念和意识。卢卡奇对历史的理解就渗透着人的"理解"和"解释"对历史的构造作用。马克思同样符合了这个基本原则。唯有进入总体性的辩证思维当中，才能在人的本质处发现人，并把人从资本主义的现实生存状况中解放出来。在这个意义上，我们才能真正看到辩证法对人说来所具有的"革命的和解放的力量"。说到这里，历史辩证法的第一个意义就表现为一种方法论，进而，表现为一种对待人类生存问题和解放问题的哲学态度，也就是思想的态度。虽然马克思的辩证法具有历史性特征，但是，不排除辩证法仍然具有的这种理论的性质。辩证法当然是揭示人类生存逻辑和社会结构的辩证运动，但是，作为一种根本性的寻求人类生存意义和人的本质的反思活动，仍然是马克思的历史辩证法的一个基本向度。这个向度就是作为方法论的辩证法。

2. 总体性观念中的历史客观性问题

这里的另外一个问题就是如何在总体性观念中来理解历史的客观性问题。如果我们把历史的客观性理解为它的真理性的话，那么，历史的客观性是由历史辩证法所给出的。作为方法论的历史辩证法就是指的这种认识社会事实的人文主义的思维方式。在最广泛的意义上，历史辩证法就是一种能够坚持从历史的观点和反思的思维方式来认识由人的活动和关系所构成的"社会"。历史的客观性就是"历史理性"。这里，我们再一次看到了黑格尔对卢卡奇的深刻影响。黑格尔影响了卢卡奇对历史的客观性问题的理解。

首先，历史的客观性不在于人的活动是感性的物质活动。一般说来，我们总是把历史的客观性理解为"实践的客观性"。实践是感性的物质活动，实践的对象、实践的手段都是物质的，因而，实践活动也是客观的。我们因此用"实践是检验真理的唯一标准"来强调历史的这一客观性。这实际上就是用感性的认识方式来理解社会历史的客观性问题了，这是典型的"物质本体论"的思维方式。对此，刘福森教授指出："人们为了方便起见，往往采取简单化的办法，用自然客观性去说明历史客观性，把历史客观性还原为自然客观性。……生产力的发展之所以是客观的，是因为构成生产力的三要素都是自然物质……但这三要素在生产力中都是受人的意志决定的。……因此，要说明它的客观性，还必须回到马克思讲的'历史决定性机制'"。①可见，我们用知性的认识方式认识社会历史的客观性，恰好构成了卢卡奇所批评的科学主义的观点。

其次，在科学主义看来，历史是由一系列纯粹的客观事实组合起来的，这些客观事实是没有人的主观活动参与其中的（在这一问题上，他们甚至认为卢卡奇是主观唯心主义），比如经济学规律是不考虑这些规律本身的人学前提的，它直接认为这些规律是资本主义不可改变的"客观必然性"。正是在这个意义上，资本主义的经济学家认为，社会历史是符合"铁一样的自然规律"，因而历史是客观的。对于这一点，即便恩格斯也没有强调历史客观性的人文向度。恩格斯也是在"合力论"的意义上理解历史的客观性的。这种对于人类社会的客观性的理解也带有一定的知性论色彩。真正说来，历史的客观性在于：历史要按照某种必然性自己生成自己。比如卢卡奇在这个意义上认为只有无产阶级阶级意识的觉醒，才有可能让历史中的客观性显现出来，从而历史才按照理

---

① 刘福森、张维久：《社会发展问题的哲学探索》，吉林大学出版社1994年版，第179页。

性自己向前运动。就是说，历史的真理性要在一种辩证法中被建立起来，而辩证法一方面要符合历史性原则（这是黑格尔所不具有但却被马克思所发挥了的地方），另一方面就是要按照理性来确立社会事实的价值标准。在这个意义上，黑格尔的历史理性经过马克思哲学的历史性改造，被引入了马克思的历史唯物主义之中了。"这样，历史唯物主义的那种'向来就存在，只不过是始终以理性的形式出现'的理性，通过发现了它的真正的基础，在这个基础上人类的生活将真正能够达到自身的自觉，历史唯物主义达到了理性的形式。虽然这是以牺牲黑格尔的体系为代价的，但这却完成了黑格尔历史哲学的纲领"。①

显然，黑格尔在历史客观性问题上对卢卡奇的影响是特别重要的。卢卡奇以此把"历史理性"引入了马克思的历史唯物主义，并作为历史辩证法的根本特征。历史辩证法不是不要理性，而是不要纯粹的理性，是要把这一理性投放到历史之中。正是在这个意义上，卢卡奇指出，马克思的历史唯物主义是"完成了黑格尔的哲学纲领"。"马克思对传统哲学的颠倒既是对它的批判和否定，也是对它的超越和完成"。②这表明，黑格尔建立了理性，但不是说黑格尔抛弃了历史性，而是说，他仅仅在反思的维度上看待历史的时候，理性才成为了主体。而历史如何真正地符合理性还是历史自身的事。马克思真正让历史理性成为"历史"的理性，就这一点来说，马克思确实是完成了黑格尔的一个纲领，即，把黑格尔的"题中应有之意"实现出来了。可见，卢卡奇就是立足于历史理性这个黑格尔的基本原则来理解历史辩证法的。因为作为方法的历史辩证法，无非是要在思辨的意义上，以历史性为原则而进行的对社会事实的价值认识，也就把历史中的真理性建立起来。

除了《1844 年经济学哲学手稿》之外，马克思在《资本论》中也一再贯彻《1844 年经济学哲学手稿》中所提出的根本性原则：对古典经济学进行一种"前提批判"。必须找到经济学背后的人的关系的支撑，从而破坏原来的经济学的哲学基础；从而进一步打破旧经济学作为科学所起到的资产阶级的意识形态的功能。卢卡奇发现了马克思在《资

---

① 卢卡奇:《历史和阶级意识》，张西平译，重庆出版社 1989 年版，第 23 页。
② 孙利天:《朴素地追问我们自己的问题和希望——中国哲学、西方哲学和马克思主义哲学会通的基础》，《吉林大学社会科学学报》2005 年第 3 期，第 18 页。

本论》中的一处明确批判旧经济学的哲学基础的地方，并且同时指出了这种思想在其所使用的范畴上承袭了黑格尔。遗憾的是，卢卡奇没有把这种对黑格尔的承袭关系从整个《资本论》中解读出来。马克思的这一批判是："经济关系的完成形态，那种表面上，在这种关系的现时所特有的观念中出现的完成形态，是和这种关系的内在的、本质的、但是隐藏着的基本内容以及与之相适应的概念是大不相同的，并且事实上是颠倒的和相反的"。①

首先我们看到的是马克思对旧经济学的批判。马克思在这里明显区分了"表面上"和"内在的、本质的"。这种区分是十分必要的。前者是资产阶级经济学的"科学"所工作的领域，后者则是马克思本人在《资本论》中所工作的领域。显然马克思是在前者的前提意义上进行的哲学批判，这种批判就表现为一种"历史辩证法"，即作为方法论意义的辩证法。这种辩证法无非是指哲学的思维方式。因为哲学总是从最高的存在论意义对事物进行反思，因而，这种反思活动看起来就好像是一种"方法"。实际上就是代表一种反思的思维方式。卢卡奇在这个意义上把历史辩证法看作是一种"方法论"。所以，在谈论总体性的时候，卢卡奇所指的历史辩证法就是在方法论意义上理解的。这一点构成了《什么是正统的马克思主义》一文的基本理论倾向。在此后的几篇文章中，卢卡奇才进入对历史辩证法的进一步的逻辑上和内容上的分析。此外，马克思的这一论述确实也蕴涵着黑格尔的痕迹，正如卢卡奇在注释中所指出的那样：这里的"存在"范畴来源于黑格尔的《逻辑学》，"观念"和"概念"的区别也是来自黑格尔。可见，卢卡奇对黑格尔以及黑格尔对马克思的影响的鉴别能力是特别敏感的。这也说明了黑格尔对卢卡奇影响的深入性。

四 历史辩证法的"历史性"特征

1. 理论与实践统一

对于辩证法的历史性的理解，是卢卡奇理解马克思辩证法时所面对的第二个问题。第一个问题是，在一种方法论的意义上理解辩证法才符

① 卢卡奇：《历史和阶级意识》，张西平译，重庆出版社1989年版，第9页。

合"正统的马克思主义"的要求。这就是说,不能完全停留在马克思的个别命题当中。因为个别命题总是与具体的事件联系在一起,因而似乎不具有普遍性的意义。这样,为了把马克思主义中的普遍性的东西建立起来,卢卡奇于是就想到了方法论问题。因为方法是一般性的东西,也就是理论的东西。马克思的所有理论中,最一般的理论支撑是什么?这就是超越一切个别命题之上的普遍性的"方法"。这个方法就是"辩证法"。所以,接下来的问题就是,这种辩证法具有怎样的特征?辩证法在马克思这里,首要的特征就是它真实地获得了"历史性"。因此,"卢卡奇认为,一切都要立足于历史,都需要用历史去说明,即使实践的主体也是在历史的维度中展开的"。①

这样,卢卡奇首先就寻找马克思对辩证法理解上的历史性的文本根据。卢卡奇在第一节中的开篇部分就提出了马克思对辩证法的理解。"理论一经掌握群众,也会变成物质力量"。② 这里首先给人的印象似乎很简单,因为它所注重的就是怎样把理论投放给群众,从而让理论作为辩证法成为一种现实的"物质力量"。单纯在这个意义上,我们还不能说理论的问题已经结束,或者说理论作为辩证法已经不成为问题。然而,辩证法的问题必须用辩证法的方式来对待。卢卡奇在提出马克思的"理论掌握群众"的理论之后,就合逻辑地想到另外一个问题:什么样的理论才能掌握群众?卢卡奇的答案就是:必须使理论掌握群众的"方法"合乎必然性。用他的话说:"我们必须从方法以及它与其对象的关系中,抽象出理论的实际本质来",从而保证这种理论与群众的活动之间具有"必然的联系"。为了对这种方法论上的必然性的解释,卢卡奇于是敏锐地发现了马克思的另外一句话:"光是思想竭力体现为现实是不够的,现实本身应当力求趋向思想"。③

这样我们看到,无论是马克思还是卢卡奇,都不愧为辩证法大师。这两句话本身就是相互规定的。因此,当我们说理论联系群众、理论联系实际的时候,问题并非是单纯地如何让理论进入现实,这仅仅是问题

---

① 杨耕:《超越与回归:斯大林与卢卡奇本体论思想的比较研究》,《哲学研究》2003 年第 12 期,第 19 页。

② 《马克思恩格斯全集》(第 1 卷),人民出版社 1958 年版,第 460 页。

③ 同上书,第 462 页。

的一个方面。因为，理论是否符合真理，这是个辩证法的内在问题。也就是说，只有在辩证法意义上成就的理论，才能够有资格和能力进入现实，否则，并不构成真正的理论。"现实本身必须趋向思想"，这意味着对于资本主义的现实，必须在哲学的反思维度上加以认识。这种对现实的认识，恰好不应该是科学主义所主张的一种非辩证法的经验主义的认识。卢卡奇因此在随后的论述中就开始在认识论的原理上来批判经验主义者的科学主义态度，从而确立起辩证法对于理解人的生存方式上的合法性。正是在这个意义上，卢卡奇强调指出，对于辩证法的革命本性的实现，实际包括上述两个方面的统一。理论必须具有辩证法的内在规定，理论才是真正的理论。所谓真正的理论，也就是能够掌握群众的理论。这样，卢卡奇用了一个"理论与实践联系的必然性"概念，说明了理论何以能成为理论的辩证法根基。在卢卡奇看来，理论如果能够掌握群众，理论必须具有"必然性"。

此外，卢卡奇还强调"现实要趋向思想"。这就是隐约指出了人对自身的认识实际是由辩证法所构造的"思想"。对现实的认识绝对不是经济学等的科学认识，而是一种形而上学的思想上的认识。卢卡奇这里就为辩证法的出场奠定了基础。他的思路明显指向了辩证法的超验性维度。

进一步，在历史性中，作为辩证法的理论与实践相结合的真实意义何在？"只有当意识的出现必然成为历史的过程朝着它自己的目的所必须迈出的决定性的步骤时，理论才有可能与实践相统一（历史过程的目的是由人的意志所构成的，但它既不依赖于人的幻想，也不是人所虚构的产物）。理论的历史性的功能就是使这个步骤成为实际的可能性。只有当出现一个阶级要维护自己的权利，就必须认识社会这样的历史局面时；只有当一个阶级认识其自身就意味着认识整个社会，结果这个阶级既是认识的主体又是认识的客体时，简而言之，只有当这些条件都被满足时，理论和实践才将能统一，理论的革命功能的前提才成为可能"。[①]这里我们看到，卢卡奇对于辩证法的历史特性的分析，开始进入了"阶级意识"这个层面了。

① 卢卡奇：《历史和阶级意识》，张西平译，重庆出版社 1989 年版，第 3 页。

　　首先，卢卡奇指出了"历史朝着它自己的目的所必须迈出的决定性步骤"。这实际是对历史的自我运动的客观性的一种认识。正因为历史是自因的，因而才有辩证法的问题。如果历史与自然事物一样，完全按照外在的因果必然性来行为，就不会有辩证法问题出现了。在这个意义上，历史是自由的，因而是内在的必然性。按照黑格尔的逻辑学，自由并非是没有限制，而是自己限制自己，自己是自己的原因。人的存在方式恰好凭借这一本性而成为历史性的存在。因此，当我们说人是历史性存在的时候，这意味着人是按照自由的内在必然性行为，而不是按照自然因果性行为的，而辩证法就是这种内在必然性的纯粹逻辑的表达。

　　人能够按照客观的力量思考自己的存在，为自己确立生存的根据的时候，人才能成为主体。就是说，人开始打破自身的"沉默"的无主体状况，开始确立自身存在的合法性。此时，人就既是主体，同时也就是客体，即自己是自己的客体了。这就是说，人真正进入了自己生成自己的历史性存在了。对于"人"来说，人要有自己的"辩证法"，这种辩证法不再是纯粹的"逻辑"，而是一种人的生存方式。在这个意义上，辩证法也是人的存在本性。所谓的理论与实践的统一，首先意味着辩证法与人的统一，而唯当人的自我意识与自身的现实存在相互关联起来时，人的生存才成为自由的。在这个意义上，卢卡奇提出了作为历史辩证法的基本内容：无产阶级通过阶级意识的觉醒，开始成为自己生成自己、既是主体又是客体辩证统一的历史性存在者，从而使人类实现解放和自由。这也正是马克思辩证法的革命本性之所在。

　　2. 历史事实："不精确"的价值真理

　　科学总是对对象具有"精确性"的认识。而科学思维对历史的认识，注定会出现问题，因而总是不科学的。"这种似乎非常科学的方法的不科学性质就在于它没有看到，并去说明作为其依据的事实的历史特性"。① 事实是相互孤立的存在的。这在哲学的认识论意义上看，就是说，感性的具体事物只能是黑格尔所说的"凭一个又字"并列地存在着。这里我们看到，卢卡奇的这种对待辩证法的态度实际是与黑格尔对"感性的确定性"的理解是一致的，只不过黑格尔是从纯粹哲

----

　　① 卢卡奇：《历史和阶级意识》，张西平译，重庆出版社1989年版，第8页。

学的认识论意义上来说的，而卢卡奇则是从社会事物的角度来理解的。按照黑格尔的这种感性确定性原理，事物之间的关系和内在联系是不能通过这种科学的知性方式所把握到的。因而，当用科学去认识社会事物的时候，不免显现出"不精确性"。因为社会事物在本质上已经超出了感性的事物，是某种人与人之间的"关系"。马克思因此说，人的本质是"一切社会关系的总和"。这样，对于社会事物的认识，就只能回到辩证法这里来寻找根据了。所以，卢卡奇就开始质问：到底什么时候，在哪种情况下，对社会事物的认识会显得"不精确"呢？"是在我认为事实存在于某种形式中，并且屈从于这些规律的时候，还是当我自觉地考虑到这种情况，对由于这种方法所达到的'精确性'给以批判的认识，并集中注意了这个历史的方面这个真正表现自身的决定性事实的时候呢？"① 显然是前者，即把社会事物置于规律之下的那种科学认识。而后者实际是一种批判的辩证法的认识，并且卢卡奇加入了这种辩证法认识的特点，即历史性的限定。这样，我们就看到，卢卡奇实际是明确在这种质问中表明了自己对于辩证法及其历史特性的肯定性态度了。

科学的东西总是试图掌握纯粹事实中的永恒不变的"规律"。因而，看不到社会事物作为总是在人的不确定性的价值选择中才有其本质的"变化"过程，在这个意义上，辩证法则是对社会事实基础进行人文主义的批判、寻求人类社会的真理。卢卡奇称这种被纳入到人文价值关照中的事实，虽然已经不是"纯粹"的事实，但却是"真正意义上的事实"。因此，真正意义上的事实并不是说这些事实具有不变的"规律"，而是因为它们是属人的、历史的。它们总是指人对事实的价值关照，因而，社会事物的存在不是"事实真理"，而是"价值真理"。而价值真理只能用历史的观点和辩证法来认识。在这个意义上，卢卡奇说"为了从这些'事实'发展到真正意义上的事实，认识它们在这种情况下的历史条件，就十分有必要放弃那种把它们看作直接的既定的观点。它们必须使其自身接受历史的和辩证法的考察"。②

---

① 卢卡奇：《历史和阶级意识》，张西平译，重庆出版社1989年版，第9页。
② 同上。

第四节 "总体性"对科学思维的反驳

一 "总体性"所坚持的解释学态度

卢卡奇在《什么是正统的马克思主义》里面指出了正统的马克思主义不是教条和命题，仅仅是一种方法论。这里，主要还是针对第二国际的"科学主义"的态度进行批判。而卢卡奇的意思是，马克思主义不是一种纯粹"科学"的东西，而是一种"辩证法"。马克思是思考人类历史性生存问题的。对于这个问题显然要以"辩证法"来对待。也就是说，辩证法是人类历史性生存的根本性存在方式，人注定要思辨地对自身的生存给出某种"理解"和"解释"。这样，卢卡奇就主要分析了什么是历史。由于历史的本性，决定了马克思主义在思考人类和解决人类问题的时候，只能是一种"辩证法"的维度，而不能是"科学"的维度。这里，卢卡奇明确指出了什么是历史以及什么是历史"事实"。对于人类历史来说，是否存在纯粹客观的历史事实？对这个基本问题的回答是决定性的。卢卡奇这里显然是与解释学有一致的看法，就是说，历史并非是纯粹的事实，人总要对自身的历史性生存给出某种"理解"和"解释"，而这些解释活动才真正构成了历史的本质。

马克思就是在不断地为人类的自由而进行着"解释"。对待"历史"只能用辩证法。历史是唯一在人自身的"意识"中显现的东西，这样就需要有一种从"历史"出发的自我意识。马克思的历史唯物主义实质就是历史发展到资本主义这一特定历史阶段，人类自身的一种自我意识。历史性存在与自然性存在不同，就是因为自然性存在是按照因果必然性来运行，因而，自然性存在是需要在科学中被解释的。而历史则还需要人类的自我意识的参与才能运行，就是说，人类历史需要辩证法。辩证法不是别的，只是帮助历史显现为何种历史的逻辑。因此，历史只能通过辩证法进入人的思维之中，人则需要在辩证法的意义上获得历史的本质。在这个意义上，历史是符合一种"理性"的。我们认为，历史辩证法也表明历史是按照这种思辨规律被组建起来的，而不是按照科学规律被创造的。与人最近的东西不是科学，而是辩证法。所以，解决人的问题，最根本的在于辩证法而不是一种科学。

　　这样，实际就涉及了通常讨论的问题，历史究竟是一个客观的不以人的意志为转移的自然历史过程，还是主体的选择结果？这是理解历史唯物主义的关键。是否承认马克思对历史的主体选择态度，是理解马克思历史唯物主义的一个根本问题。这里所谓的主体选择，其背后的支持就是辩证法。马克思的历史唯物主义是否是纯粹的研究历史事实的"科学"？正是对这个问题的不同回答，形成了理解马克思的历史唯物主义的两种不同观点。一种就是第二国际为代表的科学主义，另一种就是卢卡奇所理解的辩证法的态度。当我们说历史是按照某种内在目的发生的，这个目的不是在历史之外某个地方神秘存在的，只是说，历史是在我们思辨的思维中显现为历史的。人总是为了自身去建立某种"意义"，这个"意义"就是历史的本质。所以，真正说来，历史不是纯粹的事实，而是人的"理解"，人在历史中解释着自身的存在意义。马克思主义就是要确立人类的历史性生存。所谓人类的历史性生存，就是人必须要按照辩证思维提供的意义来生存，马克思的辩证法就是揭示这种人所特有的、需要思辨来组建历史的这个中介过程才能实现的生存方式。

　　人类的种种生存意义构成了人类存在的基础。这个基础是与人"最近"的，或者说，就是人本身。因而，解决人的问题都要从这一对人说来的"内在"途径来解决。科学是外在于人的。马克思主义首要的目的就是要从人本身来寻找人类生存的意义。这就是说，马克思的历史唯物主义虽然是要在社会历史中寻找一种历史规律，但是，这个规律必须是建立在更加原始的人本身的生存意义基础之上的。没有这个对生存意义的追问、没有对人类历史发展的终极目标的追问、没有对当下资本主义生存状况的反思，就不会有马克思主义。所以，在这个意义上，历史唯物主义就是要构建一种人类生存的意义以及由这些意义所组成的人类生存理想。因而，在这个意义上，共产主义首先是人类的生存根基。共产主义必须被放在"辩证法"的终极关怀中来理解。这里的辩证法，实际是一种求解人类生存意义的"哲学"态度。在这个意义上，卢卡奇在《什么是正统的马克思主义》一文中，指出了辩证法是历史唯物主义作为一种关切人类命运的"哲学"态度而不是科学态度。马克思的工作，无论是早期的《1844 年经济学哲学手稿》，还是后来的《资本论》，其主要的目的就是在研究"人"。研究人，在彻底的意义上只能在辩证法的意义上进行。列宁就曾经认为，马克思的《资本论》就是马克思所特有的"逻辑学"。正是在这个意义上，卢卡奇明确了马克思的历史唯物主义作为一种历史辩证法的"存在论"意义。

马克思在《1844 年经济学哲学手稿》中对古典经济学的批判，不是对古典经济学的某个具体的论断或者规律加以批判，不是针对"局部"的理论给予批判，而是针对古典经济学的"全部"。用卢卡奇的这个基本术语说，就是在"总体性"意义上对古典经济学的批判。所谓在总体性上对古典经济学给予批判，不是要指出古典经济学的规律错了，而是要指出全部古典经济学成立的"前提"错了。为什么这样说呢？在马克思看来，经济学应该是"人"的学问。也就是说，经济学在根本上不应该是对"物"或者"利益"的研究，而是对人本身的研究。用马克思的话说，古典经济学无非是一种教人"发财致富的学问"。① 这样，也就说明了古典经济学的一个基本前提——私有财产和合法性。而马克思对私有财产的合法性的理解不是从经济学的"利益最大化"的角度分析的。也就是说，马克思已经完全超出了私有财产限度内的经济学意义，而是回到了经济学的"人学"基础。在这个意义上，马克思所要面对的基本问题是：一种经济活动能否让人类的生存自由起来？如果这种经济学及其承诺的经济生活方式不能让人从中获得自由，相反，让人生存很痛苦，则这种经济学自然就是"反人类"的。所以，马克思是从人本身的生存状况出发来批判古典经济学的。马克思在《1844 年经济学哲学手稿》中的这种态度，我们可以理解为一种"主体性世界观"。也就是说，马克思是从人本身出发来理解经济现象的。比如，对异化劳动的理解、对私有财产的理解，最终都是从人本身出发来给出解释的。马克思把劳动异化的根源最终归结为人本身的异化；把私有财产的本质归结为人的社会关系，等等。在《资本论》当中，马克思同样贯穿了这一根本的辩证法态度。马克思在对"商品拜物教"的本质的批判中，就指出了商品拜物教的本质实际上体现的是被"物化"

---

① 马克思：《1844 年经济学哲学手稿》，人民出版社 2000 年版，第 199 页。

了的人与人的关系。显然，上述这些都是马克思从人出发对资本主义进行的批判，这种从人出发的根本学术立场，从存在论意义上说就是一种总体性原则的历史辩证法。

如果按照科学思维，社会历史的进步也是由客观的历史活动不以个人的意志为转移的"合力"而决定的，而人在历史中的作用就没有积极意义了。恩格斯对社会历史进步的所谓的"合力论"就符合了这种科学思维。这是一种消极的历史决定论。马克思把这种因果性思维所理解的社会看作是"从事后"思索的结果。言外之意，马克思主张"事先"思索。而事先思索就是历史辩证法的"本性"。科学思维总是按照因果性法则来理解历史进步的。而按照因果性就总要从"从前"的某种存在来推导出将来的存在，过去决定现在和将来。在这个意义上，历史发展与人的那种为"未来"而构造的能动性意识没有关系了。因为无论怎样，历史都会"进行"下去的。所以，这种消极的历史决定论也就是"历史宿命论"。而对于人类社会历史的发展来说，人并非是消极被动的。人应该成为自己的主体，并成为历史进步的主体。这样，我们就应该抛开科学思维来理解历史，而是用人的思维来理解历史的进步，此时，我们就进入了历史辩证法。历史辩证法首先意味着对科学思维的超越。人类历史发展的"前方"必定有一种理想的生存状态，而人有责任和义务为自己的"将来"的理想生存状态寻找理性的支持和实践的手段。这样，构造这种理想的生存状态就成为历史辩证法的基本任务，而对这种目标的一切理论的和实践的革命，也成了历史辩证法的基本内容。

为了说明无产阶级所确立的生存目标是"合理"的，人们总是习惯于用"科学"加以说明。把符合历史进步的理性认识说成是历史发展的"科学"，或者是历史进步的"规律"。这样，就似乎把历史的进步建立在一种坚实的"规律"基础之上了。按照卢卡奇的理解，恩格斯就是如此。卢卡奇指出了恩格斯在关于历史唯物主义的理解中所坚持的这种科学态度："一方面，在历史上活动的许多个别愿望在大多数场合下所得到的完全不是预期的结果，往往是恰恰相反的结果，因而它们的动机对全部结果来说同样地只有从属的意义。另一方面，又产生了一个新的问题，在这些动机背后隐藏着的又是什么样的动力？……因此，科学的马克思主义本质在于认识到历史的真正动力是不以人的（心理的）意志为转移的"。① 而在卢卡奇看来，用不着这种科学思维为历史发展做辩护。所谓的社会历史的合理性不是靠科学思维来论证的，相反，是依靠历史性思维来确立的，这种历史性思维就是历史辩证法。

二 对科学主义"事实观"的解释学批判

对于人的问题，无论怎样地坚持"唯物主义"都不应该陷入自然科学的认识态度之中。对此，高清海教授曾经指出："'人'只能按照人的方式去把握"。② 所以，辩证法的态度在这里意味着对于人的问题的理解总是要从人的内在的思维方式中寻找根据。这个寻找自己存在根据的过程就是辩证法的意义之所在。海德格尔认为：人有领会存在的命运，人注定要从存在那里找寻自己，因而使自己成为领会存在的"此在"。③ 在这个意义上，卢卡奇与海德格尔也保持着相同的存在主义观念。卢卡奇批评"盲目的经验主义者"就是出于这种考虑。因为经验主义者总是企图获得纯粹的"事实本身"。"盲目的经验主义者将否认只有在一个体系的框架中（这种体系将随认识的要求而变换），事实才成为事实。"④ 盲目的经验主义者的这个认识问题可以从解释学那里找到其非法性的根据。哲学解释学的观点认为，任何理解活动总是被理解者事先的"前理解"所决定。我们的头脑中事先具有的偏见，实际上参与了任何认识活动之中了，并且，恰好是因为这一前理解，认识才成为可能。就是说，我们不能在没有前理解的帮助下就形成认识。或者说，我们根本就不能把前理解从某一理解活动中清理出去，前理解与理解总是统一的。"占据解释者意识的前见和前见解，并不是解释者自身可以自由支配的。解释者不可能事先就把那些使理解得以可能的生产性的前见与那些阻碍理解并导致误解的前见区分开来"。⑤ 对事实的理解正好要符合解释学所提供的这一原理。因此，经验主义者企图绕过自我

① 卢卡奇：《历史和阶级意识》，张西平译，重庆出版社 1989 年版，第 52 页。
② 《高清海哲学文存》（2），吉林人民出版社 1997 年版，第 13 页。
③ 海德格尔：《存在与时间》，生活·读书·新知三联书店 1999 年版，第 9 页。
④ 卢卡奇：《历史和阶级意识》，张西平译，重庆出版社 1989 年版，第 7 页。
⑤ 伽达默尔：《真理与方法》，洪汉鼎译，上海译文出版社 1999 年版，第 379 页。

意识中的辩证法，来纯粹地"反映"事物是不可能的。

　　正是在这种解释学的意义上，卢卡奇在对经验主义者的批评中指出："他们忘记了不管怎样简单地列举'事实'，无论怎样不加解释，它已经意味着一种'解释'。在这一阶段的事实已经被一种理论、一种方法所领会。被从它们原来的生活内容中提取出来，并固定在一种理论中"。① 这里明显符合解释学的规定。卢卡奇所谓的"事实已经被一种理论、一种方法所领会"，实际上与伽达默尔具有同样的解释学含义。正是抓住了这一点，卢卡奇才批评机会主义者"在自然科学的方法中寻求庇护，在这种方法中，科学借助于观察、抽象和实验，提取出'纯粹'的事实并把它们放在相关的内容中。这样，他们用这种理想的认识方式来反对辩证法的强制的结构中"。② 应该说，这与科学主义相比是两种不同的思维方式，一种是知性的，一种是哲学的。直到当代，在对哲学的理解上仍然有学者坚持这种科学主义态度。他们认为哲学就是科学。即便在科学的认识方式中都存在着解释者的前见，更不用说对人的理解了。现在，经过卢卡奇的对辩证法的理解，实际说明了辩证法对于理解人的生存方式的重要性了。我们从中体会到了卢卡奇那种深层的人文主义和存在主义的形而上学关怀。

三　总体性的方法论与科学的方法论的差别

　　卢卡奇把理解历史事实的这种解释学态度理解为从总体性出发的历史辩证法。所以，卢卡奇也就进一步从作为方法论的辩证法所遵循的基本原则——"总体性"来说明这种辩证法的特征。"总体性"作为历史辩证法的存在论基础，也说明了它是理解历史的"唯一方法"，这样，总体性也就充当了一种"解释原则"。理解人的问题只能从辩证法出发。而这种辩证法的存在论基础在于辩证法所坚持的"总体性原则"。因此，辩证法与总体性是统一的。没有辩证法就没有总体性，同样，没有总体性也就没有辩证法。

　　卢卡奇指出："只有在这样的联系中，把社会生活孤立的事实看作

---

　　① 卢卡奇：《历史和阶级意识》，张西平译，重庆出版社 1989 年版，第 7 页。
　　② 同上。

历史过程的各个方面，并且把这些方面结合到总体性中，关于事实的认识才能有希望变成现实的认识"。① 是什么才能把社会生活的一个个独立的片段"联系"起来呢？这种联系是靠什么来实现的呢？社会生活总是由一系列的片段联系起来构成的。而每个事实都要获得它在历史性生存中的"位置"。这个位置也就是这个历史事实的"本质"。作为历史事实本质的东西只能在辩证法的意义上敞开。因此，只有在辩证思维当中才有对历史事实的总体性理解，它们也才获得了各自在历史总体中的"位置"。科学总是立足于具体的事实来理解事实的。也就是说，科学的态度就是用对待"物"的方式来对待历史事实。这样，就没有把历史事实作为"人"的历史事实来加以理解。而真正理解历史事实必须是从人本身出发来理解，也就是说，所谓的对历史事实的理解实际就是从人本身出发来理解所谓的"事实"。这样所理解的事实也就构成了历史辩证法。在这个意义上，卢卡奇指出了总体性的方法论辩证法与科学的区别，认为，总体性实际是理解历史的"唯一方法"。"总体性的辩证法概念似乎把自己放在和现实相距很远的位置，它似乎很'不科学'去构造现实，但实际上，它是能够理解和再现实在的唯一方法。"②"所有社会现象的客观形式在它们彼此之间、不停顿的相互作用的过程中，连续地变化着。客体可知性的进展，是同我们掌握它们所隶属于的总体性中的作用同步进展的。这就是为什么只有辩证法的总体性概念能使我们认识作为社会过程的现实。"③

那么，总体性、方法论和辩证法究竟是什么关系？总体上说，就是历史辩证法可以被我们从多个角度来理解。总体性实际是全部历史辩证法的存在论基础。而卢卡奇本人在方法论意义上理解历史辩证法的时候，把总体性作为一种在方法论意义上理解辩证法的一个基本"原则"。也就是说，整体上看，必须把马克思的历史唯物主义首先看作是一种区别于科学的辩证法。无论这些辩证法都是如何理解人类生存问题的，首先就表明它是作为一种基本的"哲学"态度来思考的。从这个意义上说，总体性实际和方法论是直接统一的。也就是说，当我们从方

---

① 卢卡奇：《历史和阶级意识》，张西平译，重庆出版社 1989 年版，第 12 页。
② 同上。
③ 同上书，第 17 页。

法论意义上理解辩证法的时候，总体性是辩证法的基本原则。把辩证法的方法与科学的方法区别开来，是理解马克思历史唯物主义的一个存在论基础。

四　"总体性"的存在论基础与科学主义的对立

那么，卢卡奇为什么要针对科学主义来理解辩证法呢？这一方面是出于学理上的考虑。毕竟这是两种不同的思维方式，实际上也是两种根本不同的世界观。科学主义的思维方式仅仅针对"物理世界"有效，而对于人来说，就只能用辩证法来加以理解"属人世界"。"总体而言，几乎全部的西方马克思主义者都认为：历史过程不同于自然过程，它是人类积极活动的结构。所以，历史规律是以人类的行动为转移的，它通过各种社会关系复杂作用的总和而得以实现，因而不会是绝对的、自动的、普遍的自然规律"。① 另外一个原因就是，当时科学主义者仅仅通过科学来理解资本主义的各种现象。应该说，在科学的意义上理解资本主义本来也不应该被抛弃的。但是，对于资本主义的经济制度等的分析，必须进入到其所谓成立的前提，才能更加本真地获得资本主义制度的实质。因为，我们的目的是要把资本主义制度与人的生存方式相互联系起来考察，从而获得人类的生存自由。应该说，这种对人类生存的自由状态的最初设定就已经超出了自然科学的范围，因而与此相关的一切关于人的问题，都不应该离开这一最初设定所从出发的辩证法根基。正如同康德所说的，知性认识仅仅对经验界有效，因而，只能认识事物的"现象"而不能认识"物自体"本身。对于人来说，资本主义本身最初还是个"现象"，科学主义坚持研究资本主义制度下的经济规律和社会规律，这种对"规律"的研究应该说都没有事先思考人的根本性的辩证法生存方式。因而，在这个意义上，科学主义向来是一种"独断论"。

---

① 张一兵、胡大平：《西方马克思主义哲学的历史逻辑》，南京大学出版社 2003 年版，第 69 页。

第三章

物化批判：历史辩证法的生存行动

第一节 历史辩证法的两个基本含义

卢卡奇把马克思所创立的历史唯物主义理解为一种"历史辩证法"。从总体上看，这种历史辩证法包括两个含义：一个是作为人类历史性生存逻辑的辩证法，另一个是"社会存在结构"的辩证法。这两个方面共同构成了人类所特有的历史辩证法的生存行动。

一 作为人类的历史性生存逻辑的辩证法

在黑格尔那里，辩证法表现为"人类思想运动的逻辑"。"从黑格尔哲学所体现的'时代精神'上看，可以概括为三个方面的统一：其一，从其直接性上看，黑格尔哲学作为 19 世纪的'思想体系的时代'的'时代精神'，他的哲学集中地表现为以概念自我运动的形式，即概念发展的辩证法而展示人类思想运动的逻辑，从而为恩格斯所说的'整理材料'的 19 世纪科学提供建立各门科学体系的'逻辑基础'。在哲学发展史上首次以'建立在通晓思维的历史和成就的基础上的理论思维'去展现'人类思想运动的逻辑'，这是黑格尔概念辩证法的'真实内容'和'真实意义'；其二，在其间接性上，黑格尔哲学作为'法国革命的德国理论'，他的哲学是以概念自我运动的方式而表现人类理性的自由运动，为人类'理性'的'自由'进行哲学论证。这可以说是现实生活激发黑格尔哲学追求的'政治关怀'；其三，在其深层的自我意识中，黑格尔哲学作为整个德国古典哲学'使人崇高起来'的哲学目标的集大成者，他的哲学是以概念自我运动的方式而实现'个体理性'与'普遍理性'的'辩证融合'，也就是把'个体理性'融合到作为'崇高'的自我认识和自我实现，这可以说是黑格尔辩证法的深层的'人文关怀'。这种'思想体系的时代'、'法国革命的德国理论'和'使人崇高起来'的三者统一，构成了黑格尔哲学的内涵丰厚而又形式神秘的概念发展的辩证法理论体系"。[①] 正是要颠倒黑格尔的这种思想运动的逻辑，卢卡奇把辩证法放在了历史领域，形成了人类的历史性生存逻辑。

从人类历史的发展来看，历史辩证法针对的宏观背景是人类从最初的直接性自我肯定，经过自我否定，再回到否定之否定的肯定阶段的历史性自我运动。中间的自我否定阶段就是资本主义这一特定的人类历史阶段。人类在资本主义时期的特殊的异化方式，即"物化"。卢卡奇在为自己把异化和对象化等同起来所做的辩解中说明了这一点。此时在他看来，异化已经"把一种社会异化的问题变换成为一个永恒的'人类状况'的问题"。[②] 卢卡奇也认识到《历史与阶级意识》实际上是针对整个资本主义生存异化的特殊环境所引起的对整个人类生存逻辑的一种关照。换句话说，卢卡奇是在整个人类的生存逻辑的意义上来反思马克思哲学的。此时，异化的问题也就同时超出了特殊的"劳动异化"（当然卢卡奇此时还没有看到《1844 年经济学哲学手稿》，因而还不知道马克思是如何关注劳动异化的）。相反，异化具有了更加普遍的意义——对"异化"的批判上升为着眼于"人类状况"而不单纯是针对"无产阶级状况"而展开的对资本主义的文化批判。"很快，异化就成了典型的文化批判的中心问题，这种批判从事对在当代资本主义中的人的境遇的仔细考察。把一种社会的批判提高为一种纯粹的哲学批判的问题，也就是把一种社会异化的问题变换成为一个永恒的'人类状况'的问题，这在资产阶级哲学文化的批判中是十分自然的。很明显，《历史与阶级意识》与这种认识几乎完全相符合，尽管他的意图是和他们不同而且是反对他们的。……这样就使我的这种理解和资产阶级的把异化作为'人

---

① 孙正聿：《人类思想运动的逻辑——黑格尔概念辩证法的真实意义》，《社会科学战线》2003 年第 6 期，第 23 页。

② 卢卡奇：《历史和阶级意识》，张西平译，重庆出版社 1989 年版，第 29 页。

类状况'的认识近在咫尺了"。① 卢卡奇把这种对人类整体性的生存关照，投入到了对马克思历史唯物主义的理解之中，因而使得他所理解出来的历史辩证法具有了浪漫主义的倾向。怎么理解这种浪漫主义的"悬设"在人类的历史性生存逻辑中的意义？正因为这种浪漫主义的"悬设"（浪漫主义曾经作为人的最本真的理想而存在），才有了对象化、异化和物化的可能。而有了对象化、异化和物化，才有了人类历史性生存逻辑的可能，进而才有了历史辩证法。历史辩证法是说，人类生存在资本主义阶段发生了"物化"，从而背离了人类浪漫主义的生存理想。马克思哲学就是要克服这种物化，实现人类的自由和解放。可见，没有这种浪漫主义悬设，就不会有异化发生，也就不会有展示人类的生存逻辑的历史辩证法。

为了表达人类的历史性生存逻辑，马克思把早期的人道主义贯穿于整个哲学之中，因为人道主义作为马克思的哲学主要是确立人的本质，然后在人的本质的基础上确立人类的理想生存状态，即共产主义。可以说，马克思在《1844 年经济学哲学手稿》中的人道主义思想是直接形态的共产主义理论。而经过《资本论》到科学社会主义革命理论，马克思完成了早期人道主义提出的基本目标，即共产主义。在这个意义上，科学社会主义理论是完成了的共产主义理论。马克思一生为之奋斗的目标就是人类的自由和解放，对共产主义的理想生存状态的不懈追求。现在，我们必须重新理解《1844 年经济学哲学手稿》中对黑格尔的辩证逻辑的批判问题。我们着眼于马克思在"对黑格尔辩证法和一般哲学的批判"这一部分，也无非是要寻找马克思对黑格尔的批判。但是，我们却同时遗忘了这一问题：在《1844 年经济学哲学手稿》中，马克思又是如何按照黑格尔的"思辨逻辑"来思考人类的"生存逻辑"的？必须着眼于共产主义这一"制高点"，才能真正理解《1844 年经济学哲学手稿》的理论主题。

这样，历史辩证法就表现为人类的以"历史性自我生存"为支撑的发展的辩证逻辑。卢卡奇早期把异化与对象化等同起来的原因就在于，他是立足于人类的生存逻辑来理解异化的。这种异化无非是说人要在客

---

① 卢卡奇：《历史和阶级意识》，张西平译，重庆出版社 1989 年版，第 29 页。

观性上进入一种分裂的存在方式之中，即人总要以"非人"的方式存在，并向着自己的方向回归。这种对人的生存逻辑的理解，最初还没有加入价值观的判断，只是说明了人类的一种生存方式而已。因此，这种异化就是"对象化"。应该说，对象化是一个"中立性"的范畴。"对象化的确是一个在社会中不能从人的生活中消除的现象。如果我们记住，在实践中（因而也在劳动中）任何事物的客观化都是一个对象化，人类的每一种表现方式包括讲话都是把人的思想和情感对象化了，那就很清楚，我们在这里论述的是人和人之间普遍的社会交往方式，就这种情况来说，对象化是一个中立的现象；真和假、自由和奴役都是对象化"①。卢卡奇的这一理论辨识是特别重要的。它甚至表明了卢卡奇对历史辩证法思考在几个不同的"着眼点"上的差别。如果着眼于整个人类的生存逻辑，对象化与异化是没有什么差别的，它无非是表明了一种黑格尔主义的"历史辩证法"而已。"正是在黑格尔那里，我们第一次看到了异化的概念，它是作为在其自身世界和与其相对的世界里人的处境的根本问题而提出来的。但是，他异化的术语包括了每一种类型的对象化。这样，异化从它的逻辑结论上看和对象化的概念是同一的"②。因为它只是反映了一种事物存在的客观辩证规律而已。也就是说，对象化是一种"中性"范畴，没有体现出人类生存命运在此问题上表现出来的困境。而异化则不同，异化说的是人的那种被奴役的不自由状态。但是，青年卢卡奇毕竟没有区分物化、对象化和异化之间的关系，这无疑是一个关键性的错误。"他没有注意对象化、物化、异化等概念在涵义上既相互交叉又相互区别，而是在同一意义上使用它们，导致了理论上的混乱"③。因此，只有把对象化和异化区分开来，才能真正理解历史辩证法的生存逻辑。卢卡奇最初没有作出区分，因而不能全面准确地把握历史辩证法作为人类历史性生存逻辑的基本含义。

二　作为资本主义制度下"社会存在结构"的历史辩证法

从资本主义制度下的生存逻辑来看，历史辩证法针对的是资本主义

---

① 卢卡奇：《历史和阶级意识》，张西平译，重庆出版社1989年版，第29页。
② 同上书，第28页。
③ 杨魁森：《商品经济与人的物化问题——卢卡奇〈历史与阶级意识〉读后》，《当代哲学与社会发展》，中国文联出版社2004年版，第385页。

制度下的"劳动异化"。尽管卢卡奇还没有了解到马克思在《1844年经济学哲学手稿》中对异化的分析，但是，卢卡奇明确指出了异化的实质："只有在这种对象的形式在社会中获得了一种这样的功能：人的本质受到了他的存在的倾轧、人的本性遭到了损坏、摧残。此时，作为一个无情的结果，我们才能谈及异化的客观的社会条件，才能讲这种人的内在异化的所有的主观表现"。① 这种对异化的理解，就与马克思的观点十分接近。正是在这种对"异化"的理解基础上，历史辩证法此时是指一种具体的无产阶级的"阶级意识"与以异化劳动为基础的经济事实之间的辩证关系。人类社会作为一种经济活动和实践活动，总是要有一定的"意识形态"与其相适应的。人类社会的运动表现为社会生产活动和经济活动与在此基础上形成的意识形态之间所形成的对立统一的辩证关系。在这个意义上，历史辩证法所揭示的就是这种"社会存在"与"社会意识"之间的关系。社会的成熟程度也就是人类成熟程度的表现。一个社会越是有理性、有独立的自我意识，这个社会也就越成熟。意识的成熟状态决定了人类社会的成熟程度。这种历史辩证法在资本主义特定制度下就表现为：随着无产阶级阶级意识的成熟，无产阶级逐渐因为具有了阶级意识而成为社会历史的"主体"。无产阶级的阶级意识成为一种在资本主义制度下的特殊生存状况下的"历史理性"，它使得无产阶级成为了历史的主体。无产阶级作为主体，从而通过自己的革命运动克服异化，实现整个人类的自由生存状态，这就是无产阶级作为主体—客体统一的历史辩证法的内容。"青年卢卡奇断言，马克思主义历史观最重要的内容就是由主体与客体构成的历史辩证法"。②

　　这种以"社会存在结构"表现出来的历史辩证法和历史性生存逻辑的历史辩证法具有相同的基本特征，概括起来就是：首先，它们都是立足于浪漫主义和道德乌托邦主义；都立足于黑格尔的逻辑学原理，都把道德乌托邦作为前提。其次，都是立足于人类在资本主义特定阶段的物化生存状态。最后，它们最终都以"克服异化，回到人本身"为最终生存理想。这就是人类历史性生存的辩证逻辑。

---

　　① 卢卡奇：《历史和阶级意识》，张西平译，重庆出版社1989年版，第29页。
　　② 张一兵：《马克思历史辩证法的主体向度》，南京大学出版社2002年版，第318页。

第二节　"异化"是资本主义制度下的
"历史事实基础"

一　异化问题的基础性地位

对异化问题的理解构成了历史辩证法的历史事实基础。卢卡奇明确指出："人的异化问题是我们生活的这个时代决定性的问题"。① 这个认识是至关重要的。异化问题不是一个个别问题，而是人类的时代性的决定性问题，它构成了人类整体性生存命运。可见，卢卡奇是把异化问题作为人类的普遍性问题来看待的。而且，异化问题的解决也就是人类理想生存状态的目标。因而，异化问题不是一个个别问题，而是与人有关的问题的"全部"问题，是"所有问题"。正如卢卡奇所说的："把一种社会的批判提高为一种纯粹哲学批判的问题，也就是把一个本质上是社会异化的问题变换成为一个永恒的'人类状况'的问题，这在资产阶级哲学文化的批判中是十分自然的。很明显，《历史和阶级意识》与这种认识几乎完全相符合"。②

如果说"总体性原则"是历史辩证法的存在论基础，那么，历史辩证法还需要基本的"历史事实基础"。这一基本的历史事实，主要就是在资本主义特定阶段的人类的异化。正是在异化这一历史事实基础上，才展开了生存逻辑，进而才有了马克思所揭示的共产主义原理。人类生存逻辑无非表现为以下的辩证运动：从一种原初的非异化状态，经过资本主义的异化状态，最后返回到人的本真的自由状态，即共产主义的过程。马克思关注异化就是因为异化是人类生存的基本逻辑，也是人性基础上的生存逻辑，同时也是历史逻辑。马克思早期关注异化、关注人性，也就是要从人性基础上分析人类的生存逻辑，从而为共产主义指出一种"必然性"。

卢卡奇虽然当时还没有看到马克思的《1844 年经济学哲学手稿》，但是，却与马克思"不谋而合"，都看到了人的在资本主义统治下的

① 卢卡奇：《历史和阶级意识》，张西平译，重庆出版社 1989 年版，第 27 页。
② 同上书，第 29 页。

"异化"的生存状态。所以，对异化问题的关注实际构成了马克思主义的共产主义可能的一个辩证法基础。也就是说，如果没有人类的异化的生存逻辑，也就没有共产主义的可能性。在这个意义上，对异化问题的讨论是共产主义原理中的"原理"。同样，对于卢卡奇来说，对异化问题的关注，也构成了他理解马克思哲学的一个基本的"历史事实"。实际上，全部的历史辩证法也就是建立在人类异化的生存逻辑基础之上的。卢卡奇也明确表述过人类的生存逻辑就是异化和异化的扬弃。

实际上，这里卢卡奇指出了他与资产阶级思想在对待"异化问题"上的根本立场的差别。资产阶级把异化看作是人类的"永恒状况"，而卢卡奇则认为，异化将在"社会主义"最终被废除。因而，资产阶级是在为资本统治下人类生存异化状况的一种"辩护"，而卢卡奇则是在批判这种异化。因而，卢卡奇把人类的生存逻辑理解为"辩证法"。这里的辩证法也就是指人类对异化状况的扬弃。异化并非是人类永恒的状况，而是要被克服的，人类的历史就是要克服异化的过程，这也就是马克思所说的，共产主义就是异化的扬弃过程。因此，对卢卡奇来说，没有对异化问题的关注，就没有历史辩证法这一理解。异化构成了历史辩证法的具体的、历史的支撑。当我们说历史辩证法的时候，肯定要有"历史性"在其中，而这种历史性也就是人类的实际生存过程。我们看到的是人类生存的历史过程的辩证法，而不是黑格尔的概念本身的运动。也就是说，我们看到的是人类的"生存运动"。在这个意义上，可以把历史辩证法理解为人类生存运动的"本质"，或人类的生存逻辑。

此外，对异化问题的理解，卢卡奇进一步上升到了"物化"。对物化状况的批判，构成了历史辩证法的核心问题。当然，此时卢卡奇所理解的"物化"问题与马克思还是存在一定的差别的。"他只是在马克思物役性的意义上使用了'物化'这一范畴，并将这个在否定意义上确定的'物化'规定作为整个资本主义经济生活的本质"。[1] 所以，从异化问题到物化问题，都是历史辩证法的基本的历史事实基础，也就是历史辩证法所表达的历史性生存逻辑，这是《历史和阶级意识》中结合

---

① 张一兵：《马克思历史辩证法的主体向度》，南京大学出版社 2002 年版，第 351 页。

历史的现实来分析人类生存运动的核心。马克思的经济学对商品拜物教的批判，在这里对卢卡奇的影响十分明显。卢卡奇全部对物化状况的批判，都是围绕马克思在《资本论》中的对商品批判的实质展开的，这构成了历史辩证法的生存逻辑。这里，辩证法才真正地体现为"历史"的辩证法。这一点在后面对物化问题的理解中再详细讨论。

二　对象化、异化和物化的差别

希腊没有经历"普遍的物化"，只是资本主义才真正进入人类生存的"物化"状态。因为，从总体上看，人是离不开物质世界或者物理世界而生存的。人总要在物理世界中进行"实践"。实践本身就是一种"对象化"的行为。因此，马克思说劳动本身就是对象化。对象化虽然不是异化，但却应该成为异化的前提。就是说，人只能在物理世界的"对象化"实践活动当中才能发生异化。实际上，对象化为异化提供了一个形式上的前提。对象化就是把自身的东西通过实践活动，投入到了对象本身当中。这样，对象就不再是纯粹的对象，而是有"人"的东西显现在其中了。人总要把自己的本质通过对象化的实践活动，表现在对象之中。因此，在上面这两个意义上，人从来都是物化的。但是，我们还是认为，希腊和前资本主义时代，人类没有进入普遍物化阶段。这里的物化，不是前面所说的那种广义上的物化，而是特别指谓资本主义的物化。

前面曾指出，广义上的"物化"是普遍性的。而资本主义物化不过是异化的一个表现形式而已。异化实际上在人的一切活动领域当中都不可避免地发生。所谓异化，是说人总是不自由的，而不异化就是自由。因而，异化就是什么东西由外在于它的东西所支配，它自己不是自己的原因，这种状态就是异化。我们通常说，人应该是自由的，但是，却时刻都在不自由的某种限制之中。正如卢梭所说的，"人生而自由，却无所不在枷锁之中"[①]。大概，人总是要从不自由的状态，向自由的状态的无限回归，这就是马克思所说的对异化的扬弃，也就是共产主义的从必然王国向自由王国的飞跃。因此，自由也无非是消解不自由的过程而

---

① 卢梭：《社会契约论》，何兆武译，商务印书馆2003年版，第4页。

已，这个过程本身就表明了人是自由的。如果不给人以自由，哪里能有自由呢？自由就是对不自由的消解活动。在这个意义上，人就是要不断地克服不自由，实现自由，自由也就是人本身了。

所谓自由就在于对不自由的克服的"过程"，这又是黑格尔所说的，"真理是过程"。人也就是"过程"，人与真理是同在的。人凭借真理就具有了展示真理的能力，因而，人也就符合了真理的逻辑——辩证法。人本身是什么？人本身就是在他的各个领域的各个具有的"规定"的总和而已，它总是要通过这些具体的规定来展示，所以，人总不是他本身。人本身就和存在本身是一样的，即都是无规定的直接性。因而，人也就是无规定的存在。其实，任何事情的本身，即它的本质都不是它的具体规定，但却又必须通过它的具体规定来显现。正是在这个意义上，某事物或者人也一样，它本身总不是它本身，而是它的某种具体的规定的总和。这样，一切东西似乎在理性主义的逻辑中都是"异化"的。因此，说到这里，异化就不单纯是"人"的普遍性特征，而且是一切事物的特征。在这个最广泛的意义上的异化，也就是辩证法所说的"某物在其对立面中显现自身"。

人的异化在各个领域都具有各种表现形态。比如，在理性范围内会发生存在论哲学的理性主义异化，还有在观念领域里发生的宗教异化等。但是，资本主义所发生的异化就是"物化"。所以，前面的理性异化和宗教异化都还是在理性内部发生的。理性内部最高形态的异化就是黑格尔的概念辩证法所揭示的"存在"的异化。而资本主义所发生的异化则是"物化"。物化实际是人在整体上，即在感性和理性之间，让理性受制于感性而已。因此，资本主义的物化就是物质感性世界作为人类生存的主导原则的这种特殊状况。

三　黑格尔的"形而上学"是生存逻辑的积极环节

人类的生存逻辑就是摆脱异化、回到人本身的生存过程。这种生存逻辑因为根源于人的本质，因而，内在地包含了人类形而上学本性在其中了。这一点足以提醒我们注意：到底如何对待形而上学？马克思的"历史唯物主义"到底如何对待形而上学？拿什么反对资本主义？

我们说黑格尔的辩证法具有深层的革命力量，不仅仅是说黑格尔揭示了事物从发展到灭亡的辩证运动，而是说，就人类的整个生存逻辑来看，黑格尔也是在用形而上学来批判当时资本主义的物化的状态。资本主义自从确立以来，就伴随着形而上学的逐渐隐退。黑格尔在《精神现象学》中甚至嘲笑当时那种缺少理性的状况，他批评说："是泥土中自娱自乐的蠕虫"。① 正是本着形而上学作为反对资本主义不可缺少的力量，卢卡奇才特别重视对黑格尔的理解。称"黑格尔是比许多人所想象的要更加有益和有力的思想家"，"对黑格尔著作的一种持久的认识是绝对不可少的"。因此，黑格尔的意义在于，他曾经以强大的理性形而上学力量，嘲笑了资本主义物化中的没有思想维度的生存方式，这与通常的见解正好相反。通常认为，黑格尔哲学是"无人身的理性"，而马克思是研究人的，因此，黑格尔吞噬了人。或者说，黑格尔是形而上学的，而马克思是现实的生活世界的理论。另一方面，人们甚至把理性在科学方面的泛滥，也看作是黑格尔理性哲学的结果。可以说，这种对黑格尔哲学的态度都是表面化的。黑格尔是用一种人类的形而上学思想，对作为超越性丧失而沉浸在物化生活中的人的最有力量的批判。正是在这个意义上，卢卡奇称黑格尔哲学是"反对资本主义的弦外之音"。意思是说，虽然黑格尔哲学在表面上是资产阶级的官方哲学，但是，它本身是反对资本主义的"弦外之音"。用这种浪漫主义的东西作为弦外之音来批判资本主义的物化状态，这或许是卢卡奇对黑格尔情有独钟的根本原因之所在。在这个意义上，黑格尔尽管在哲学内部认为理性是绝对的东西、人是第二性的东西，而实质上，他已经为人类确立了形而上学的理性。没有这个维度，人就只能是物化了的人。

第三节　历史辩证法的生存逻辑演绎

怎么把对物化的批判和理解放在对历史辩证法的理解之中？从什么角度，把对物化的理解放在对历史辩证法的理解之中？非物化—物化—扬弃物化，构成了历史辩证法的生存逻辑。

---

① 黑格尔：《精神现象学》（上卷序言），贺麟、王玖兴译，商务印书馆 1979 年版，第5 页。

一 人性的先天悖论

古典哲学已经把人类的根本问题看清楚了，但是，也仅仅是"看清楚"了。实际上，早在古希腊柏拉图那里就已经初步把人类生存中的根源于人性中的困惑呈现出来了。柏拉图在《理想国》中，一方面分析了人类作为普遍性存在，对如何形成一个理想国家模式进行了深入的探讨，另一方面，在思考理想国家模式的同时，柏拉图也进一步挖掘了"人性"。因而，理想的国家模式无非是最符合"人性"的国家。或者说，好的国家是力图解决一切根源于人性的冲突，这里就天然地彰显出了人类自身的"二律背反"，或者也可以称为人性的先天性悖论。卢卡奇在《历史和阶级意识》当中，习惯于按照康德的说法，把这种悖论称为"二律背反"。这个"二律背反"就是，一方面人性当中本来就存在这种感性和理性的冲突，另一方面，人类的理想生存状态却恰恰在于这种冲突的"和解"。既然是先天性的悖论，人类是否还有和解这一冲突的必要和可能？可以说，这是全部人类的永恒的使命。在这个意义上，我们把人类的理想生存状态不得不推置到"无限"，也不得不推置到有限向无限的永恒的趋近。

克服物化是人类在资本主义阶段所面对的全部问题。对象化和异化是人的根本特点。人从来不是自己存在着的，人总是在其对象（感性的和观念的）中来显现自身。这样的生存结构对人来说是一种"存在论命运"。人注定是要在对象中来实现自身，但是，对象化首先是一个中性概念，它仅仅表明人的生存结构总是要有对象与人本身相互确证。人在对象中展示人，而对象也因为有了人而成为对象本身。这种人与对象之间的相互确证的结构，是人所特有的生存方式。对象化对人来说，无所谓"好"和"坏"，人本来就是这样存在着的，这是一个"事实"。然而，当我们说，人类在资本主义制度下的生存状态是"物化"的时候，这里就包含了一种"价值"判断。而且，物化本身与对象化的差别就在于，对象化说的是人的本质之内的存在方式，而物化则说明，在这种以对象化为基础的存在方式中，人进入了以"物"为尺度的生存状态。这样，就出现了一个悖论：物化是不是人的本质中所固有的一个环节？物化是不是对人本身的否定？物化是不是对人本身的肯定？

马克思所提出的共产主义，是针对人类目前的物化的生存状态而言的。所以，共产主义也无非是对物化的克服。这里，一个重要的问题就是，马克思在《1844 年经济学哲学手稿》中直接说的是对"异化"的扬弃，而我们为什么说共产主义是针对"物化"提出来的呢？这里涉及的问题是，物化与异化有什么关系？异化是人的本质中所固有的东西。就是说，人的本质中就包含有自己否定自己的潜在的根源，即人本身就包含了有成为非人的内在根源。别的动物能够成为不是它本身的存在者吗？显然，任何动物都只能是它本身，而不能不是它本身。而人则恰好相反，人的本质决定了人能够或者有能力成为非人，这就是自身人性论上的辩证法。人能够不是它本身，人能够不是人。而能够不是他本身的这个存在，他的本质究竟是什么呢？他究竟是什么？什么也不是！这样，人的存在，在其开端处就遇到了麻烦，也就是悖论——人能够不是人，自身包含有否定自身的根源，这就是辩证法。辩证法是什么？无非是从最初的直接自我同一性出发，经过内在的否定，然后是以内在的否定所实现的总体性上的自我肯定。这个辩证法的经典结构早就被黑格尔在逻辑学中揭示出来了。人的存在，恰好就符合了这个辩证法。

这样看来，异化实际就是人的本质，具体说，就是人的辩证本性。别的动物的存在不会发生"异化"。这种说法本身就包含了悖论，即：什么东西能够不是它自己本身？既然"不是"他，怎么能够说"是"他？而既然"是"他了，怎么又能够"不是"他呢？那个不能够是他的"他"，究竟是什么？我们知道，存在才是辩证法的总的"承担者"。也就是说，存在自身才是辩证的，而人可以被看作是以存在为家的存在者。什么东西不是以存在为家呢？一切都是以存在为家。而差别就在于，人知道自己的家就是存在，并且不知疲倦地去寻找这个家。所以，人的命运总是与存在一致的。这就清楚地说明了，为什么人的问题总要用辩证法来解决。

进一步，异化既然是人的本质，与物化有何关联？物化不过是异化的一个"例证"而已。或者说，异化是总体性上的人的本质，而物化则是特指在资本主义生存方式下，人的异化主要是以"物化"的形式表现出来而已。物化说的是，人因物的存在而改变了自身的存在，并且，这种存在让人不自由。人的本性就是自由，而在资本主义制度下，因为物的存在破坏了人的自由。这样，物化所表明的对自由状态的破坏，包括两个方面：一是，所有的人都沉浸在物当中而不能自拔，这是资本主义时代人类的困惑。它不单纯指工人和无产阶级的不自由，而且也包括资本家在内的所有的人都处在一种"异化"的存在状态之中。并非无产阶级是异化的，资本家也同样处在"异化"的生存状态之中，尽管他们二者有差别。"有产阶级和无产阶级同是人的自我异化。但有产阶级在这种自我异化中感到自己是被满足和被巩固的，它把这种异化看作自身强大的证明，并在这种异化中获得人的生存的外观。而无产阶级在这种异化中则感到自己是被毁灭的，并在其中看到了自己的无力和非人的生存的现实"。二是，在物的笼罩下，人与人的关系也失去了自由的维度。其具体的表现是，人（工人）不仅仅受物的支配，而且，也受他人（资本家）的支配。这样，不仅人类整体都陷入被物的支配状态，同时，也因此陷入人与人的不自由的关系当中。只要有利益进入，人与人的关系就显得不自然。

二　物的本质在于"人"

无论是在《1844 年经济学哲学手稿》中，还是在《资本论》中，马克思表面上是在分析"现实"，而实际上，马克思是在分析现实社会中的"人"。现实是由人的活动构成的，当我们说马克思是历史"唯物主义"的时候，这个"唯物主义"不是因为马克思研究纯粹的"经济事实"。当然，这种对经济事实的关注，并在历史事实中来解决人的问题的做法确实构成了马克思哲学的唯物主义特征的基础。但是，它还不能够完全反映马克思哲学的根本特征。总的看来，马克思哲学表面是在分析经济事实，而实际上是在研究"人"。关于这一点，我们可以从马克思那里获得三个根据：①马克思在研究异化劳动的时候，最后把异化劳动的总根源归结为"人"的"类本质"和人的异化，并进一步归结为人与人之间的异化关系。也就是说，异化劳动在表面上看是劳动产品与工人的分离，而实际上，是占有劳动产品的人和生产劳动产品的人之间的分离。②马克思在《1844 年经济学哲学手稿》中继对异化劳动的分析之后，分析了"私有财产的本质"。对私有财产本质的分析，马克思遵循了同样的"人"的逻辑。他指出了旧经济学中把私有财产仅仅理解为"物的本质"的问题，指出了私有财产的"主体本质"，即私有财产的本质在于"人"。私有财产是异化劳动的结果，而异化劳动的根源是人本身的异化。这样，马克思就找到了批判私有财产也同样要从"人"出发的理由。我们看到，马克思是在批判这个旧世界。但是，却不是在批判旧世界当中的"物"，而是在批判旧世界当中的人本身。③马克思在《资本论》中对拜物教本质的批判，这一点尤其被卢卡奇所关注。马克思在"商品的拜物教性质及其秘密"一节中开篇指出："最初一看，商品好像是一种简单而平凡的东西。对商品的分析表明，它却是一种很古怪的东西，充满着形而上学的微妙和神学的怪诞"①。于是，这里的问题是：商品为什么会如此"烦琐"和"神秘"？这正是马克思所要分析的东西。接下来，马克思指出，商品之所以如此神秘，不是因为它作为一种"使用价值"才具有的，而是因为它作为一种"交换价值"才具有的。"在它是使用价值的限度内，无论我们是从这个观点，说它会由它的属性来满足人的需要，或者说这各种属性原来是它当作人类劳动的产物取得的，它都毫无神秘之处"②。这一点就明确指出了，物的背后是"人"。

我们必须从人本身出发来看待这个世界、解释这个世界，这才有了"辩证法"存在的必要性。显然，马克思不是要研究物本身，而是要指出商品当中的"人"的存在。商品的本质特征不在于它的使用价值，而是在于它的交换意义。只是因为它作为一种交换对象的时候，它当中的一切神秘因素和那些不确定的因素就全部显现出来了，此时，商品的丰富性也就是人的丰富性。商品有多神秘，实际上是表征着人本身有多神秘。我们注意到，马克思使用了一个概念来形容商品的这种烦琐性，这个概念就是"形而上学"。他说，商品充满着"形而上学"的烦琐性。按照古典哲学，也正是马克思当时所针对的古典哲学来说，马克思实际是身处在形而上学之中，受到了形而上学的影响，尤其是黑格尔哲

---

① 马克思：《资本论》（第 1 卷），人民出版社 2004 年版，第 88 页。

② 同上。

学的影响，才使用了"形而上学"这个概念来描述商品的神秘性和烦琐性的。商品本来作为"经验世界"的成员，怎么会有形而上学一样的烦琐呢？马克思的这个描述，不是一种偶然，而是马克思看到了商品本身也完全可以形成一种"形而上学"。马克思的《资本论》不是一种纯粹经济学规律的"科学"，相反是一种"形而上学"，我们甚至可以把马克思的《资本论》理解为马克思所特有的"形而上学"。这向我们说明了什么？康德曾指出，形而上学是"人"所特有的自然倾向。也就是说，在人的范围之内，一切与人有关的事物都变得复杂和神秘起来。这就是，商品是"人"的产物，或者说，商品是人的"作品"。商品的这个与人相关的特点就决定了它必然具有神秘性。这个神秘性只能用辩证法加以揭示，或者说，这个神秘性本身就构成了辩证法。因此，马克思把自己的《资本论》是作为一种"辩证法"来看待的。我们可以从马克思在《资本论》第二版跋中在《欧洲通信》中对马克思的《资本论》评论文章的理解中得到说明。"发现我的研究方法，是严格的现实主义的，但叙述方法不幸是德意志式—辩证法的"。① 马克思在后面还接着说："这位作者既然如此适当地描写了如他所说的我的实际的方法，而在考察这个方法在我自己手上的应用时，又如此好意地描写了它，他所描写的，不是辩证法的方法，又还是什么呢？"② 可见，马克思是接受把他在《资本论》中的方法论归结为辩证法这一观点的。这一点，对于卢卡奇把马克思的历史唯物主义理解为历史辩证法来说，具有相当重要的地位。

　　资本主义条件下，人与人的一切关系都几乎要从人对物的关系中得到理解。在物面前，人应该如何去对待物和他人？因此，对物的理解实际上渗透的是对人的理解，而且，在思辨的意义上，物只能是对"人"说来的物。物怎么才能对人说来显现呢？要依靠人的思想。所以，这里还是黑格尔所说的，所谓事物的本质无非是事物的"思想"，或者说是事物的"概念"。我们只有在概念中对事物的把握，才是对事物的本质的把握。马克思也就是为资本主义条件下的以"资本"为核心的人的

---

① 马克思：《资本论》（第 1 卷第二版的跋），人民出版社 1953 年版，第 xx 页。
② 同上书，第 xxii 页。

活动，来构造一种"逻辑"。在这个意义上，《资本论》就是马克思的"逻辑学"。否则，物如果离开思想，就成为了康德意义上的"自在之物"。自在之物对人说来没有任何意义。所以，所谓历史辩证法，也就是我们对于历史性生存的人的一切活动，具体说是资本条件下的人的以物为媒介的活动的批判性反思，这才是历史辩证法的实质所在。我们理解的劳动、利益、私有财产，也都要从人本身出发来加以理解。这里有一个重要的问题：马克思是在一种辩证法当中来寻找人类的理想生存状态。而物化的生存方式对人来说具有怎样的地位和意义？人类究竟能否摆脱物化的状态？人毕竟要在感性世界中生存，所以，注定是离不开物的。问题是，我们以怎样的方式来实现人对物的占有？

人依赖物，却又要超越物，这是人的先天性的生存困境。人恰好在这种"张力"关系中生存。实际上，人的所有的存在意义也就在这一"张力"之中。如果人完全超越了物的限制，或许是世界没有差别的时候。超越了物，人就不会有矛盾，而事实上，人总是要出现矛盾的，人就是一种悖论性存在。历史辩证法的目的最终是为了达到理想的生存状态，也就是共产主义。但是，却又不能完全实现这种无差别的生存，也不能完全超越对物的依赖。克服物化是人类的永恒的使命。这里就存在一个对人类理想性生存状态的理解问题。所谓的理想性生存状态究竟是怎样的存在？真正说来，理想性存在只是因为它作为一种人类的生存"理想"才具有真实性。共产主义就是人类的这样一种生存理想。我们的理想是最后消灭阶级，消灭国家，消灭商品，消灭物化等。这样的理想应该说是有意义的，只是说，我们不能对这些"理想"做出现实的要求。现实永远应该趋近于这些理想，这些理想也就具有了现实性。这样，才能理解辩证法观点下的对物化及其扬弃这样一个生存逻辑的理解。

马克思的这种在深层次上对人的关注，就决定了马克思虽然是在分析"物"，但实质上是在理解资本主义特定条件下的"人"。这样，我们就清楚了，卢卡奇在分析物化现象，实际上构成了马克思的历史辩证法的题中应有之意。就是说，卢卡奇的这种理解是符合马克思本意的。马克思在分析"物"的时候，实际上是在理解人本身。我们可以看到，虽然马克思是在研究"物化"，但是，最终却不是要研究"物"，而是要研究"人"。那么，是谁发生了"物化"呢？因为物化的承担者不是物，而是人。"物化"这个称谓在直接性上表明了它所蕴涵着的"人"的生存命运。我们因此有理由认为，对物化问题的研究也就是对人的研究，因而应该被纳入到历史辩证法的逻辑之内来加以阐释。

三　"物化"中人的生存悖论

　　现在，这种悖论就构成了历史辩证法的内容了。我们的目的就是要看看，物化的问题为什么被卢卡奇归纳到历史辩证法之中来。或者说，卢卡奇在理解马克思的历史辩证法的时候，为什么用很大的篇幅来理解物化问题。物化问题所揭示的辩证法主要有两个层面：一个就是，从整个人类的生存逻辑来看，这构成了以物化为环节的历史辩证法的总体结构。我们也可以把这个总体结构理解为人类历史的纵向的历史辩证法。也就是说，人类的目的就是要返回到人本身。返回到人本身，就是要从"物化"的状态返回到人本身。另外一个层面就是，物化表明了人既"在"物中，同时又"不在"物中的这样一种悖论性生存状态。而卢卡奇所以能够把物化问题作为理解马克思的历史辩证法的一个主要领域，就是因为，物化研究的不是"物"，而是"人"。而人的本质是在辩证法中显现的，所以，物化也就凝结着辩证法的思维方式。这里，主要是研究物"化"，所谓的"化"就是"变化"。当我们说"什么什么化"的时候，意思也就是变成什么什么。变成什么，意思就是说，本来它不是什么，后来才成为什么。也就是说，研究的是：为什么人要"变成"为以"物"为尺度和原则的生存方式？摆脱物化，是否还需要"人化"？共产主义的本来意义，简单说就是，让人成为人，亦即"人化"。这是马克思在《1844年经济学哲学手稿》中的经典概括。所以，人需要"人化"的，当然，这个人化，并不是说人真的不是人。动物不可能成为人，所以，动物不可能实现"人化"。因而，人化，说到底还是"人"的人化。这样，悖论又同样地呈现在我们面前：既然已经是，并且只能是人才能有人化，人还为什么需要人"化"呢？这个非人是在什么意义上说的？人已经是人了，为什么还要人化？这里的非人，不是说真的不是人，而是说，人没有按照人的方式去存在。比如，当一个人不能在自我意识中反思自己的行为，他的行为就不属于他，他也就没有行为能力，因而，这个人虽然具有人的身体和一切生物学构造，但是，却已经不是人了。同样，如果说道德的尺度是以人本身为尺度的法则，如果一个人不能按照道德原则来行为，那么这个人实际也就"名存实亡"了。正是在这个意义上，我们认为，资本主义制度下，"人成为非人"无非是说，人本来应该具有的生存方式，现在不存在了。我们所要确立的共产主义，无非就是找回失去了的本来应该属于人的生存方式的那种生存方式。

那么，这种生存方式的丧失，是由什么原因造成的呢？它直接表现的就是"物"。物的进入，破坏了人的本真的生存方式，所以，才有了向人的生存方式的回归。在这个意义上，就形成了以克服"物化"为主题的历史辩证法的生成。因而，卢卡奇在理解马克思的历史辩证法的时候，主要地结合物化问题，分析了人的这种历史性和辩证性的生存方式。

所以，克服物化的问题也就是对以物化为现象的人的生存悖论的超越。具体说，就是解决人本来是人，却又要以物的方式确证自己，即以非人的方式确证自己并返回自己的过程。这样，物化实际说明了人既是人又是物。所以，我们不能单纯地说，在资本主义制度下，人成为了非人。而在一种符合人的辩证法的意义上来看，非人的物的存在方式也是人的存在方式。因为，没有任何一种动物的存在能够在物上面发生"关系"。即便有某种"关系"存在，这种"关系"也不是作为"关系"而存在的。马克思说得好："不是作为关系而存在的"。卢卡奇强调分析了为什么物化包含着辩证法问题？原因就是，物的后面的支撑者是"人"！恰好因为这一点，物化问题才能够作为辩证法问题加以思考。我们思考物化，不是在思考物，而是思考以物为媒介的或被物掩盖下的"人"。马克思在《资本论》中指出了商品拜物教的原因。

四 资产阶级思想的"二律背反"在克服物化问题上的软弱

在我们弄清楚物化在理解历史辩证法方面的意义之后，接下来的问题是，卢卡奇分析了"资产阶级思想的二律背反"。这又有什么意义？卢卡奇的意思，无非是说，物化是整个资本主义时代的特征。而资产阶级的思想——主要是德国古典哲学，也产生于这样的时代背景。然而，它对于解决这种"物化现象"来说，具有怎样的意义呢？在卢卡奇看来，康德能够坦率地承认人性基础上的矛盾，并在道德哲学当中和实践理性批判当中分析出这一矛盾的永恒性，就已经是很大的进步了。但是，对于人类的理想生存状态的构建来说，卢卡奇的意思无非是对古典哲学的一种"批判"而已。具体说，无非是一方面，正是在这个物化的时代才产生了古典哲学，而另一方面，这种哲学在克服人类在资本主义特定条件下的物化状态上，却又没有成功。于是，引出了马克思的历史唯物主义在这个问题上的突破性地位。因而，卢卡奇接下来就分析了马克思的历史辩证法观点下对物化问题的解决。而卢卡奇的一个主要的切入点就是"历史"。也就是说，克服异化问题，解决物化的生存困境，马克思是在"历史"的领域来完成的。这样就凸显了历史辩证法在解决物化问题上的独特意义。从而表明，对物化问题的批判，构成了历史辩证法的一个基本维度。

古典哲学本身就是在解决人类本性中的"二律背反"。就是说，人类本性当中存在一种先天的二律背反。人类的先天性的生存困境——人作为有限世界的成员，却要按照无限的尺度来生存；人在物的世界生存，却还要超越物的限制；思想的存在和感性的存在之间；个体的存在与普遍性存在之间，这是人类的"二律背反"。马克思就是要克服这个二律背反。这个克服有两个方面的含义。一是企图在经验世界完全达到人类的自由。这个自由就是马克思在《1844年经济学哲学手稿》中所描述的，是人的自由和必然的统一。二是仅仅把自由作为一种目标，从而在当下感性生存中，不断按照辩证法的思考来批判人类的有限性存在，把无限作为一种有效的"企图"。

应该说，在第一种意义上，克服"二律背反"是注定要失败的，因为不符合人类的本性。第二种则是本来意义上的马克思所确立的生存理想。也就是说，马克思明明知道，这个人类的先天性的二律背反是不能被在经验世界中完全克服的，但是，人类却应该具有这个使命，所以，它仍然不失为有效的终极关怀。马克思则在历史中来克服这种二律背反，也就是克服"物化"。而古典哲学思想，一方面认识到了人类本性中存在的这一"二律背反"，但是，在解决这一"二律背反"问题上却没有成功。也就是说，他一方面认识到了二律背反，另一方面却不能够成功地去解决这一"二律背反"。这就是古典哲学思想本身所具有的二律背反。总而言之，古典哲学认识到了人性上的二律背反，但是，却不能解决这一"二律背反"，从而，这种哲学本身又陷入了二律背反，即能够认识到应该解决二律背反，而自己却又无能为力。

　　所以，古典哲学思想虽然对人类生存的先天性的二律背反给予了充分的认识，但也仅仅是认识而已。古典哲学不能够解决人类生存的困境。"古典哲学把它生活基础的所有二律背反都推到了它在思想上所能达到的最极端。它给予了这种思想的二律背反以最大可能的思想表述。但即使对这种哲学，这些二律背反仍然是不能解决和不可解决的"。①马克思的历史辩证法正是在这个地方超出了古典哲学，亦即在克服物化问题上，马克思的历史唯物主义超出了思辨哲学，进入了"历史"领域，从而为克服人类的二律背反找到了现实的途径。这一点构成了"生存逻辑"意义上的历史辩证法。

---

① 卢卡奇：《历史和阶级意识》，张西平译，重庆出版社1989年版，第167页。

第四章

阶级意识：历史辩证法的理论自觉

第一节　历史辩证法中为什么要讲"阶级意识"

一　"阶级意识"就是"社会自我意识"

历史辩证法除了表明人类社会的"历史性生存逻辑"，还表明了在资本主义这一特定历史阶段，在"社会存在结构"的意义上，即就"阶级意识"与"社会存在"的关系而言，无产阶级作为历史主体的生成。所谓"历史辩证法的主体生成"，就是从阶级意识角度来分析在资本主义制度下，无产阶级作为历史主体的生成运动。

只要有人的活动、只要研究人，就离不开"意识"。问题是，我们研究哪种意识？历史辩证法显然是研究"历史"本身的辩证法。但是，历史并非是单纯的"事实"。历史所以能够是"辩证"的，归根结底不是因为历史是"唯物"的，而是因为历史是有人类的"自我意识"参与的，所以，历史辩证法同样要研究"意识"。前面在"物化批判"的意义上研究历史辩证法，我们明显看到了马克思的历史辩证法是在"历史"领域中发生的。现在，我们又进入到"意识"的领域来研究历史辩证法。

首先要说明的是，虽然历史辩证法同样关注人的"意识"，但是，这种"意识"则不同于古典哲学所关注的"意识"。因为古典哲学所关注的"意识"，还是抽象的意识。当然不是说抽象的意识没有意义，而是说，抽象的意识所展示的仅仅是人性当中的固有矛盾和生存困境。而马克思的问题在于，不能单纯展示这些人性中自我意识的困境，而且还要在现实的"历史"当中来极力趋向于解决这些困境，这就是所谓的共产主义生存状态。因此，本章所讨论的"意识"问题，就不再是单纯的纯粹意识本身，而是那些扎根于"历史"中的某种同样具有客观性力量的"历史理性"。

真正的历史理性不是黑格尔所说的那种纯粹精神性存在，因为这种纯粹精神性的历史理性不过仍然是绝对精神而已，没有真正进入"历史"。我们完全可以在任何领域当中都能指出一个纯粹的"理性"，比如自然理性、生活理性、实践理性等，所有这些理性实际上都是最抽象的绝对理性本身，所以，也就都作为无差别的同一理性而存在着的。相反，马克思研究的不是这样的一种理性，而是现实地发生在"历史"当中的人的一种生存命运的辩证法。我们所讨论的"意识"，就是作为具体的历史主体的人的反映自身生存理想的那种关切和反思、理想和追求。我们把这种意识也理解为"阶级意识"。因为这样能够代表全部人类生存理想的意识，在阶级社会当中肯定属于某种能够超越自身狭隘物质利益的那个"阶级"所拥有。而这个阶级也正因为具有这样的阶级意识而成了自身否定自身狭隘利益的普遍性历史主体。能够成为历史主体的那个存在者，一定是普遍性的自我意识的承担者，否则没有资格成为历史主体。

人们对社会历史活动的本质性认识，构成了与这种社会历史辩证运动同在的"社会意识"。严格说，就是"社会自我意识"。因而，历史辩证法一方面是作为社会历史的实际辩证运动而存在的"事实"，同时，也就是以阶级意识的形式反映出来的"社会自我意识"。社会矛盾是社会进步的动力，而矛盾总是通过人来表现的。马克思的社会历史理论一个基本问题就是：阶级斗争是推动社会进步的基本力量。一种生产力与生产关系、经济基础与上层建筑之间的矛盾，最终要通过阶级斗争的形式得到解决。历史进步也就是历史辩证法的运动。概念的辩证法是精神自我运动的表现，而历史辩证法则是人类历史自我运动的表现。历史辩证法表现的是人的历史性生存逻辑，正是在这个历史辩证法的基础上，才有了马克思的共产主义问题。马克思的历史唯物主义的核心问题就是共产主义，而实现共产主义，就是一种"运动"，这种运动就是以"历史辩证法"的形式来实现的。

从社会存在结构的角度来看，这种历史的辩证运动总是因为一种"阶级意识"才成为可能。马克思的历史唯物主义在总体上就充当了在资本主义条件下的无产阶级的"阶级意识"。马克思有一个明确的说法，就是要把黑格尔的唯心论辩证法"倒置"过来。因而，从马克思相对于黑格尔所实现的哲学变革来看，马克思实际实现了从概念辩证法到历史辩证法的转变。

二　马克思的"阶级意识"基本观念

实际上，在卢卡奇看来，马克思的历史辩证法就是无产阶级在特定阶段的"阶级意识"。卢卡奇为什么要在一种历史"唯物主义"当中用了很长篇幅讲"阶级意识"呢？如果没有阶级意识，哪里还会有辩证法呢？辩证法只能依靠一种人类的自我意识来显现。人总是依靠这个"意识"来把自己作为一个主体来看待。阶级意识是历史辩证法的特定形态。这里同样涉及了如何理解马克思的"唯物主义"问题。马克思在总体上是主张一种哲学应该最终在现实中"改变世界"，而且，也就是现实地改变人的生存状况。

从这个总体性上看，马克思是"唯物主义"的。但是，人的存在总是被意识所引导的存在。确立一种怎样的人，这只能靠意识来给予。在这个意义上，青年马克思就合逻辑地展开了对人本身的"思辨"。这本身就已经够"唯心"的了。然而，马克思在《德意志意识形态》当中，在极力强调从人的吃穿住等现实开始思考人的问题的时候，却也注意到了"意识"。问题就在于：人的存在不能没有意识的构造。而且，我们所说的人是按照辩证法的方式生存的，这个辩证法也只是在自我意识中才能被看到，所以，对"意识"的关注是自然的。"青年马克思在哲学上的努力，大部分直接地是为了批驳各种虚假的意识理论（包括黑格尔学派的'唯心主义'和费尔巴哈的'唯物主义'），是为了发现在历史上意识作用的正确观点。早在 1843 年，马克思与卢格的通信中，他就设想意识是历史本身所固有的，而不是处在历史的真实过程以外。它不必由哲学家介绍到这个世界上来"。① 卢卡奇已经明确地看到，马克思

---

① 卢卡奇：《历史和阶级意识》，张西平译，重庆出版社 1989 年版，第 88 页。

并没有把意识看作是历史之外的东西，意识是内在于历史的。所谓内在，就是历史本身所固有的因素。没有意识，人就不能作为历史性存在而仅仅成为自然性存在了。因此，就人作为历史性存在而言，"意识"在历史中具有决定性作用。正是在这个意义上，我们才有理由从"阶级意识"的角度来理解历史辩证法的客观性。历史的客观性总是由这种阶级意识呈现的意识的客观性所表现出来的。因而，阶级意识是历史辩证法的重要形态。

无产阶级的阶级意识所以能够作为历史的主导力量，就是因为它能够超越狭隘的阶级利益，从人类的普遍性高度来理解人类的生存。它是把人类整体作为目标来看待的，这样也就决定了它的阶级意识，实际上也就是人类的自我意识。总之，就是因为无产阶级的阶级意识是在最高点上产生的，因而统照着人类。由于无产阶级被历史赋予了自觉地改造社会的任务，它的阶级意识必然会在直接利益和长远目标之间、孤立因素和整体之间产生辩证的矛盾。正是这个矛盾，才促使无产阶级有资格作为历史的"主体"而存在。谁能够把握人类发展的辩证法，谁就成为历史的主体。主体就是能够自己驾驭自己的存在。无论马克思还是卢卡奇都认为，无产阶级的阶级意识是人类历史上的最后的阶级意识，是人类的自我意识，是以阶级意识形态所表现出来的最后的形态。这里，值得注意的是，阶级意识的消失，并不意味着人类的自我意识的消失。它仅仅是说，人类自我意识作为一种以阶级为平台的这种意识形态方式的消失。人类对自身的反思永远都会伴随人类始终的。只不过，阶级意识是在资本主义这个特定阶段所形成的特殊的人类自我意识而已。

当代对马克思主义的研究，基本不注重对阶级意识问题的研究了。实际上，只要资本主义还是人类主导的生活方式，为了反对这种生存命运所形成的对人类社会理想生存状态的期待，就要以阶级意识的形态表达这种生存理想。我们总要去反思人类的命运，这注定是一种"反抗"，我们也可以看作是"批判"。马克思的历史辩证法也就是作为人类历史性存在的生存理想的构建，它总是要以阶级意识的形态表现出来。

为什么前资本主义社会不能形成阶级意识？因为前资本主义社会对经济基础的不自觉。前资本主义社会的阶级意识只能"推导"出来，而资本主义社会的阶级意识则是直接呈现的。经济基础与阶级意识是什么关系？什么东西迫使人去反思？这个迫使人去反思自身的东西，最有力量的就是经济生活。所以，当经济生活中资本作为决定性力量的时候，阶级意识就自然被呈现出来。这就是马克思说的经济基础决定上层建筑。马克思在这个问题上同样是唯物主义的。前面说过，马克思是在历史境遇中解决人的自由问题，这个意义上是唯物主义，这里，在阶级意识问题上也能看到马克思的唯物主义，即经济基础决定了阶级意识的产生。阶级意识不是主观的东西，毋宁是客观的。如果不是客观的，就是卢卡奇所说的"虚假意识"。

这样，在卢卡奇看来，什么是历史的客观性？是否是资本的运行规律？是否是以这些规律为支撑的社会制度的必然性？所谓的自然历史过程指的是什么？当卢卡奇把阶级意识作为历史性存在的根源的时候，实际就指出了历史的真正的客观性无非是人的客观性。而人的客观性就是"辩证法"，而不是科学意义上的"规律"。所以，历史辩证法实际也就是马克思所揭示的社会历史的客观性。历史的本质在于人和人之间的关系。人的本质在其现实性上，是一切社会关系的总和。

三 卢卡奇对"阶级意识"的捍卫

第二国际形成的对待马克思主义的"科学主义"思潮，实际上在一定程度上是对阶级意识的"淡化"。为了摆脱第二国际的对待马克思的错误态度，卢卡奇强调要把阶级意识作为主要的考察对象。因为阶级意识并非是违反"唯物主义"的，相反，是革命能动性的最有力的表现。"西方马克思主义者认为，他们对意识问题的这种态度归根到底是为了彻底挣脱第二国际机械决定论的阴影。因为正是那种将马克思主义理论视为抽象的消极反映论的观点，才导致了在无产阶级革命问题上的消极态度。所以，他们决意要恢复意识和认识的能动的革命本质，以重新揭示革命理论的巨大社会历史作用，也正是意在高扬无产阶级革命所不可缺少的能动的阶级意识冲动"。[①] 阶级意识所面对的是"人"，而科学主

---

① 张一兵、胡大平：《西方马克思主义哲学的历史逻辑》，南京大学出版社 2003 年版，第 85 页。

义所坚持的一个基本原则就是面对"客观事实"。把人类的历史活动作为一种现成的"客观事实"来加以理解，这样就必然抹杀了人类社会历史的自我意识，即"阶级意识"。因此，卢卡奇在对历史性的辩护中，实际上也就是对第二国际以来的科学主义思潮的批判，同时也就是对"阶级意识"的捍卫。卢卡奇认为，这种阶级意识必须被看作是历史辩证法的特有的人类思想形式和运动形式，否则，阶级意识就会被科学主义所遮蔽。

卢卡奇是针对第二国际建立在科学思维基础上的对马克思的理解，而提出要确立一种历史辩证法的。科学思维对马克思的理解，忽略了马克思历史唯物主义本身的"阶级意识"问题。科学思维把视线转移到了"物"当中，因而遗忘了人的内部矛盾。这个矛盾恰好只能通过历史辩证法所支撑的阶级意识表现出来。所以，卢卡奇对辩证法的历史性的理解，在一定意义上捍卫了阶级意识。辩证法的根本特征之一就是阶级性。黑格尔的概念辩证法就是没有真正进入阶级的维度来理解人的辩证法生存方式。甚至，就连恩格斯也忽略了辩证法的阶级性特征。"恩格斯甚至根本没有提到历史过程中的主体和客体之间的辩证关系这种最重要的相互作用，更不必说给予它本应值得重视的地位了。但是，如果没有这个因素，辩证法就不再是革命的，尽管试图（归根结底是妄想）保持住'流动的'概念。因为这意味着没有认识到，在一切形而上学中，都没有触及和改变客体。这样，思想就停留在思辨的水平上而没有成为实践，而对于辩证法来说，中心问题是要改变现实"。① 这里首先是对恩格斯的批评，因为恩格斯把辩证法拓展到自然领域，而卢卡奇则强调，只是在对人的存在的理解上才存在辩证法问题。所以，恩格斯结果仅仅一方面把辩证法放到自然之中，但这已经不是真正的辩证法；另一方面却忽略了对人的理解上所必须坚持的历史辩证法。卢卡奇的这段话也顺便批评了那种黑格尔式的概念辩证法，指出停留在思辨水平上的辩证法在根本上遗忘了"实践"，这就为确立辩证法的阶级性奠定了基础。

马克思的辩证法的基本特征之一就是阶级性。他曾指出，辩证法在

---

① 卢卡奇：《历史和阶级意识》，张西平译，重庆出版社 1989 年版，第 4 页。

根本上是革命的批判的。在说明历史性的时候，卢卡奇总是从马克思与其他科学主义态度在对资本主义本质理解上的差别来说明的。这种差别反映的就是科学态度与辩证法态度的认识论差别。在科学主义的态度中，资本主义仅仅在现象上被认识。这种对资本主义的认识表现为一种永恒的"规律"。而且，在规律的意义上，似乎说明了资本主义的那种永恒的内在必然性。"当现实的现象被置于（在思想上或在现实中）在不受外界干扰的情况下，它的规律可被观察的环境中时，自然科学的'纯粹'事实就产生了。由于把现象归结为纯粹的数量本质，归结为数和数的关系，这个过程被加强了"。① 卢卡奇的意思也无非是说，对资本主义的认识，科学仅仅是对经济事实的"现象"加以知性的认识，尤其以古典经济学为例。马克思曾经在《1844 年经济学哲学手稿》中批判说："国民经济学从私有财产的事实出发。它没有给我们说明这个事实。它把私有财产在现实中所经历的物质过程，放进一般的、抽象的公式，然后把这些公式当作规律。它不理解这些规律，就是说，它没有指明这些规律是怎样从私有财产的本质中产生出来的。国民经济学没有向我们说明劳动和资本分离以及资本和土地分离的原因。例如，当它确定工资和资本利润之间的关系时，它把资本家的利益当作最终原因；就是说，它把应当加以阐明的东西当作前提"。② 而科学恰好就是在没有"人"的事实中寻找规律的。这些规律通过数量关系表现出来，看起来是"铁的规律"，实际上并不能反映人本身。马克思则要说明的是，这些规律都是"人"的规律。在这个意义上，卢卡奇洞见到了：马克思的经济学实际上不是分析经济规律，其根本目的在于从作为人的生存方式的历史辩证法中分析出人的理想生存状态。为此，"我们需要用辩证法去揭露这种社会的假象下的现实"。③ 这样，必须进入这些规律的前提，回到辩证法的阶级性当中才能进一步说明资本主义的本质。

马克思哲学的根本任务是论证资本主义不具有内在必然性。显然，要达到对资本主义本质的认识，就应该超越科学态度，进入辩证法的思维方式之中。因为资本主义所以不具有必然性，只能在辩证法的阶级性

① 卢卡奇：《历史和阶级意识》，张西平译，重庆出版社 1989 年版，第 7 页。
② 马克思：《1844 年经济学哲学手稿》，人民出版社 2000 年版，第 50 页。
③ 卢卡奇：《历史和阶级意识》，张西平译，重庆出版社 1989 年版，第 7 页。

的哲学领域才能被发现，因而我们看到，马克思在《1844 年经济学哲学手稿》中总是向资产阶级古典经济学的前提发出"挑战"，这就是马克思的历史辩证法。但是，遗憾的是，卢卡奇在写《历史与阶级意识》的时候，还没有读到马克思的《1844 年经济学哲学手稿》。另一方面，我们同时却看到，卢卡奇尽管没有得到《1844 年经济学哲学手稿》中的信息，却基本上得出了与《1844 年经济学哲学手稿》所同样具有的对辩证法的依赖以及辩证法所以可能的阶级性原则。这一点也可以在一定意义上证明卢卡奇是在"阶级意识"的意义上领会了马克思。

卢卡奇认为作为阶级意识的辩证法是反对抽象的。辩证法也反对科学对资本主义事实理解的独断。辩证法的革命本性在这里就表现为：它以其阶级意识的方式，深入到人性的根基，深入到资本主义的根基，从而破除资本主义状态下人的物化和异化。然而，在资本主义中，科学却加重了这种抽象，没有把这些经济现象与人本身联系起来考察。"经济形式的拜物教特征，所有人的关系的物化，劳动分工的不断扩展只是抽象合理地分析了生产过程而没有涉及直接生产者那种作为人所应该具有的潜能，所有这些改变了社会的现象和这些现象被认识的方式。"① 卢卡奇的这些对科学态度的批判，都是与马克思对资本主义拜物教进行批判的思想是一致的。科学的态度遮蔽了资本主义的本质，并把资本主义描述为永恒的"合乎规律"的存在。这必然导致对阶级意识的淡化。对此，张一兵教授指出："依他（卢卡奇——引者注）之见，马克思在《资本论》中说明的资本主义拜物教现象的泛化，正是资产阶级为了掩盖资本主义社会的真实本质。而这也正是资产阶级辩护士所极力论证的资本主义社会具有永恒的自然性（天然性）的一个重要方面。"② 按照卢卡奇的说法，科学所以不能认识本质就因为它总是坚持片面的孤立的方式去理解事物。结果，事物中的内在联系以及整体的同一性被割裂了。而事物的本质不是事物的各个属性的集合，就如同康德所说的物自体，实际是物的"本体"。

正是为了与科学主义相区别，卢卡奇提出了历史辩证法作为阶级意

---

① 卢卡奇：《历史和阶级意识》，张西平译，重庆出版社 1989 年版，第 8 页。
② 张一兵：《马克思历史辩证法的主体向度》，南京大学出版社 2002 年版，第 344 页。

识的特性。科学的思维方式仅仅适合于对物的认识，它可以对物的各种属性加以分开来理解。把作为整体的事物割裂开来，从各个方面加以理解，这是科学主义思维方式的机械论特征。资本主义的意识形态就是依靠这种知性的思维方式所支撑的。而辩证法则与此相反，总是坚持从整体的角度加以认识，实际上是认识事物的"本质"，或者说是认识"事物本身"。因此，对于"物自体"来说，不能用科学主义的思维方式加以认识。因为物自体是物本身，作为物本身是个总体性的概念，即"实体"。因而，亚里士多德认为物也是"实体"。当我们说认识事物的本质的时候，这只能用哲学的方式认识，也就是辩证法。同样道理，对于社会事物的认识也不应该完全用科学的态度来对待。"把资本主义社会说成预先就和科学方法相符合的，甚至说它构成了科学方法的精确性的社会前提，这是不能自圆其说的。"卢卡奇于是在这里已经引出了作为阶级意识的历史辩证法存在的合法性。因为只有从阶级意识的辩证法角度而不是科学主义的角度，才能真正洞见到人类社会的内部矛盾。这种历史辩证法的阶级性不同于科学。科学把事物分解，孤立的形而上学思维方式不能发现事物的矛盾，而辩证法则本身就是一种"对立统一"的矛盾性思维。

四 关于历史辩证法的双重特征

阶级意识是构成历史辩证法的基本要素。历史辩证法的实质就是人的历史性生存逻辑，历史辩证法的基本目标仍然是共产主义。历史辩证法属于马克思的历史唯物主义。同样是生存活动，为什么人类的生存活动表现为"历史辩证法"，而动物的生存活动却不构成"历史辩证法"？显然，就是由于人类的生存行动超出了纯粹的活动，因为这种生存活动从来都不是没有"意义"的。而这里的意义恰恰是由于人类的社会自我意识决定的。所以，当我们把历史辩证法看作是人类的生存行动的同时，却不应该忽视另外一个维度，这就是在"意识"或者"思想"的维度上来理解"历史辩证法"。这样，我们就进入了社会自我意识。而在资本主义特定的条件下，这种社会自我意识总是通过某个"阶级"展示出来的。人类对自身的生存行动的认识就构成了"阶级意识"。历史辩证法既是"行动"，同时又是"意识"。而反过来，阶级意识既是社会运动的内在的规定和意义，同时也构成了历史辩证法的基本要素。这一点构成了历史辩证法的双重特征。当我们理解历史辩证法的时候，我们也就是在理解社会历史的自我意识。所以，历史辩证法自己已经意识到了自己就是社会运动的"辩证法"。而自己作为一种"阶级意识"，同时也就参与了人类的整体性的生存行动。总之，历史辩证法具有双重身份。一方面，是作为人类的历史性"生存行动"，同时，也是对这种生存行动进行反思而获得的"阶级意识"。

阶级首先是由于人们在生产中的"地位"来决定的。因而，首先在实际经济生活中形成了阶级地位。但是，一个阶级的真正确立还不能完全终止于这种社会地位。阶级必须要有表达自己生存状态的"理性"，只有能够从这种理性的高度对自身形成认识，并同时形成自身在整个人类生存命运中的价值的时候，这个阶级才成为真正的阶级，而且是全部历史的主导阶级。

第二节 作为对生存行动反省的阶级意识

一 阶级意识表明了社会历史主体的生成

历史辩证法的首要任务就是要确立历史运动的"主体"。主体只能由具有全部历史发展命运的自我认识的那个阶级来承担。历史进步的主体应该具有一种"阶级意识"，正是这种阶级意识才使得这个阶级成为了符合历史进步方向的主体。因此，所谓的阶级意识无非是一种符合历史进步的"真理逻辑"。这种真理逻辑需要一个阶级站在全人类的利益高度加以反思和批判。这种能够发现并确立历史进步的真理逻辑，同时能够在"实践"当中为这种真理逻辑而革命，就构成了历史辩证法的全部意义。所以，历史辩证法也就是历史的自我批判、自我运动，从而实现历史的自我发展。而这种历史辩证法也同时就表现在为人类整体的生存而建立起来的真理逻辑，也就是人类历史性生存逻辑。这样，为了确立历史的主体，首要的任务就是进入历史的阶级分析问题之中。阶级分析主要是要确立一种"阶级意识"。

阶级意识作为一种超越直接性的历史主体的意识，不是一种抽象的自我意识（从前的理性哲学就是抽象的自我意识）。阶级意识必须是作为历史主体的那种关于人类生存的自我意识。因为，"历史"同样构成了讨论阶级意识的一个基础性视野，这种阶级意识是关于历史本身的意识。但这种关于历史的阶级意识，不同于历史学的对历史的科学方式的考察，而是对历史的哲学的考察，并且，是按照辩证思维来反思历史的内在意义和价值。这样，卢卡奇把阶级意识的基本领域首先敞开了。这就是"历史"及其历史性的思维方式，这是符合马克思的本意的。

进一步说，对于历史的考察所以不同于历史科学，主要的在于一种思维方式，这种思维方式就是辩证法。而且，他所要从历史中寻求的东西恰好是历史自身的运动规律。这个规律不是一般在现象上所描述的具体规律，比如马克思分析的经济基础与上层建筑的关系等，而且指出了历史自身所具有的辩证特征。历史是人的存在方式，历史自然就按照理性的辩证精神实现自身的运动。所以，历史辩证法所揭示的首先是历史的总体性辩证本性。这样，才有了马克思为人类历史性生存确立某种终极目标的可能。只有历史辩证法的态度才把历史看作是人的自我运动。资本主义的规律对当下生存状态的辩护，正是被历史辩证法所摧毁的。

二　前资本主义社会没有量化的社会关系

资本主义社会体系的封闭性和独立性，为什么能够产生？或者说，为什么能够通过资产阶级的古典经济学给出确定的规律？科学的最根本的特点就是确定性。如果对一个事物的认识，不能在客观上给出它的确定性，我们就无法认识到它的本质，至少是量化的本质。康德曾经在《纯粹理性批判》中指出，经验知识的确定性来自于基于感性直观的综合判断。而感性直观是在时间和空间的纯粹直观形式当中完成的。因此，一切经验对象对我们产生表象，都要依靠时间和空间。但是，时间和空间最终都要以"量"的方式被加以确定。而这就是数学。所以，数学是一切量的规定的基本形式。那么，资本主义社会所以能够在经济规律当中给出它的封闭体系和规律，原因就在于，这种社会生产方式是商品交换的资本运行方式，而这些经济要素的相互作用，恰好可以被量化的方式加以分析，这就是古典经济学的基本任务。也就是说，只有在资本主义社会，才能够对这种社会的经济生产方式，用数学的方式把经济规律确定下来，因此，我们才能看到资本主义社会的封闭性和独立性。卢卡奇分析了这一基本的经济事实。在前资本主义时代，是不具备这种可能性的，因此，历史唯物主义所以能够在资本主义社会产生，这是一种必然的结果，而绝不是什么偶然的事物。前资本主义时代，是不能形成一种全部社会要素有机联系起来，从而形成一个确定的社会生产生活体系的。正是这一点决定了，为什么只有资本主义社会，才能够产生古典经济学，才能够产生历史唯物主义。卢卡奇对此是这样论述的："在前资本主义社会里，经济过程的各个别方面（例如借贷资本和物品生产本身——一方面保持着完全抽象的相互分离——它既不允许有直接的相互作用，也不允许有可以提高为社会意识的相互作用）。另一方面，这一方面中的个别方面不仅相互间而且同经济过程中的超经济方面一起构成一个——在这样一些社会结构之内——从各方面看都不可分的统一体（例如封建庄园的手工业和农业，或印度农奴制度中的赋税和租金，等等）。相反在资本主义社会里，社会结构的所有因素都处在辩证的相互作用之中。这些因素相互之间在表面上的独立性，它们聚集成一些自主的体系，它们的自律性的拜物教外表，所有这一切——从资产阶级立场来看是资本主义的必然方面——都是正确和完整认识这些因素的必经点"。①

卢卡奇还分析了资产阶级科学的产生也具有必然性。资产阶级科学的特征就在于，它并不是从人的具体的丰富性出发的，比如，人的情感、道德、尊严、信仰等这些精神性品质。而是单纯把人的所有的丰富性都还原到了"商品"为媒介的社会关系，这样，唯一可以确定的就是，把人所有的要求都变成了一种可以计算的"数量关系"，这样一来，社会关系就完全可以用经济学的数学关系表达出来了。这也正是马克思为什么批判资本主义把人的本性抽象掉了，并提出强烈的要求，"把人的本质还给人"的缘故，也是卢卡奇为什么批判经济决定论和纯粹自然辩证法的根源所在。因此，卢卡奇指出："作为独立科学的国民经济学首先在资本主义社会里产生出来，这也不是偶然的。这所以不是偶然的，是因为资本主义社会通过其商品经济和交往经济的组织赋予经

---

① 卢卡奇：《历史与阶级意识》，杜章智等译，商务印书馆1999年版，第320页。

济生活一种极其独立的、自我封闭的和由内在规律产生的特性，这是它以前的各个社会所不知道的。所以，有其规律的古典国民经济学最接近自然科学的所有知识。古典国民经济学研究经济体系的本质和规律，这种经济体系就其特性、就其对象的结构来说实际上非常接近物理学、自然科学所研究的那种自然界。它涉及完全不依赖于人类特性、所有拟人说——尽管它们具有宗教的、伦理的、美学的或别的性质的一些关系；它涉及这样一些关系，人在其中仅仅作为抽象的数量、作为某种可归结为数量、可归结为数量关系的东西而表现出来，按恩格斯的话说，规律在其中只能被认识到，但不能加以支配。因为它涉及这样一些关系，还是按恩格斯的话说，生产者在其中失去了对自己生活的社会条件的支配，这些关系在其中由于社会生产条件的对象化、物化而获得了完全的自律，单独地存在下去，变成一种独立的、自我封闭的、自身有意义的体系。所以，正是资本主义社会制度成了运用历史唯物主义的典型基础，就不是偶然的了"。① 而历史唯物主义的运用，一方面得益于资本主义社会的科学性特征，但这仅仅是它的客观条件基础。而历史唯物主义所依靠的更根本的基础则是历史辩证法的科学原则。在这个意义上，卢卡奇强调历史唯物主义的思想价值观方面的东西，是十分正确的。

历史唯物主义能否被运用于前资本主义社会？能否运用于自身？如果说历史唯物主义是一门普遍的科学，那么，它就应该在任何一种社会形态上都是有效的。因此，资产阶级的批评者提出了尖锐的问题：第一个问题是，历史唯物主义能否被运用在前资本主义社会当中，即用历史唯物主义这门科学来解释前资本主义社会的规律？第二个问题是，历史唯物主义能否被运用于自身？比如，社会形态是更替的，那么，在共产主义社会之后，生产力是否还在发展？如果发展了，是否还会导致新的社会形态的产生？这两个问题是资产阶级的科学批判历史唯物主义的时候所提出来的根本问题。而卢卡奇则对这两个问题都做出了回答。

在前资本主义社会当中，人没有被人自身所创造出来的异己力量所控制、所支配。因此，在这个意义上，前资本主义社会是不能形成对社

---

① 卢卡奇：《历史与阶级意识》，杜章智等译，商务印书馆 1999 年版，第 321 页。

会历史的规律的分析的。也就是说，历史唯物主义在其被运用到前资本主义社会的分析的时候，在方法论上必然产生一种困难。卢卡奇引用了恩格斯在《家庭、私有制和国家的起源》里的一段话，十分清楚地指出了这种困难："只要生产在这个基础上进行，它就不可能越出生产者的支配范围，也不会产生鬼怪般的、对他们来说是异己的力量，像在文明时代经常地和不可避免地发生的那样"。① 如果社会运行当中，已经产生了一种超出人自身所能够控制的力量，并且已经变成了一种体系性的规律性的强制力量，那么，这样的社会除了在文明时代以外，是不会发生的。这里恩格斯所说的"文明时代"所指的就是资本主义社会。在前资本主义社会，人们并没有建立起来一种真正意义上的"社会关系"，因为那种自然分工基础上形成的生产方式，还不是独立于人的支配和控制以外的事情。人们根据对生产生活资料的需要，直接在自然分工的基础上发生着天然的关系，这种天然关系与人与人之间的伦理关系并不发生任何冲突，生产者在其中所从事的生产活动，是自由的。说到底，在以农业为基础的自然生产方式当中，不存在着客观力量支配下的"剥削"问题，因此，社会没有被建立在一种强大的客观经济活动基础之上，或者说，资产阶级所产生的那种"市民社会"还根本没有被建立起来。

　　前资本主义社会从生产方式上来看，主要与以农业为基础的自然经济相关联。这种生产方式当中，历史唯物主义还不能够得到真正的运用，这就是因为，这种社会的人与人的关系，还没有进入马克思后来所说的"以物的依赖性为基础的人的独立性"，而是一种人与人直接相互依赖的自然关系，因此，这是一种没有被物的依赖所干扰的"伦理社会"。伦理社会与资本主义的"市民社会"存在着根本的区别。伦理社会当中，社会是按照人与人的伦理关系组织起来的，生产方式并不能把人与人的关系固定在物的关系上面。而市民社会则第一次把人与人的关系，固定在了以物为媒介的经济关系当中。在这个意义上，历史唯物主义是没有产生和运用的客观基础的。当然，这并不是说历史唯物主义不是普遍有效的科学，它至少在解释社会历史运动的生产力基础，及其与

---

① 《马克思恩格斯全集》（第21卷），人民出版社1995年版，第198页。

生产关系的辩证关系方面，仍然是有效的。只是如果着眼于历史唯物主义作为一门科学，它在详细进入社会生产关系的分析当中，就缺少了确定性的可以被数量给出的经济关系，这就是卢卡奇对资产阶级科学所提出的质疑的反驳。

人类社会的发展表现为自然界不断退缩的过程。比如，从农业文明发展到工业文明，从自然经济发展到市场经济。这一过程意味着人类对自身命运越来越脱离了对自然的依赖，而是越来越转向对自身所创造的"文明"的依赖。只是在这种情况下，人与人的自然关系，才越来越被人与人的经济关系、社会关系所取代。在这种情况下，自然的界限是不断退缩的。也就是说，人类社会的发展，越来越取决于超出自然界限的支持，而是依赖于人类自身的文明成果了。于是，无论是资产阶级的科学即古典国民经济学，还是马克思的历史唯物主义，都开始试图揭示社会历史的客观规律了。所谓揭示社会历史的客观规律，实质就是要用思想范畴去综合社会物质生活，用思想范畴去建立社会历史的规律，从而使社会规律变成了一种自觉的结构，摆脱社会发展的盲目性。"社会的自然规律支配社会的最纯粹的、甚至可以说是唯一纯粹的形式就是资本主义的生产。因为在资本主义社会里达到顶点的文明过程的世界历史使命不就是达到对自然的统治吗？社会的这些'自然规律'（尽管当它们的'合理性'被认识到的时候，而且那时的确还最厉害）像'盲目的'力量一样统治着人们的生活，它们具有使自然界服从于社会化范畴的功能，而且在历史过程中也做到了这一点"。[①]

三　只有在资本主义社会才能形成真正的阶级意识

只有在物出现并以此为媒介形成主导着人与人的关系的主要形式的时候，人的普遍性才得到了在现实中的实现形态——社会历史。所以，马克思不是纯粹从人性论意义上来理解人的普遍性。说到底，共产主义就是人作为普遍性与作为个体性的真正统一。人作为普遍性存在不应该仅仅停留在思维之内，而且，应该在现实中趋向这种普遍性。而在现实中趋向这种普遍性也就是要超越对"物"的依赖。资本主义的生存方

---

①　卢卡奇：《历史与阶级意识》，杜章智等译，商务印书馆 1999 年版，第 323 页。

式实际就是以物的依赖为基础的人的个体性存在。这样，似乎可以理解为，人为了实现真正的现实中的普遍性，就必须要把"物"首先确立起来。因为不首先确立起物的存在，人就没有通向现实的"媒介"。只有有了私有财产，我们才能有消灭私有财产的"可能"。在这个意义上，这也就是历史辩证法的一个基本含义。资本主义的出现从一开始就是辩证的。并不是说资本主义是偶然的出现，而人类则是后来才决定去寻找一种辩证法来解决资本主义中的人的不自由。相反，在一种内在的意义上，资本主义从一开始就是按照人的辩证性生存而出现的。在这个意义上，似乎资本主义是人类历史生存逻辑中的必然性环节。没有资本主义，也就没有共产主义。因为，所谓共产主义无非是消灭资本主义的过程而已。因此说，资本主义作为一种人类的否定性环节，也构成了人类历史的自我肯定的一个环节，也就是以否定性实现了人的肯定性。我们要看到资本主义对人类来说的"肯定性"意义。

阶级意识的形成，首先要有一种反思的辩证法。我们已经指出，对于历史事实的认识，只能用辩证法的能动性构造来实现。但是，却又不能离开社会历史本身提供的"对象"。这里，我们同样接触到了一个基本的问题，到底马克思是在什么意义上的"唯物主义"？似乎马克思在关注人本身，而人本身的问题，却又只能在思辨性质的辩证法中被显现。这样一来，似乎就进入了一种"唯心论"的态度。我们说马克思对经济学事实的考察是一种思辨性质的活动，因而也是从人本身出发的思辨性质的活动。但是，当我们说马克思是"唯物主义"的时候，是说，马克思不再像黑格尔那样，在思辨一种纯粹的精神本体，而是在思辨一种与现实的人有关的"社会存在"。这样，尽管马克思也是在思辨中构造他特有的"人性论"，但是，马克思的总体性出发点却是资本主义的现实中的"人"。这样，马克思实际是在符合唯心论的认识论原理的基础上，在认识资本主义生存方式中的人的本质。

这样说来，马克思的思辨的辩证法，是为回答在资本主义生存条件下的现实的人的自由和解放。正是在这个意义上，我们才说马克思是"唯物主义"的。简言之，马克思的辩证法虽然也是理论意义上的，并且同样是思辨性质的，但是，马克思却是为了回答现实的人的自由问题。这种思辨不是构造一个在人之外的"绝对精神"，而是为了构造人类的理想生存状态。马克思是一个"唯物主义者",但并非是一个纯粹的朴素的唯物论者,他超越了朴素的唯物论和唯心论。对于这种情况,马克思在《关于费尔巴哈的提纲》中的第一条中明确指出:"从前的唯物主义——包括费尔巴哈的唯物主义——的主要缺点是:对事物、现实、感性,只是从客体的或者直观的形式去理解,而不是把它们当作人的感性活动,当作实践去理解,不是从主观方面去理解"。① 马克思既不是直观的唯物主义,也不是抽象的唯心论,而是在现实的实践生活当中,看到了人是世界的主体。上面对马克思在何种意义上是唯物主义的问题的理解,就说明了马克思已经是在社会历史的维度中来运用辩证法思考人了。所以,当我们说阶级意识的时候,它所呈现的辩证法问题,实际不是意识本身的辩证法问题,而是社会历史的辩证法问题。

四　阶级意识是一种"从事后开始"的思索

阶级意识实际就是历史辩证法的自我意识。阶级意识是对社会制度的前提的反思,而不是一种对历史的科学考察。用科学的态度去对待历史,历史就表现为类似自然一样的"社会规律"。从这种科学意识出发,就把社会制度当作了历史本身。因为科学只关注现象,而社会制度恰好就是历史的"现象",而不是历史本身。科学思维是不能把握历史本身的,相反,只有用阶级意识才能认识到历史本身,历史本身就是阶级意识。因此,阶级意识实际是一种整体性的符合人类整体利益方向的那种反思意识或者自我意识。马克思明确指出了阶级意识的这种与科学不同的特点。科学思维是沉浸在当下事物的现象之中的,它是用自然因果思维来理解事物的联系,而阶级意识对所有历史事件的思索则总是"从事后开始的"。恰恰这种"从事后开始"的思索,才表明阶级意识是一种反思性意识。

虽然,这种历史事实在没有反思关照的时候自然会发生,但是,在事后的思索却恰好构成了这些历史事实的"本质"。因而,这些从事后开始的思索,毋宁说在"逻辑"上是先在的。所谓"历史与逻辑的统

①《马克思恩格斯全集》(第3卷),人民出版社1960年版,第3页。

一"，这个逻辑总是在事后被我们思索出来的，但却总是伴随事实发生的时候已经在起作用的"逻辑先在"的。这样，构成本真的历史的东西是什么？无非是我们思索出来的本质。社会制度并不是历史本身，对于历史本身我们只能在阶级意识中获得。这样，阶级意识实际仍然是相对于科学思维所建立的社会制度的一种反思，从而回到了历史本身。能否回到历史本身，也就是能否回到人本身，因为历史只能是"人"的历史。我们通常说哲学要"回到人本身"，问题是回到怎样的人本身。黑格尔和康德的古典哲学也是回到了人本身。对于马克思来说，所谓"回到人本身"，也就是回到历史性生存的人本身。阶级意识作为一种"从事后开始"的思索，实际也就是"从人开始"的思索。

　　在上面对阶级意识的理解中，卢卡奇也把马克思的哲学理解为一种以阶级意识为特征的"批判哲学"。应该说，卢卡奇对法兰克福学派的影响很深，后来的霍克海默也把马克思哲学理解为一种社会"批判理论"。"马克思与此相反，提出了一种批判的哲学，一种理论的理论和一种意识的意识"。① 这实际指出了阶级意识实际是一种"批判的哲学"，而批判的哲学是在历史本身的层面上来对待历史的，正是这种对历史的批判才建立了"社会制度"的历史基础。

五　阶级意识产生的历史基础

　　卢卡奇强调社会制度不是历史本身。社会制度是现成的，并且，在资本主义社会制度下，人的生存状况是异化和物化的，是不自由的。因而，为了解决人的不自由状况，就要批判这种社会制度。那么，如何才能实现对社会制度的"批判"？我们通过什么途径才能达到批判社会制度及其造成的对人的奴役？首先，就要指出，社会制度不是历史事实本身，因而也就不是人本身。而卢卡奇却清楚地看到：社会制度被古典经济学解释为一种"客观规律"。那么，如何才能把作为规律的东西推翻呢？这也正是马克思所思考的问题。卢卡奇明确指出了马克思所使用的方法就是"历史批判"。这种"批判"所构成的自我意识也就是"阶级意识"。所以，从总体逻辑上看，卢卡奇为

---

① 卢卡奇：《历史和阶级意识》，张西平译，重庆出版社 1989 年版，第 53 页。

什么要分析阶级意识？原因就是要实现对社会制度批判的根本目标。因而，卢卡奇指出，社会制度不过是一种科学态度的"对象"，而阶级意识则直接指向历史本身和人本身，在这里，卢卡奇找到了阶级意识的本性以及它的合法性。

对阶级意识的理解根源于卢卡奇对历史本身的如何理解。如何理解历史，决定了如何理解阶级意识和如何理解社会制度。卢卡奇指出，有两种情况是不能真正认识历史的。第一种情况就是，把历史等同于"社会制度"；第二种情况就是，把历史的本质看作是"纯粹道德原则"。如何把"社会制度"还给人本身？这是马克思的核心问题，只有解决了这个问题，才能找到批判社会制度的全部根据。因而，全部阶级意识理论无非是人类对自身的生存状况的反省，并从中找到了符合人性的历史性生存根据。一方面，停留在社会制度层面来理解人的生存不能实现自由；另一方面，单纯从纯粹的道德原则出发理解人，也不能实现人的真正解放。因而，只有在"历史"这个境遇当中的一种对自身生存状况的反思，才能构成人类获得自由的根本途径，这个途径就是建立在"阶级意识"基础上的社会批判。因此，卢卡奇从对历史的两种理解中找到了确立阶级意识的根据。阶级意识才是历史成为历史的活的东西，否则，历史就与自然存在没有区别了。历史就在于它还总是有待去发现和建构的，这就是阶级意识作为一种辩证法来自历史本性的一个根据。简单说，因为人是生成性的，历史也就是生成性的，这个生成性恰好体现作为历史辩证法的阶级意识当中。

第三节　对"阶级意识"的评价和理解

一　历史辩证法中"阶级意识"的自我消亡

阶级意识是人类自我生存意识的特定形态，即在资本主义制度下的特定形态。阶级意识是人类在资本主义阶段的社会历史性生存的一种理论自觉，是无产阶级实现物化扬弃的理论表达。因此，"要扬弃物化就要依赖于历史的总体性的生成，而总体性的生成又取决于无产阶级的阶级意识自觉。当资本主义最终的经济危机爆发时，革命命运和人类命运将依赖于无产阶级的阶级意识的成熟"。① "阶级"意味着什么？无非是人类没有进入真正的普遍性生存状态而已。它表明了人与人之间的"差别"，主要是由于经济生活中的差别以及以此为基础的政治生活的差别。有了差别，就意味着没有进入普遍性。而马克思的共产主义目标就是要实现人类的普遍性存在，实现个体性与普遍性统一的存在。在资本主义制度下，人是独立性的，因而缺少普遍性。而且，从阶级的角度看，划分为两大对立阶级。这都说明，人类在这个时期还不是作为普遍性而存在的。实际上，只要人类还没有进入普遍性，就不可能作为真正的个体性而存在。个体性与普遍性是相辅相成的。没有真正的普遍性，就没有真正的个体性。因此，在资本主义制度下，个体性也不是真正的个体性，人们之间总是相互制约的。

全体的自由也就是所有个体的自由。无产阶级的历史使命就是马克思在《共产党宣言》中所说的，消灭资产阶级，最后消灭无产阶级自身。马克思的历史辩证法在阶级意识的意义上，又呈现出了新的含义。这就是：无产阶级的阶级意识总是与普遍性相关的，它能够把自身的利益与人类整体性利益统一起来。这样，就表现为一个以"阶级"为媒介的人类历史的辩证运动。无产阶级首先要消灭资产阶级，这是历史辩证法的第一个环节。第二，无产阶级在消灭了资产阶级之后，并不是让自己成为一个狭隘的特定的"阶级"而存在。从前的一切社会历史的政权更替，总是一个个别阶级取代另外一个个别阶级。而无产阶级的普遍性就在于，它要消灭以一切狭隘利益为基础的个别阶级，包括自身。这样，我们就理解了历史辩证法所支持的"共产主义"，也无非是所有的人同属于一个阶级的生存状态。所有的人同属于同一个阶级，也就是没有阶级。这样，历史辩证法就实现了第三个环节，即阶级的普遍性，这即是无阶级的生存状态。

上述这个过程表现为无产阶级的阶级斗争。"无产阶级不仅仅只是反对外部敌人——资产阶级的斗争。它同样是无产阶级反对自身的斗争；是反对资本主义的体系对无产阶级的阶级意识的破坏和侵蚀影响的

---

① 衣俊卿：《论西方马克思主义的理论定位与批判指向》，《广东社会科学》2003 年第 2 期。

斗争。只有当无产阶级在自己内部克服了这种影响时，无产阶级才会真正赢得胜利"。① 实际上，也就是马克思在《共产党宣言》中说的："代替那存在着各种阶级以及阶级对立的资产阶级旧社会的，将是一个以各个人自由发展为一切人自由发展的条件的联合体"。② 真正的历史性生存，就是真正进入普遍性状态中的人类的生存。此前，人类处在阶级社会，因而，总是没有实现彻底的普遍性。

　　阶级意识意义上的历史辩证法说明无产阶级的阶级意识总是与资产阶级的阶级意识相对而存在的，因为无产阶级与资产阶级是对立的。"无产阶级和资产阶级在意识形态中的相互依存如同它们在经济上的相互依存一样"。③ 从人类的总体性来看，人类无非是自己制造出矛盾，然后自己再克服这个矛盾，实现自我否定自我后的统一。资本主义就是人类历史上的自我否定性环节。与它相关的一切都具有了这个色彩，比如商品经济、阶级、物化等的存在，也都是人类发展过程中的自我否定性环节。所谓自我否定，不是外在的否定，而是内在的否定。而内在的否定最终又总是要服从于自己的肯定性。比如，资本主义就是对人类自身的否定，但是，这个否定恰好是作为一个"环节"而存在的。资本主义绝对不是人类历史发展的终极目标，而是通向终极目标的一个环节。这样，作为一个环节，在具有否定性的同时，也就是通向终极目标的肯定性的一个环节，因而，又具有肯定性。资产阶级与无产阶级的关系也是如此。正是因为出现了资产阶级，同时也就出现了无产阶级。资产阶级必然产生它自己的"掘墓人"，这个以阶级为媒介的自我否定过程，也就是历史辩证法在阶级意识上的表现。正如卢卡奇所分析的那样："对于无产阶级的阶级意识而言，直接的利益和对整个社会的客观影响之间的辩证关系就在于无产阶级自身的意识之中。作为完全脱离所有（被归属的）意识的纯客观过程，无产阶级并没有把自己搞得筋疲力尽——像迄今为止的所有阶级那样。无产阶级革命的胜利并不意味着，如同它以前的阶级那样，作为直接现实的特定社会的阶级存在，而是像青年马克思所清楚地看到和确定的那样，无产阶级革命的胜利就意

---

① 卢卡奇：《历史和阶级意识》，张西平译，重庆出版社1989年版，第91页。
② 《马克思恩格斯全集》（第4卷），人民出版社1958年版，第491页。
③ 卢卡奇：《历史和阶级意识》，张西平译，重庆出版社1989年版，第77页。

味着它自身的消亡"。① 这就是历史辩证法在阶级意识上所包含的另一个含义。

二　如何理解"阶级意识"在当代被弱化

阶级意识在当代被弱化了。一方面是当代人类总是以"和平与发展"作为人类生存行动的主题，因而可能有意回避从前因为"阶级意识"所带来的紧张生存环境。所以，当代对阶级意识问题的理解放入了"弱化"的领域。但是，这种阶级意识的弱化，并非是人类有意回避生存问题，而是阶级意识本身的自我否定性的内在要求。阶级意识的本性，按照马克思的理解，就是逐渐走向消亡，因而，必须在马克思的这种阶级意识的自我消亡的辩证运动当中，来理解当代阶级意识弱化问题。

阶级意识在当代研究马克思哲学的各种理论当中，有被"弱化"的倾向，然而却是符合人类历史发展的辩证运动的。首先，这种弱化不是对阶级意识的强行消灭。否则，如果是有意回避阶级意识，造成阶级意识在当代被弱化，实际是不符合人类的历史性生存这一本质的。历史性生存的一个条件就是，必须要有人类的整体性自我意识，否则，历史就没有任何目的。共产主义就是一种历史目的，所以，说共产主义是一种"历史决定论"倒不如说是一种"历史目的论"。波普尔对马克思的"历史决定论"的批判实际就是在一种科学主义的态度中对马克思的一种"误解"。他是从科学的意义上，按照自然因果必然性来理解马克思对共产主义问题的设想的，而没有看到，马克思更主要的是要为历史确立一种理想性和目的性。没有这个目的性，就如同个体没有生活目标一样，生命变得没有意义，"生命中不能承受之轻"。历史也同样如此。如果历史没有目的，人类也就失去了生存的意义。人类存在的勇气实际上就是根源于历史中的这种"目的"。而作为历史目的就不能没有历史的"自我意识"。目的是一种在反思中才能被显现的存在，因而，一切阶级意识的本质规定无非是为了寻找一种历史的目的，作为人类生存的"归宿"。

---

① 卢卡奇：《历史和阶级意识》，张西平译，重庆出版社1989年版，第81页。

　　阶级不是从来就有的，阶级是在资本主义特定的阶段以及人类在非真正的历史性存在中的必经环节。按照马克思的理解，阶级在共产主义社会应该被消解，所有的人都成了一个阶级。在根本的意义上，由于市场经济和商品经济的生存方式的取消，阶级也就随着被取消。阶级是一个以经济方式为基础的对人的划分，阶级不是一个政治概念，而是经济范畴。在特定的资本主义阶段，人总是围绕利益问题而被划分为不同的阶级，主要包括资产阶级和无产阶级，而且，主要地就是这两大阶级。"在资产阶级社会中，只有资产阶级和无产阶级是纯粹的阶级"。[①]而有了阶级，才有阶级意识可言，阶级毕竟是阶级意识的前提。如果是共产主义的生存方式，人类的自我意识就不会以阶级意识的形态出现。

　　阶级意识是在资本主义这一特定的生存方式中，人类自我意识的具体形态。这个形态是与人类的经济生存方式联系在一起的。所以，阶级意识只有在资本主义社会才能产生。实际上，阶级意识总是从经济利益上的冲突开始的，然后就进入到人本身的思考。面对经济利益的时候，人所要处理的问题，首先不是人与物的关系，而是人与人的关系问题。"社会关系的总和"就是指在特定经济生活中的关系及其对这些关系的"理解"。马克思把人的感性存在与理性存在的统一体看作是社会关系。所以，历史也就是社会关系，而人的本质在这个意义上也就表现为"社会关系的总和"。这样，我们就看到，为什么说马克思把人的本质理解为社会关系的总和要高于思辨哲学。因为，马克思才是真正在感性与理性统一的历史境遇中理解人的存在的。"社会关系的总和"包含了构成历史的两个要素，即生产实践和自我意识。所以，我们看到，马克思在谈到"意识"的时候，谈的是"关系"。社会关系中的关系是由意识建立起来的，显然，马克思看到了意识在历史中的能动作用。

　　人与人的关系在实践的层面上必须要有经济利益参与，这个问题需要进一步说明。比如，道德的存在论意义只需要在道德哲学当中就能被认识。康德的道德哲学就是如此。一切思辨的道德哲学都是在解决"什么是道德"的问题，这个问题本身就是在存在论内部发生的。但是，道德哲学并不能代替道德实践。一个人虽然知道了什么是道德，但是，并

---

①　卢卡奇：《历史和阶级意识》，张西平译，重庆出版社 1989 年版，第 67 页。

不一定就是道德的，因为道德作为一种"行动"还没有发生，道德对他说来还仅仅是一种"理论"。而马克思的历史唯物主义是什么？不是在说出一个存在论问题，而是要解决一个存在论实践的问题。历史唯物主义凭什么说是一种"唯物主义"？就是因为，马克思是要在解决存在论问题——自由的问题上，突破一种单纯的理论态度，即思辨哲学的态度，因为这个理论态度根本不能解决人的自由问题，所以，马克思才要寻找历史性道路。这样，道德的实践环节，就需要有感性活动和利益活动参与。这就好比说，一个人只有在真正捡到钱的时候，才有成就道德行为的机会，否则，道德就潜在心灵当中而不能被实现出来。这个道理就充分说明了，阶级意识只能在资本主义时代被凸显并被确立起来。因为只是在资本主义这个特定时期，人类才真正在感性的经济生活当中发生实质性的接触。在以这个实质性的经济为中心的接触中，就调动出来一切与人自身有关的反思活动，直到最后人类在历史性生存中去寻找理想生存状态——共产主义。可以说，共产主义也就是无产阶级的阶级意识的最高目标。可见，只有面对强大的资本统治和奴役的情况，人类才能够真正形成阶级意识。

对人本身的思考是阶级意识的最高阶段，而能够把经济生活中的普遍性与人的本性结合起来，这个反思的结果如果是符合正义原则的，这个阶级意识也就是历史"主体"所具有的自我意识。在资本主义社会，就是能够代表历史前进方向的无产阶级的自我意识。这样，阶级意识是建立在对历史的真正理解基础上的。也就是说，阶级性一定要表现为历史性。

历史首先要求的是人通过实践活动组建起来的生活世界。这个实际在资本主义制度确立以来，就是以经济生活的方式，或者说以商品经济的方式组织起来的。另一个方面就是，人总是通过意识来规定自身的生存意义。因此，历史又总是有意识的参与才成其为历史的。那么，进一步的问题是，构成历史的这两个方面究竟是如何统一起来的呢？这种统一包括的含义，首先是说，人类社会历史从来都是以历史的方式存在的。但是，为什么马克思曾经指出过，人类在共产主义之前是没有历史的？或者说，为什么马克思在《德意志意识形态》中严厉批评从前的哲学家都是不懂历史的呢？原因就在于，马克思是在真正的历史概念上理解人类历史的。通常看来，人类的存在自然就是一种历史性存在，当然是正确的。人类的存在区别于其他自然物的存在，就因为人是历史性的存在。我们当然可以说，人是有理性的存在者。如康德和黑格尔都把人的本质理解为一种"有理性存在者"，理性是人的本质。然而，当我们站在马克思的立场上看就会发现，这种对人的理解仍然是片面的。原因就在于：理性是人与动物的区别，而不是人与动物的全部的和总体上的差别。理性是人比动物"多出来"的东西，但是，人的全部却还包括与动物所共同具有的部分，这就是感性。因此说来，如果站在马克思的立场上，全面理解人的本质就在于把人作为感性与理性的"统一体"来理解。当然，从前的哲学家不也是在人作为感性与理性的统一体来理解的吗？康德和黑格尔不也认为人应该让感性和理性统一起来吗？问题就在于：这个统一起来的存在方式应该是什么？马克思的回答是：历史。思辨哲学不过是在思辨的意义上指出人作为感性与理性统一起来的学理根据，而真正从人的感性与理性具体的统一中来理解人的生存问题的，应该是马克思的"历史唯物主义"。

问题是，人类在自在的意义上就已经是历史性存在了，人从来都是历史的。这个历史是在宽泛的意义上理解的，即仅仅是把人的存在与自然物的存在进行了区别。然而，进一步说，马克思批判从前哲学家没有历史，或者说在共产主义之前没有历史，就是因为，整个人类的社会性存在没有达成历史的两个构成要素的真正统一。真正的历史，是需要人们不但能够行为，而且还能够知道自己的行为的总体性意义，这样构成的活动才是真正的历史。马克思批判说从前没有历史就是因为，尽管我们也不缺少"历史哲学"，也不缺少"历史学"，但是，在历史哲学和历史学的意义上，并不就说明人类真正进入了历史性存在。所谓历史性存在，这里也无非是说人的解放和自由的生存状态。真正的历史就是人的有自我意识的自由状态，能够对历史活动做出反思，形成阶级意识，才能够形成真正的历史。阶级意识是人类进入真正历史性生存状态的必然环节，就如同理性和自我意识是一个人成为真正的人的必然环节一样。只有当一个人具有了自我意识的时候，通常是指进入成年人阶段，这个人才成为"主体"，也就是真正意义上的"人"。作为主体的人，自己是自己的"主人"，自己对自己的行为负责。只有当一个人有了自我意识的时候，这个人才是自由的。黑格尔曾经在《历史哲学》中认为，东方社会只有一个人的自由，就是君主；此外的普通人都没有自由。就是因为，在这个社会性存在中每个人都不能够凭借自己的理性去行为，人总是服从自己之外的力量，因而就没有自由。在这个意义上，历史的目的也无非是人类的自由。而人类的自由，同样在于形成人类的整体性的自我意识。这个自我意识就是能够从普遍性上反省历史，从而把人类塑造为历史的"主体"。所以，阶级意识是历史成为主体的必然环节。

上面对马克思关于人的本质以及人的历史性存在的理解，说明了阶级意识在历史性生存中的重要性。阶级意识是人的历史性生存在资本主义特定阶段所体现的具体形态。因此，即便在当代，在研究马克思的历史唯物主义的时候，阶级意识并非是可有可无的东西。面对强大的资本的统治，人类仍然应该去思考自身的命运。阶级不是什么让人类不平静的东西，而是那种让人类找到自身的意义的与生命统一的活动。阶级意识对于人的生存来说，其价值究竟何在？阶级意识在当代社会似乎被弱化乃至被消解了。是什么消解了阶级意识？当我们提到阶级意识的时候，总是认为阶级意识是一种社会内在的矛盾，阶级意识就会引起阶级斗争。因而，总是把阶级意识与阶级斗争联系起来。但是，按照马克思的对共产主义的设想，阶级意识是历史发展的根本因素。构成历史性生存的人，无非凭借两个方面进入历史或成就历史，这就是通常哲学上对人性的区分的两个方面，即感性的和理性的。人作为历史性存在，实际上也要最终归结为人作为感性世界的成员和作为理性世界成员的统一。历史恰好就是这两个方面在运动的相互规定中的契合。

三　历史辩证法是"生存行动"与"阶级意识"的统一

历史辩证法是一种理论。但是，不是表达精神和逻辑的运动，而是表达人类的"生存行动"。一方面，历史辩证法表达的是人类生存的实践行动，另一方面，表达的是人对这种"行动"的反思和理论。所以，这里的"辩证法"既是人的行动，同时也是人对行动的"反映"。由此说来，历史辩证法所表达的首先是一种人类生存行动的辩证规律，同时也是人对这种生存行动的反思，也就是这种生存行动的"本质"的显现。我们理解历史辩证法，就应该从以上两个方面来理解。"物化批判"实际上构成了人类"生存行动"的历史辩证法，而"阶级意识"则构成了历史辩证法的理论自觉。在这个意义上，"马克思哲学变革更深层的意义在于他不仅揭示了哲学的阶级性和意识形态性质，而且还指出了哲学实现自身的现实基础和道路"。[①]

"阶级意识"在历史辩证法中具有怎样的意义？在广义上，马克思的历史唯物主义就是无产阶级的"阶级意识"。历史辩证法也可以说是"阶级意识"。在狭义上，阶级意识指的是对人类生存行动的一种"反思"。而由于是反思，所以，就是把阶级意识作为对象来对其进行考察，这样的考察似乎是把阶级意识首先作为一种与生存行动和社会存在相对的"社会意识"来看待，但是，对于这种社会意识的理解，同时也构成了广泛意义上的"阶级意识"。因为只要是反思，意识就同时也可以把意识作为对象来看待。这样，阶级意识首先是一种与"生存行动"相对照使用的"社会意识"，这种社会意识也就是无产阶级的"阶级意识"。

这种对社会意识的反思，对阶级意识的理解，以及对阶级意识与整个人类生存行动之间的关系的理解，也构成了历史辩证法对阶级意识本身的反省。所以，历史辩证法同时也就是构成了一种广泛的阶级意识，从而达到了历史辩证法的理论自觉。只有当历史辩证法把阶级意识作为对象来考察的时候，才能够达到历史辩证法的理论自觉。前面对生存行动的分析，构成了历史辩证法的实践维度，从中看到的是人类生存行动的运动逻辑。而在阶级意识这里，我们实际上是让历史辩证法回到了意识本身。这样，也就是把历史辩证法作为一种人类生存的反思性维度来考察，从而达到了历史辩证法的理论自觉。

[①] 孙利天：《朴素地追问我们自己的问题和希望——中国哲学、西方哲学和马克思主义哲学会通的基础》，《吉林大学社会科学学报》2005 年第 3 期。

第五章

浪漫主义：历史辩证法的美学维度

前面我们分析了历史辩证法的两种基本形态。本章讨论卢卡奇眼中的"历史辩证法"的美学维度。首先，青年卢卡奇早期是从事文学批评理论研究的，应该说是在属于文学艺术内的形而上学之内来思考问题的。因此，当卢卡奇转向对马克思的历史唯物主义研究的时候，不能不带有他在早期文学批评理论当中所形成的浪漫主义倾向。其次，卢卡奇的这种浪漫主义倾向却恰好在某种意义上迎合了马克思哲学的本意。这就是，马克思的共产主义理论本身就包含了对人类生存理想的一种浪漫主义倾向。马克思所设想的人类的自由解放的生存状态，不能没有这种浪漫主义倾向作为最高的"支撑"。虽然马克思极力主张在"现实"当中来解决人类的生存困境，但是，同时还应该如卢卡奇那样，把浪漫主义因素看作是对现实主义的一个必要的补充，否则，无法理解马克思的共产主义的全部宏伟的寓意。最后，黑格尔为代表的全部德国古典哲学和美学，都充满了浓厚的浪漫主义色彩，这对卢卡奇的影响也是十分强烈的。在上述三个意义上，早就有学者认为，卢卡奇是第一个把浪漫主义因素引入到对马克思哲学的理解之中的。因此，在他早期的历史唯物主义思想的理解当中，不能忽视这一点。

第一节　浪漫主义的产生及其实质

一　浪漫主义的产生

文学和艺术本身就是超越现实的。因此，浪漫派首先是在文学和艺术领域里开始的，主要体现在 18 世纪欧洲的音乐、诗歌、绘画、文学等艺术作品之中。浪漫派为什么首先在文学艺术领域中出现，而不是在哲学当中出现呢？实际上，作为把美作为对象的美学，应该对浪漫派做出相应的理解。在这个意义上，美学中对浪漫派的解读就是"浪漫主义哲学"的开始。当然，在哲学史上，还没有浪漫主义哲学这种称谓，只是在美学领域和具体的文学艺术领域，浪漫派才是明显得到承认的。在文学艺术领域，浪漫主义是相对于在它之前的"古典主义"和"现实主义"被提出来的。

一般认为，浪漫主义在欧洲是从法国的哲学家卢梭开始的。卢梭的《爱弥儿》和《新爱洛伊斯》等可以被看作是欧洲浪漫主义的开端。"勃兰兑斯在他著名的大作《19 世纪文学主流》中，就曾把《新爱洛伊斯》称作欧洲浪漫主义的开山之作"。①

在德国，浪漫主义得到了最为强大的发展。在文学领域，歌德和席勒是古典主义的代表，但是，他们当中的很多作品却充满了浪漫主义倾向。比如，卢卡奇注意到了，席勒曾经把人的最本真的存在状态理解为"游戏"。游戏是人的一种浪漫主义的存在方式。"席勒给美学的原则下的定义为游戏的冲动（以与形式的冲动和内容的冲动相对照）。席勒对物化问题的分析和他所有的美学著作一样，都包含着极有价值的见解。正像下面所阐述的：'因为它必然一下子为了全部说出来，人只有当他在人这个词的完全意义上时，他才在游戏，而只有当他在游戏时他才是完全的人'"。② 可见，席勒对美学原则的理解本身就可以被看作是浪漫主义的典范。然而，浪漫主义与古典主义的真正分野是从 1797 年施莱格尔兄弟开始的。"施莱格尔兄弟为首的几位年轻作家聚集耶拿，创办了《雅典女神殿》这一德国浪漫派最重要的杂志，并开始了早期的浪漫主义文学创作"。③

那么，在施莱格尔那里，浪漫主义的实质是什么？主要体现在他对

---

① 黄学军：《德国古典主义与浪漫主义的分野》，《宁夏大学学报》2001 年第 1 期，第 55 页。

② 卢卡奇：《历史和阶级意识》，张西平译，重庆出版社 1989 年版，第 155 页。

③ 黄学军：《德国古典主义与浪漫主义的分野》，《宁夏大学学报》2001 年第 1 期，第 57 页。

"诗"的理解上。"浪漫诗是渐进的总汇诗，它的职责不仅在于把文艺中一切划分开的种类联合起来，把诗与哲学和雄辩术沟通，它力求而且也应该把诗和散文、天才和批评，艺术诗和自然诗时而混合起来，时而融会于一体，把诗变成生活和社会，把生活和社会变成诗"。[①] 浪漫主义表达的是心灵本身的生存活动，这种活动是从原始的直观开始的，而诗恰好最能够有力地表达这种浪漫主义心灵意境。唯有诗才能够超越具体的有限性，达到对心灵体验的直接领悟。审美活动在思维中的直接呈现就是"诗"。否则，体验在体验本身之内就是不可言说的。我们不能指望通过逻辑来把握体验本身，只有诗才能够在体验的意义上表达浪漫主义意境。

二　浪漫主义的学理本质

人的情感有两种，一种是因具体的对象而产生的情感，另一种是因为普遍性而产生的情感，比如道德感和正义感。这个问题，我们可以通过对"悲剧"的本质的理解来得到说明。悲剧所触动的就是与普遍性发生关系的情感，而不是与具体对象发生的情感。什么是悲剧？悲剧就是撞击在"绝对"上的无奈！悲剧是和"崇高"发生的否定性的肯定性关系，而喜剧则是和优美发生的直接的肯定性关系。悲剧必须和崇高发生碰撞，要达到"悲壮"而不是悲凉、悲痛等一般的悲伤。比如，小孩因为身体某部位受伤所引起的哭与因为找不到母亲的哭，不是同一个哭。前者构成了"悲伤"，而后者则构成了"悲壮"。当然，我们是从引起哭的原因对于孩子来说的。我们认为，悲壮是必须因为撞碎在普遍性和崇高上面而形成的震撼，这种悲痛超越了悲痛，或者说，可以叫做"大悲痛"。而大悲痛就不是用"哭"所能表达得了的。在这个意义上，孩子的哭永远都不能构成"大悲痛"，即悲壮。但是，对于孩子来说，母亲是孩子心灵的"绝对"，所以，孩子的这种因找不到母亲而发出的"哭"，对于孩子来说就是"悲壮"的。这里就说明了浪漫主义总是与人类的心灵相关的人的一种本真的存在方式。

那些以人本身的丰富性作为体验的展示，就构成了超越现实的一种

---

① 弗·施莱格尔：《断片集》，三联书店 1996 年版，第 72 页。

人的更加本真的情感本身的流露。所以，情感是对人说来更加与人同在的真实的存在。情感是停留在直观的层面上的，既然停留在直观层面上，本身就为浪漫主义的超现实性奠定了学理意义上的基础。任何知识，包括审美也都是从直观开始的。当然，按照谢林的说法，直观也要区分为两种，一种是感性直观，另外一种是理智的直观。后者是以情感本身为对象的直观，而感性直观则是把具体的"存在者"作为对象的直观。实际上，审美体验和审美直观，总是要开始于作为经验世界"存在者"的对象，但是，必须要回到或者终止于人本身之内的纯粹情感本身。也就是说，审美活动最终仍然是从人本身出发去体会"美"，美就是人自身的心灵的一种"体验"。在这个意义上，审美活动与认识活动具有同样的认识论结构，这就是：我们所看到的美，要依赖于对象本身，但是，最终要依赖于主体的审美体验。没有这个先验的审美体验，对象是无所谓美与不美的。审美活动与认识活动的区别在于：认识总是一种从直观开始，然后进入"逻辑"阶段，而审美则仍然是停留在体验本身之内的，审美活动是一种直观活动，并不需要一种"美学"来帮助人去学会审美。美学不是用来教人去审美的，每个人都天生就是审美者。就如同黑格尔说，逻辑学不是教人思维的一样。

既然审美活动作为一种直观的体验，就说明美本身是在心灵之内的存在，是超感性的存在。能够揭示心灵当中的这种以情感本身的丰富性为对象的审美创造活动，都应该是浪漫主义的。浪漫主义是心灵自身的创造性呈现，它最能够表达精神的自由。

第二节　青年卢卡奇艺术理论中的浪漫主义倾向

一　早期小说理论中的浪漫主义情结

在卢卡奇早年的文艺批评理论当中充满了浪漫主义情结。浪漫主义最初是在文学艺术领域中产生的，而卢卡奇早年从事的是文学批评理论研究，主要著作有《小说理论》《灵魂与形式》等。在《小说理论》的序言中，卢卡奇明确指出，他此时的小说理论还是一种"精神科学"的产物。所谓"精神科学"，一直是卢卡奇对德国古典哲学和浪漫主义哲学的一种称谓。卢卡奇的早期小说理论就是在德国的"精神科学"影响之下产生的，因而具有了和古典哲学一样的浪漫主义倾向。"我那时正处于从康德转向黑格尔的过程中，但不管怎样，我对于所谓'精神科学'方法的态度丝毫没有改变，这种态度基本上是来自于青年时代阅读荻尔泰、西美尔、韦伯著作所留下的种种印象。《小说理论》事实上就是这种精神科学倾向的一个典型产物"。① 在这部《小说理论》当中，卢卡奇表现了受黑格尔的影响而具有的浪漫主义倾向。

　　德国古典哲学可以说是浪漫主义哲学的最高成就。浪漫主义已经不单纯是文学和艺术上的一种"统一性"的流派，而且，也与以思想为对象的思辨哲学达成了一致。这样，浪漫主义就不单纯是一种艺术和文学流派，以艺术作品和文学作品的形式来表现，同时也上升为一种"思想"。按照黑格尔的说法，任何事物只有在思想中得到显现的时候，才是这个事物的成熟，因为思想能够把握到的是该事物的"本质"。这样，实际上浪漫主义作为一种哲学思想，也无非是那种对超越经验世界的形而上学世界的"先验阐明"，在文学艺术上就表现为对超越现实的精神世界的"幻想"。所以，在文学和艺术领域，浪漫主义总是与"幻想"结合在一起的。浪漫主义手法就是依靠"幻想"来展示人的对事物中的"美"的创造以及对人本身心灵世界的丰富性的展示，而这种对超越现实对象的幻想和内心感受的种种体验，在思辨哲学上就要通过"逻辑"来得到呈现，这样就形成了古典哲学。

　　从费希特开始经过谢林，到康德和黑格尔，构成了浪漫主义哲学的全部主体。实际上，浪漫主义是一种情感性的超越性存在，只能够通过诗歌等文学和艺术手段来表现，而不能用逻辑来表达。而问题是，思辨哲学在根本意义上，是从那些原始的体验和直观出发的，也就是要用逻辑来显现这些超现实的东西。在这个意义上，古典哲学家也都是形而上学的"诗人"，他们因而也都具有了浪漫主义色彩。"自康德以后，经费希特、谢林、席勒，浪漫主义作为一种哲学形态才真

---

① 《卢卡奇早期文选》（《小说理论》序言），张亮、吴勇立译，南京大学出版社2004年版，第 viii 页。

正确立起来，并'在思辨化和诗化这两个方面把它提升到了一个全新的高度"。①

关于德国思辨哲学的浪漫主义特征，主要地还与德国的整个思想状况和现实状况息息相关。因为，德国人从来都是以思想见长的一种天然的浪漫主义生存方式。当然，这种生存方式更多的时候是被称为一种"保守主义"。马克思也曾经对与德国的这种思想与现实之间强烈冲突的情况给出了精辟的概括，认为德国只具有时代的"观念的历史"，而没有真正的历史。德国的这种思想特征，决定了一开始就处在浪漫主义的起点上。应该说，法国是最现实的，而德国是最浪漫的。黑格尔哲学的革命性也就在纯粹思想领域当中被展开了。黑格尔辩证法的革命性是马克思最为赞同的。这就说明，德国哲学实际是以浪漫主义的方式来表达着更加强烈的现实主义。卢卡奇深深地得到了黑格尔的启发和影响，正是由于卢卡奇深深地受上述德国古典哲学中浪漫主义因素的影响，才形成了早期的浪漫主义的文学批评理论。

当然，在早期的《小说理论》当中，卢卡奇的浪漫主义因素也影响了他的"历史转向"。就是说，卢卡奇还停留在浪漫主义的理论状态之中，因而不能形成一种真正的"历史观念"。卢卡奇在《小说理论》序言中说："但《小说理论》的作者没有走得这么远。当时他正在寻找文学类型的一种普遍辩证法，这是历史地建筑在美学范畴和文学形式的真实本质基础上的普遍辩证法，他力求在范畴和历史之间，找到较之于他在黑格尔那里发现的更为紧密的联系；他力图理智地理解变化中的永恒，理解本质在持久合法性范围中的内在变化。但他的方法在许多方面——包括在许多非常重要的关系上——都还很抽象，脱离了具体的社会历史现实"。②

此外，在《现代戏剧史》和《心灵与形式》中也贯穿了一种浪漫主义诉求。在《现代戏剧史》中卢卡奇已经开始对工业文明和技术理性进行批判，《心灵与形式》则进一步发展了这一思想。他认为工作成

---

① 张西平：《工业文明中人的困境——卢卡奇浪漫主义哲学述评》，《中国社会科学》1998 年第 1 期。

② 《卢卡奇早期文选》（《小说理论》序言），张亮、吴勇立译，南京大学出版社 2004 年版，第 viii 页。

了生活的敌人，勤奋成了异化的根源。工作与生活是矛盾的，人们为文明的进步而努力工作，人们却忘记了本真的生活，文明成为了生活悲剧的根源。

除了早期的文学批评理论中形成了浪漫主义的美学理论之外，在《历史和阶级意识》当中，卢卡奇始终还带着这种浪漫主义倾向来理解马克思的历史辩证法，我们因此把浪漫主义理解为历史辩证法的"美学"维度。国内学者早就指出："第一个把浪漫主义引入马克思主义，并在当代西方思想中产生重大影响的是匈牙利著名哲学家 G·卢卡奇"。① 卢卡奇的这些浪漫主义因素，在《历史和阶级意识》当中主要地表现在两个方面：其一，卢卡奇通篇都是在带有黑格尔主义倾向的思维方式中来理解马克思的历史辩证法的。这个黑格尔主义传统，就决定了卢卡奇的浪漫主义倾向。其二，卢卡奇主要地批判了资本主义的物化生存方式，物化就是指人陷入了功利主义的以"谋生活动"作为全部生存活动的生存方式之中的状态。而前面我们已经分析过马克思的共产主义思想当中的浪漫主义因素，即共产主义中本身就包含形而上学的因素，这种形而上学因素，对卢卡奇来说就表现为一种浪漫主义倾向。

因而，卢卡奇也在马克思的意义上批判了物化。可以说，对物化的批判，本身就构成了卢卡奇的浪漫主义倾向。彻底超越物化的状态，只有在浪漫主义的"审美活动"中才成为可能。

二 "审美文化"的提出

卢卡奇在对马克思的历史唯物主义理解中渗透着浪漫主义倾向，实质是：形而上学的东西必须被看作是历史唯物主义解决人的问题的前提和归宿。张西平在《历史与阶级意识》的中译本序中指出："1918 年以前，卢卡奇的前期活动是以'浪漫主义的反资本主义'这一概念为标志的。在他的第一部著作《现代戏剧发展史》中，他提出了两种文化的概念，一种是'理智的文化'，一种是'审美的文化'。他以强烈的笔调指责了'理智文化'，认为它把人们完整的生活割裂开了，人成了

---

① 张西平：《工业文明中人的困境——卢卡奇浪漫主义哲学述评》，《中国社会科学》1998 年第 1 期。

碎片，人的一切都被合理化和科学化吞没了，而只有'审美文化'才能给人生意义"。① 形而上学作为对资本主义的批判，不具有直接性力量，其力量只能在文化批判的意义上展示，而作为对资本主义的现实的批判力量，当然要通过其他的"物质力量"来实现。但"审美文化"的提出，表明了卢卡奇已经站在浪漫主义的立场上来理解历史唯物主义了。

第三节　德国哲学的浪漫主义影响

一　浪漫主义进入德国哲学

浪漫主义的东西实际根源于整个理性主义哲学，在其直接性上是从黑格尔那里获得的，而从更加根本的意义上，甚至可以追溯到希腊。在资本主义的物化状态下，浪漫主义的东西一方面显得似乎软弱，但另一方面，则又显得特别的珍贵。对于卢卡奇来说，一种浪漫主义的东西不应该被忽视，这是黑格尔对马克思的影响被卢卡奇所解读出来的结果。卢卡奇以其浪漫主义倾向，在最初保持着一种人类对待资本主义的理论上的批判态度，并且把这种浪漫主义的倾向投入到他对马克思的历史唯物主义的理解之中。

前面说过，浪漫主义最初是在文学艺术领域产生的。后来，从卢梭开始，经过费希特、谢林、康德、黑格尔才逐步进入哲学。最初，浪漫主义主要体现在文学艺术领域，表现为那种通过艺术形式来表达心灵当中的超越现实而产生的那些与生命更加接近，或者作为生命本身的东西的。浪漫因此就与现实相对来被使用。后来，从诗歌、艺术领域开始进入哲学。因为任何一种被诗歌和艺术所表达的浪漫主义"对象"，也注定要在"思想"中被澄清，才能被作为一种明确的展示生命的手段加以彰显。于是，就出现了以浪漫主义为对象的思想，这也就是"思辨哲学"。可以说，在广泛的意义上，古典哲学都属于浪漫主义的。就是因为，古典哲学总是把超越有限世界的无限作为对象来给以澄明的。

---

① 卢卡奇：《历史和阶级意识》（中译本序），张西平译，重庆出版社1989年版，第4页。

黑格尔一方面具有不可忽略的积极的意义；另一方面，又与马克思的辩证法具有本质上的差别。正是在区别于黑格尔的意义上，卢卡奇指出了马克思的辩证法是历史的辩证法。"如果我们不对这种方法的奠基人黑格尔以及他和马克思的关系加以详细考虑的话，我们就不可能全面地对待具体的、历史的辩证法"。① 正是在这个意义上，卢卡奇把马克思的辩证法理解为历史辩证法。值得注意的是：卢卡奇特别指出了马克思哲学的历史性特征，历史构成了马克思辩证法的基本视阈。我们对此再进一步追问：是怎样的一种历史辩证法呢？在理解马克思的辩证法的时候，黑格尔是绝对不可以放过的。因此，黑格尔所具有的那种思辨的精神，以及对最高存在的把握的那种真理观的影响下，使得卢卡奇也在对马克思的辩证法的理解中充满了一种浪漫主义的倾向。因此，这种历史辩证法是浪漫主义的历史辩证法。这是卢卡奇在《历史和阶级意识》中的基本逻辑。

二　德国哲学中弥漫着的浪漫主义精神

德国被称之为"诗人和思想家的国度"。② 德国哲学继承了这种浪漫主义传统。从费希特一直到康德和黑格尔，都表现了一种浪漫主义精神。康德在《纯粹理性批判》和《实践理性批判》之后，写了《判断力批判》。这实质就是康德认识到了一个基本问题，即人的生存自由不能在认识活动和实践活动当中得到实现。人的自由状态也是丰富的，自由在各个层面上有不同的体现。在知识层面上，自由表现为"知识就是力量"，掌握了知识，就有了改造自然的自由。在行为层面上，自由表现为"道德"，道德是自己为自己立法，是自己规定自己，因而摆脱了外在的因果必然性，进入了自由状态。然而，自由在这两个层面中都不能被完全实现。只有在"审美活动"当中，人才真正进入了"忘我"的境界。所谓忘我，就是把自己完全投放在了美之中，这种忘我才有自由可言。康德的《判断力批判》的核心目标，可以说就是从审美活动中来寻找人的自由。但是，既然我们知道了审美活动是人实现自由的最

---

① 卢卡奇：《历史和阶级意识》，张西平译，重庆出版社1989年版，第49页。
② 卢那察尔斯基：《论文学》，人民文学出版社1978年版，第565页。

高环节，那么，为什么卢卡奇说康德作为古典哲学，仍然没有能力解决人的生存中的"二律背反"呢？原因就在于，我们的审美活动应该把谋生活动也同时包括在内。或者说，把谋生活动至少要放在作为人的审美活动的一个从属活动的地位上。人活在世界上首要的目的是审美活动，从而作为人本身而存在。而谋生活动至多应该算是从属于这种审美活动的。进一步，既然审美活动是人的生存的最高级别的活动，谋生活动就应该被纳入到审美活动之中，这将是人类的一种最理想的生存状态。那么，康德所理解的仍然是在理论内部，即在一种思辨哲学的意义上，来分析为何审美活动应该成为人的自由的最高环节，但却没有真正把人类带入一种审美境界。

马克思哲学则力图把人类的生存中的谋生活动也同样纳入到审美境界。这说明，马克思肯定不是一种纯粹的自然主义者。因此，马克思与旧唯物主义的区别也就体现在这里。即马克思仍然关注作为有审美能力的人的生存。而当卢卡奇把社会存在本体论建立在自然本体论基础上的时候，就抹杀了这一区别。"卢卡奇之失在于把自然本体论理解为社会存在本体论的基础，从而磨平了马克思哲学与旧唯物主义之间的根本差别"。① 因为，对于人说来，只有那些能够从谋生活动中体验到美和快乐的时候，这种劳动才是自由自觉的。这通常被看作是马克思的不成熟的思想。而真正说来，马克思哲学当中所具有的这种浪漫主义因素，恰好是应该被注意到的。所以，一种美学的境界应该成为人的自由的最高状态。

这样，我们一方面理解了马克思哲学中的浪漫主义因素，同时，还应该看到，作为对异化劳动的消解，实际上只能通过一种浪漫主义的审美活动才能实现。所谓自由，无非是说人在劳动中感到幸福而不是痛苦。比如，一位工匠在欣赏自己的作品的时候，他的劳动就已经具有了审美意义，而不单纯是一种谋生活动。当然，马克思当初所面临的问题主要地不能直接地通过建立一种审美活动来实现人的自由，因为首要的问题，在马克思看来仍然是现实问题。所以，马克思的主要的工作领域

① 俞吾金：《存在、自然存在和社会存在——海德格尔、卢卡奇和马克思本体论思想的比较研究》，《中国社会科学》2001 年第 2 期。

仍然是停留在现实之中的。因此，马克思通常也被理解为是"现实主义"的。但是，浪漫主义作为马克思的最高理想，也应该被纳入到共产主义这一理想的生存状态之内。

这样说来，审美活动包括两个方面，一个是纯粹的审美活动，比如音乐、绘画、文学等。但是，这种纯粹的艺术审美活动不是人类的全部活动。人类还必须要作为自然界的存在者而存活，这就需要有谋生活动。动物不需要"谋"生，因为动物直接与自然同一。而人如果不"谋"，就没有生存的希望。所以，"谋生"活动也是人类的必要活动。但是，人类的生存活动就其最高状态而言，应该是把上述两个方面统一起来的。马克思所做的工作，恰好就是要实现这种统一。浪漫主义构成了马克思成就共产主义生存理想的一个基本维度。卢卡奇看到了马克思哲学中的浪漫主义倾向，因而，在对马克思的历史辩证法的理解当中，始终贯穿着一种浪漫主义倾向。

第四节　马克思的浪漫主义倾向

众所周知，马克思的哲学首先被理解为历史唯物主义。这种唯物主义，在直接性上总是被我们认为是关于社会规律的"历史科学"。马克思本人也是抓住了经济学领域，分析了资本主义的经济规律，并在此基础上论证了共产主义的必然性。因此，马克思显然是在事实层面上建立起来的"历史科学"。我们认为，马克思哲学是揭示社会客观规律的"科学"。然而，这些是否影响了马克思的浪漫主义因素呢？马克思并不缺少对人的浪漫主义的关怀。因为人的丰富性被资本逻辑所遮蔽了，因而，马克思所说的人的全面自由发展，一定包含实现人类生存的浪漫主义维度。如果从一种文学派别的意义上看，马克思应该算是明显的"现实主义"。当然，这里，我们是用文学艺术中的学派称谓来看待马克思哲学的。如果说马克思历史唯物主义自身存在着乌托邦的根基，则卢卡奇的浪漫主义倾向就具有了合法性。但是，马克思到底如何对待和处理这种浪漫主义倾向的？这就涉及卢卡奇是否能够恰到好处地发挥了马克思的浪漫主义精神。卢卡奇认为正统的马克思主义实际就是"方法"，这里是为把浪漫主义提纯的"开脱"，还是忽略了马克思的历史性？卢卡奇抓住了历史性来理解历史唯物主义的合理性。浪漫主义并不违反历史性原则。

一　人类生存行为的两种形态

人类的生存行为，从总体上看应该分为两种：这就是谋生活动和审美活动。人类的所有行为，无非是这两种活动的具体展开和实现。这种划分，实际是符合人的本性的。人一方面作为感性世界的成员，就必须在经验世界中活动。而经验世界的活动，主要地就是为了"谋生"。这个谋生当然不是单纯的为了吃穿住而进行的生产活动，也包括以他们为最终目标的其他一切分支活动。所有这些活动，其最终不外是让人能够维持肉体的生活，以及让生活更加"幸福"。实际上，感性世界的活动都是为了一种生活的需要的满足，这些活动也正因为能够最终满足人的感性生活需要，才获得了意义。此外，除了感性活动之外，人的一切活动，都可以被归结为"审美活动"。这种审美活动实际是人的精神本身的最高环节。很多哲学家都把哲学的对象最终确定为"真、善、美"三个"本体"。而实际上，这三者之间的关系，也不是并列关系，最高的环节应该是"美"。只有在审美活动中人才能"实现"自由。马克思在《1844 年经济学哲学手稿》中早就指出："人也按照美的规律来构造"①。马克思是在分析经济活动的时候，单单指出了人的审美活动。审美活动在这里与劳动为基础的经济原则相对立被马克思所提出来，绝对不是一种偶然的列举。审美活动与经济活动并列具有必然性，因为它恰好构成了人类全部活动的两个基本方面。我们也可以认为，经济活动就是谋生活动，而所有艺术活动就是审美活动。

二　共产主义的浪漫主义特征：从谋生活动到审美活动

把谋生活动与审美活动结合起来就是共产主义。或者说，把谋生活动同时能够变成审美活动，人类才能实现自由和解放。所以，马克思的共产主义不单纯是经验世界的社会发展阶段或目标，而是贯穿着一种审美活动的要求和理想。所以马克思指出，人也按照美的规律去把握。审

---

① 马克思：《1844 年经济学哲学手稿》，人民出版社 2000 年版，第 58 页。

美活动是作为人的自由和解放的必然维度而存在的。人的存在恰好不是一种纯粹为了肉体的生活而生活的，而是为了一种审美目的而存在的。审美才是自由的。当然，为了照顾人的感性生活，必须要超出在纯粹的美学领域或者纯粹的审美活动当中确立审美自由。如果我们能在所有的与谋生有直接或者间接关系的活动中看到"美"，我们也就是在谋生的活动中体验着美，从而让这种谋生活动成为人所愿意做的自觉的行为。简单说，就是人能够在谋生的活动中找到一种"快乐"。这样，共产主义所谓的克服人的"异化"，实际就是要把谋生活动变成审美活动，并从中找到人的快乐。

所谓异化劳动，就是劳动仅仅成了"谋生手段"，即把一种人所特有的丰富性的活动，变成了单一的谋生活动，从而使人的存在由类的存在变成了动物式的单一的存在。马克思在《1844年经济学哲学手稿》中指出了在资本主义制度下，人只是作为"工人"而存在的，此外人作为"人"的其他的丰富性需要都被抹杀了。这些丰富性主要地包括人的精神性的审美需要。纯粹的谋生活动也就是异化劳动。所以，马克思指出，在资本主义状态下，工人只是在作为工人的时候才是人，此外，成了"非人"。这样，因为失去了审美维度，人的生存世界就变得冷酷无情。所有的行为都要被纳入到经济利益的尺度当中去被加以审视，人的生存活动也就仅仅剩下了冷冰冰的"计算的理性"。总之，浪漫主义应该成为共产主义的一个必要的"维度"或因素。共产主义不是一种在纯粹的谋生活动层面上的物质的极大丰富。当然，物质的极大丰富，也是共产主义的一个条件，只不过，这不能构成共产主义的唯一的条件。马克思也曾经把人的共产主义的生活看作是一种充满浪漫主义色彩的存在：白天打猎、钓鱼，晚上从事批判，这是典型的浪漫主义理想。

需要说明的是，马克思的历史唯物主义当中所蕴含的浪漫主义因素，与其中所包含的作为"历史科学"的这种现实的理论旨趣并不发生矛盾。那些建立在事实基础上的科学分析，构成了历史唯物主义当中的必要的组成部分。而马克思的历史唯物主义作为对共产主义理想的总体性探索，自然包括人类的精神性的审美需求，因此，卢卡奇从审美维度来理解历史辩证法是不无道理的。这不能影响马克思的历史唯物主义本身作为"历史科学"的一面。

第五节　"历史辩证法"中的浪漫主义思想

一　浪漫主义对经济决定论的批判

卢卡奇早期的哲学著作最有影响的就是《历史和阶级意识》，这是他对马克思主义哲学的理解。在这本书中，卢卡奇尚未完全摆脱早期思想中的浪漫主义倾向，并且把这种浪漫主义倾向投入到他对马克思历史唯物主义的理解之中。浪漫主义倾向，可以说是卢卡奇在理解马克思哲学上所具有的最大的特点，其直接性根源是黑格尔的形而上学。他特别指出是针对当时的新康德主义和实证科学主义的经验论态度。在对待马克思哲学上，第二国际曾经在"经济决定论"的意义上给以理解，这必将导致对待马克思哲学的一种经验论态度。马克思对资本主义的批判，尽管是从经济领域开始的，却不应该完全在经济学语境中来理解马克思哲学的全部。因此，浪漫主义的问题实质上直接关涉的理论问题是：马克思怎样对待形而上学？马克思有没有自己的本体论？如果有，这种本体论是怎样的本体论？马克思与黑格尔到底是怎样的关系？马克思在批判资本主义的整个活动中，到底有没有对人性论上的超验性东西的"寄托"？同时，我们还必须看到，卢卡奇的这种浪漫主义倾向，在当时的共产主义运动中，即在强大的现实革命运动中显得有些唯心主义所具有的缺陷。因此，在如何对待形而上学的态度上，又不能忽视企图通过形而上学的理论来解决无产阶级的革命问题。我们认为，没有形而上学不可以，但是，企图单纯在理论上解决对资本主义的批判也是不可取的。这种理论的态度正是被马克思当作"理论上的人道主义"所批判的东西。在这个意义上，我们同样不能忽视浪漫主义对经济决定论的批判。浪漫主义所承诺的对形而上学问题的回应，是超出"经济决定论"所讨论的范围的。

二　卢卡奇对恩格斯实践概念的反驳及其浪漫主义因素

卢卡奇总是带着一种浪漫主义倾向和对形而上学的眷恋来参与革命

环境中的各种理论的建立。我们一方面不能指认这种浪漫主义倾向是完全没有道理的，另一方面，又要看到，他本人也对当初的思辨的唯心论倾向有所反省。在对待实践概念的理解上，卢卡奇曾经对恩格斯关于实践概念的理解提出过反对意见。其中争论的焦点就在于："恩格斯期待从实验和工业中找出实践是检验真理的标准的典型事例"。① 争论的问题，实质上无非是说，实践到底有没有人的主观性东西在其中，有没有纯粹的实践，对此，卢卡奇持反对意见。他反驳恩格斯把实践看作是纯粹的东西的观点，显然，是出于一种浪漫主义的观念。在这其中，总是有更加深厚的形而上学底蕴渗透到对人的活动的理解。

　　实践因此显得没有纯粹的经验性活动那么简单了。卢卡奇所依靠的理论背景实质是康德的认识论原理。康德在《纯粹理性批判》中曾经指出，认识只能认识经验界的对象，认识只在经验界才有效。而认识的对象，尽管指向"物"，但却只能认识"物"的现象，这就是康德的经验论立场。至于物本身，则不能被我们的经验感官所把握，这就是康德的"物自体不可知"理论。如果在反思的维度来理解实践，实践是在人的价值判断中才成为可能的。因此，实践不单纯包括一种经验的思维，用知性思维把握对象，而且还包括人的主观的价值评价在其中。而对于后者来说，实践本身似乎是"沉默"的，它需要主体在反思的形而上学领域中为它确立存在论根据。这显然需要一种浪漫主义作为价值观的最高支撑。在此意义上，卢卡奇对实践概念采取了一种思辨的态度是有其合理性的。他总是企图从实践的直接事态中看到某种人性论基础上的东西，从而更加深刻地理解人、理解资本主义制度下的人本身所经历的异化。所以，他甚至反对恩格斯对待"实践"概念的观点。他指出，恩格斯的理论的观点并不完全，因为他忽略了这样一个情况，即实践的范围在继续不改变它的基本结构的情况下已变得比劳动来说更加广阔、更加复杂和以更多的事物为中介了。

　　显然，卢卡奇比较委婉地认为实践并非单纯地指"劳动"，而是指比劳动更加广阔、更加复杂的东西，而且我们看到，卢卡奇在这里提出了"中介"概念。中介的概念实际上就是黑格尔辩证法中的概念。中

---

① 卢卡奇：《历史和阶级意识》，张西平译，重庆出版社1989年版，第23页。

介也无非是说，具有或者获得了其自身本质的那种存在者而言，显然，是指包括对实践反思的价值维度在内了，价值的存在就是"中介"的存在。当我们说实践中的价值的东西显现出来的时候，此时的实践已经不再是最初的"直接性的事态"了，而是"中介了的存在"。这种中介了的实践概念，正是卢卡奇所要强调的东西。所以，他站在康德的立场上，对恩格斯的实践观点提出了反驳："根据这个理由，那种仅仅是生产一个对象的活动，的确会成为一个理论假设做出直接地正确认识的基础。在这个范围内，它可以成为对检验理论假设正确与否的标准。然而，恩格斯强加在这种直接实践上的使命，远未解决康德的'不可捉摸的自在之物'的理论。因为劳动本身很容易保持在纯粹操作的水平上，这样它就自觉不自觉地回避了'自在之物'的问题，并且全部或是部分地忽略了它"。[①]

值得注意的是，卢卡奇明确指出劳动本身很容易保持在"纯粹操作的水平"。这意味着，以劳动为基本范型的实践仅仅是经验的感性活动而已，所谓"纯粹操作的水平"就是指实践的这种感性特征。它不能自己呈现人的思想，因为思想即对实践本身的认识，还需要理性自身的建构。这样，在康德思想的启发下，卢卡奇把直接事态的实践看作是现象界的活动而已，作为实践本身还需要在浪漫主义的思辨理论中给予理解。我们必须挖掘实践作为感性活动其背后的"物自体"，掌握了物自体，才是对实践的真正的理解。这里根本问题就是思维方式上的差别。恩格斯是用自然科学的思维方式来理解实践概念的，因而把实践与"实验"相互对比来解释。而卢卡奇则是在反思的思维方式中理解实践，因而，他所理解的实践总是被浪漫主义所"污染"的实践。说到底，还是一种黑格尔思辨哲学的思维方式在起作用。

卢卡奇对待实践的这种浪漫主义态度，实际是对人类本质的反思，结果都要向这个不确定的物自体世界寻找根据。马克思的历史唯物主义首先就是一种"历史进化论"的观念，这种历史进化论的观念就不是单纯的自然规律的社会历史观。换句话说，不能用因果的自然规律来解释人类的实践活动。因此，人类社会的规律也不同于自然规律。在这个

---

① 卢卡奇：《历史和阶级意识》，张西平译，重庆出版社1989年版，第23页。

意义上，康德认为，人是按照自由的原则来行为的。他在《实践理性批判》中指出："所以道德律仅仅表达了纯粹实践理性的自律，亦即自由的自律"。① 而自由的最高境界就是审美的浪漫主义活动。这些思想毫无疑问都对卢卡奇产生了很深的影响。

三　作为"道德乌托邦"的浪漫主义

卢卡奇在 1967 年的新版序言中，还是不情愿地指出在《历史与阶级意识》写作的最初那种思想上的矛盾状况的孰是孰非。他甚至对自己的过去的思想给予充分的肯定和赞扬：今天，在几乎半个世纪以后，相对来说，我惊奇地发现那时我自己的活动是多么富有成效啊！这其中卢卡奇特意指出：这些思想主要体现在《什么是正统的马克思主义？》和《历史唯物主义职能的变化》两篇论文当中。这两篇文章后来被收入了《历史与阶级意识》之中，显然在一定意义上承载着卢卡奇当年的充满道德乌托邦主义思想的浪漫主义倾向。为什么说浪漫主义倾向贯穿卢卡奇思想的整个过程之中？或许在这一序言中更加明显地说明了这一点。在几乎半个世纪的时间里，卢卡奇并没有抛弃道德乌托邦的浪漫主义倾向。如果说后来完全摆脱了浪漫主义倾向，显然不应该高度赞扬那些道德乌托邦的思想，相反，这些东西作为一种深刻的反对资本主义的形而上学力量，始终伴随着卢卡奇。尽管他自认为接受了一种真正的马克思主义哲学，却也不愿意简单地把"道德乌托邦"的东西完全作为否定性的东西排除掉。"现在，当回顾过去的时候，我从黑格尔那里获得的道德唯心主义，它浪漫的反对资本主义的弦外之音对于我认识这场危机以后的世界形势的确给了一些实际的帮助"。② 显然，卢卡奇直到 60 年代还没有否定当初在黑格尔那里吸收来的浪漫主义倾向的积极意义。这种浪漫主义无论如何是具有积极意义的，因为它与思想的另一个端点仅仅纠缠在一起，二者并非是"泾渭分明"的。就是说，人本来就是要从形而上学那里获得存在的根据的，因此，卢卡奇的这种思想上的"两重性"，是根源于人的本质的两重性的。

---

① 康德：《实践理性批判》，邓晓芒译，人民出版社 2003 年版，第 44 页。
② 卢卡奇：《历史和阶级意识》，张西平译，重庆出版社 1989 年版，第 14 页。

即便在卢卡奇移居维也纳时期，似乎思想也没有发生根本性的转变。这一时期，他有机会接触列宁的理论。列宁理论的出现或许对于他走出道德乌托邦具有很大的启发，但却没有最终使他摆脱浪漫主义的倾向，此时仍然陷入思想的"悬而未决的两重性"。正如他自己对这种状况所解释的那样："这部分是由于在原则上，还尚未发现一个正确的方法，从而去解决机会主义者所犯下的灾难性的错误，例如，他们纯粹按照社会民主党的办法反对解决农业问题。部分是由于在文化政治领域中，我还对抽象的道德乌托邦主义有一种思想上的偏爱"。① 应该说，道德乌托邦主义，是卢卡奇早期浪漫主义倾向的集中表现。

对于卢卡奇来说，这种道德乌托邦的浪漫主义倾向是他对革命充满信心的原始力量。尽管他也要参与当时现实领域中的"直接事态"之中，但不能被这种经验主义的态度所束缚。在这种浪漫主义的鼓舞下，卢卡奇在当时革命环境中坚持的是"革命救世主义"的主观主义观念，这似乎使他与现实拉开了距离。他总是从经验的直接事态中寻找人类性的、普遍性问题，这就是从那种浪漫主义中寻求对现实事态的更加深层的解释，应该说具有积极的意义。对于人类命运的总体性思考，尽管容易被理解为软弱无力的道德乌托邦，却也不能因此失去它自身的力量。所以，卢卡奇坚持"如果我想得出一个原则上正确的决定，那就不能只停留在对直接事态的认识。我就必须去寻找造成这种形式的那些经常被掩盖起来的中介，最重要的是，我要努力去预测那种从它之中可能产生结果并影响未来实践的因素"。② 这里，我们进一步接触到了卢卡奇思想的深层矛盾：一方面不得不从实际出发，考虑与救世主义相背的观点，另一方面，又无法回避思想深处浪漫主义倾向的道德乌托邦。这种矛盾逐渐在加深，不得不面向生活本身，这正是《历史与阶级意识》诞生的基本思想状况。

四　"科学主义"批判中的浪漫主义因素

正是在这种浪漫主义倾向指导下，卢卡奇进一步批评了"新实证主

---

① 卢卡奇：《历史和阶级意识》，张西平译，重庆出版社 1989 年版，第 16 页。
② 同上书，第 18 页。

义"的观点。可以说，恩格斯的观点为新实证主义奠定了理论上的基础。新实证主义的基本理论与恩格斯的观点有着一致性。新实证主义实际是立足于"科学主义"来确立自己的世界观的。科学主义的世界观就是用科学的实证态度对待事物。"我们今天的实证主义企图将所有关于现实的问题（自在之物）从科学的范围内清除出去，它们把所有'自在之物'的问题作为'伪科学'加以拒绝，而同时，它们又承认了技术和科学的所有结论的有效性"。① 在卢卡奇看来，自在之物的问题被科学主义取消了，而这实际是个真实问题。因为自在之物的问题本来就在"科学"之外而在哲学之内。在这个意义上，我们认为卢卡奇对恩格斯的反对是有根据的。无论是实践，还是实验，都存在这种自在之物的问题。卢卡奇把被科学主义所理解的"劳动"与"实验"相互比较，说明了就实践为直接性事态而言，它与实验都属于纯粹的没有主观参与的东西。因为实验就是人为地创造一种环境，让事实在这种条件下自己"纯粹"地发生。卢卡奇认为，因为实验就是创造了一种条件，在这种条件下自然的力量在观察下能够"纯粹"地发挥作用，也就是说在没有外在的干涉或主观的错误影响下发挥作用。显然，科学主义的态度就是企图通过"观察"发现纯粹的事实本身。但是，现象学或者解释学都认为，这种观察不可能没有主观因素参与其中，这即是"观察渗透理论"。而且，这还是在知性的意义上说的，更何况在超出知性进入思辨理性后，认识论的问题就越发显得复杂。

到这里，我们进一步清楚了卢卡奇浪漫主义思想。实践实际上不能被归结为单纯的任何一方面，如果把实践等同于实验这种"纯粹的实践"，或者把实践看作是"纯粹的思辨"，这两种完全对立的观点都是不正确的。社会历史既是一种如同恩格斯所说的"自然历史过程"，同时也是人的有目的和价值参与的主体选择结果。我们不能认为实践基础上的工业在历史的和辩证的意义上只是社会自然的规律的客体而不是主体，而应该是主体和客体两者的统一。卢卡奇在这里实际是为后者进行辩护，从而批判单纯从恩格斯立场出发得出的科学主义的结论。

---

① 卢卡奇：《历史和阶级意识》，张西平译，重庆出版社1989年版，第24页。

第六节　卢卡奇早期浪漫主义评价

一　浪漫主义作为"潜在"着的本体论

卢卡奇在 1967 年的序言中对自己的反思批判应该是客观的。在后期的《社会存在本体论》中，卢卡奇致力于一种对马克思哲学所进行的本体论层面的思考。实际上，关于一种本体论的思想，卢卡奇并非是晚年才形成。《历史与阶级意识》中的浪漫主义倾向就是一种潜在着的本体论。此时，他是借助于"总体性"范畴来说明一个社会存在的本体论问题。但是，这种浪漫主义倾向十分激进，以至于卢卡奇不能把人类社会历史与自然历史一同看作是马克思哲学的"本体论基础"。因此，卢卡奇早期的历史唯物主义解读是立足于浪漫主义基础之上的。与前面提到的他对实践态度的理解相关，卢卡奇对历史的理解也是基于浪漫主义基础的。显然，他企图通过一种形而上学的反思活动来确立一种马克思哲学的解读路向。历史在他看来仅仅是指人类社会的历史而不包括"自然史"。这一点在后期的《本体论》写作的时候发生了根本性的改变。此时，卢卡奇才从马克思的《德意志意识形态》中找到马克思对历史范畴的理解，这一理解具有双重性意义：既包括人类史，同时也包括自然史。可以说，这种对待历史的态度，才符合马克思哲学的"本体论基础"。

所以，在 1967 年序言中，卢卡奇承认了当初他对历史的理解是存在问题的："它们动摇了马克思主义本体论的基础。我说的是这样一种倾向，它认为马克思主义只是作为一种关于社会的理论，关于社会的哲学，从而忽略和否定了它关于自然的理论"。① 在这个意义上，"无论卢卡奇在当时是否充分地意识到这一点，也无论他在问题的提法上是否存在什么策略考虑，《历史与阶级意识》的核心问题实际上是存在论的基础问题"。②

---

① 卢卡奇：《历史和阶级意识》，张西平译，重庆出版社 1989 年版，第 20 页。
② 吴晓明：《卢卡奇的存在论视域及其批判——〈历史与阶级意识〉的黑格尔主义定向》，《云南大学学报》第 2 卷第 1 期，第 19 页。

　　他甚至认为，只有对人类社会问题的思考才是哲学认识的。这本书的全部中心点就在于说明只有对社会和生活在其中的人的认识才和哲学有关联。这就是当时在浪漫主义倾向下，卢卡奇对马克思历史唯物主义的一种黑格尔主义的解读。事实上，对马克思哲学中唯物主义因素的肯定，应该回到真正的历史要素——劳动中来获得。所以，卢卡奇后来才抓住劳动范畴来理解历史唯物主义中的本体论问题的。卢卡奇当时的主要目标是为了反对"自然主义"的实证主义，或者说，是反对那种"机械唯物主义"。所以，他以其浪漫主义倾向对抗着那种自然主义和机械唯物主义，应该说，这是马克思哲学作为解决"人"的问题的主要本体论基础。浪漫主义所关注的就是人的问题。这种浪漫主义直到后期卢卡奇仍然是给予肯定的，并且直接发挥成为"社会存在本体论"。

　　可以说，"社会存在本体论"是卢卡奇晚年重新确立早年受到指责的浪漫主义倾向的重建。他甚至指出："一方面，任何一个马克思著作的公正读者都必然会觉察到，如果对马克思所有具体的论述都给予正确的理解，而不带通常那种偏见的话，他的这些论述在最终的意义上都是直接关于存在的论述，即它们都是纯粹是本体论的"。① 显然，卢卡奇自身的逻辑难题是：怎样理解马克思的"存在"，从而既不陷入浪漫主义的主观主义，同时又不同于实证主义的经验论立场？社会存在，一方面不是那种现实的直接显现，同时也不是单纯的逻辑意义上的存在，而是两者的统一，这是卢卡奇对存在的理解。当然，这里也存在另外一个问题，就是，卢卡奇在后来的《关于社会存在的本体论》一书中，对"社会存在"的理解，是否完全符合了这种浪漫主义倾向？当他把"社会存在"的基础仍然指认为一种"自然存在"的时候，似乎又回到了旧唯物主义的框架之中了。这应该说是卢卡奇的浪漫主义因素的不彻底性所在。"他不是把社会存在本体论作为他全部思考的基础，反而强调社会存在本体论的基础仍然是自然（存在）本体论，这就退回到旧唯物主义的立场上去了"。② 当然，后期这种对浪漫主义因素贯彻的不彻底性，使他对马克思的历史唯物主义的理解更加全面，并且在一定程度

---

　　① 卢卡奇：《关于社会存在的本体论》，白锡坤、张西平、李秋零等译，重庆出版社1993年版，第637页。

　　② 俞吾金：《存在、自然存在和社会存在》，《中国社会科学》2001年第2期，第59页。

上克服了浪漫主义所带来的弊端。

二　浪漫主义思想所存在的不符合马克思哲学的地方

这种浪漫主义倾向的过分发展，取代了当时对资本主义条件下社会经济生活现实的批判，而这种对资本主义经济生活的批判，恰好是马克思哲学的努力方向。马克思在《1844 年经济学哲学手稿》时期就开始注意政治经济学的问题，这是批判资本主义的最为直接的领域。感性世界的异化必须首先从"吃、穿、住"的实际生活开始。所以，马克思在《1844 年经济学哲学手稿》中强调，必须从"经济事实"本身出发。其实，这正好是马克思超越单纯的唯心论的地方所在。所以，当我们说马克思从思辨哲学转向经济学的批判的时候，这到底意味着他怎样对待那种来自人性深处的形而上学？卢卡奇自己承认了他在经济学面前的却步，这可能是他对浪漫主义倾向的一种客观的认识，这种认识使他与马克思哲学的基本关系更加显得清楚明白。正如他自己所说："在我的书中，这种对马克思主义的偏离对我的经济学观点产生了直接的影响，造成了根本性的混乱。因为毫无疑问，经济的情况肯定是决定性的因素。的确，我打算根据他们和经济基础的关系来解释所有意识形态的现象，但尽管如此，我对经济的理解太狭隘。因为，劳动这个作为自然和社会之间新陈代谢相互作用的中介，这个马克思主义的基本范畴被我忽略了"。①

卢卡奇的本意是积极的。由于对经济事实没有给予足够的重视，使得他的思想始终没有进入马克思哲学的根本视野。浪漫主义倾向作为一般的形而上学力量是具有合法性的，问题是，在具体的资本主义现实面前，对于人类的命运还要从实际出发。卢卡奇总是因为对"总体性"的寻求而忽略对现实的考察，这一点就决定他不能进入马克思哲学的思想视野。马克思则直接转入了对经济学的研究。卢卡奇反对"经济决定论"是有道理的，这是为他内心深处的浪漫主义辩护，但同时却自己也认识到了这一缺少经济学视野所导致的对马克思哲学的"偏离"。用他的话说："这意味着马克思主义世界观中最重要的基本支柱消失了，并

---

① 卢卡奇：《历史和阶级意识》，张西平译，重庆出版社 1989 年版，第 21 页。

且以尽可能激进的方式去推演马克思主义的最基本的革命内容的这种尝试也丧失了它的真正经济基础"。①

三　浪漫主义影响下对实践概念的误解

对于实践概念的理解方面，同样能看到卢卡奇的浪漫主义倾向。对于实践概念的评价时，他自己指出："这样的实践概念与共产主义左派中救世主义的乌托邦主义联系远远大于真正马克思主义学说的联系。"显然，实践概念仍然充满了乌托邦的浪漫主义倾向。其实，这种对待实践概念的态度，马克思早就通过对费尔巴哈的批判而指出了其中的实质。这种实践尽管在理论上不断地说明实践，却也仍然是一种唯心主义的。就如同阿尔都塞在分析马克思对费尔巴哈的批判所指出的那样：尽管高喊实践、实践，但仍然是非实践的观念。卢卡奇也同样可以被看作是一种"理论的实践"观念。这种实践概念，仍然不免"堕入唯心主义的思辨之中"。但是，可贵的是，卢卡奇毕竟自己注意到了他自己对实践概念所存在的思辨哲学的偏见，这正是从列宁那里得到说明的。因为，卢卡奇是通过企图确立一种"无产阶级的阶级意识"来显现他的道德乌托邦原型的。这样，就在思辨中展开了对阶级意识的构造活动。而真正的阶级意识问题，却恰好被列宁以真正的实践态度确立起来了。因此，卢卡奇说："我主观上曾打算做的事情，列宁已经作为一个真正的马克思主义者对实际运动分析的结果而达到了，但在我的描述中，却被转变成了纯粹理性的结果，成了某种思辨的东西"。②

值得我们思考的是，在理解马克思的实践范畴的时候，我们往往更加注重的是实践作为感性活动的方面。这当然不错，实践自身主要包括的就是人的感性活动。但是，如果说人的存在方式是实践的话，却绝对不能凭借这一点就足以说明问题。实践作为感性的物质活动，其中表明了人与动物的生存方式的差别，这是毫无疑问的。但是，当我们说马克思的哲学是一种唯物主义，或者说是"实践唯物主义"的时候，这种唯物主义是什么意思呢？是说实践活动是以"物质"为其基本特征的

---

① 卢卡奇：《历史和阶级意识》，张西平译，重庆出版社1989年版，第21页。
② 同上书，第23页。

吗？就如同在一种"物质本体论"的观念下，理解人的活动也完全从
"物质第一性"的机械唯物论出发，因此也认为，实践是"物质"的？
实践作为人与动物的差别，其最根本的特性不应该从"物质第一性"
的角度来理解。否则的话，岂不是认为动物也是"唯物主义"？显然，
这个唯物主义对人说来没有什么意义。就是说，当我们说实践是物质的
时候，我们实际是说出了人的存在方式的"感性"特征。这样，我们
的问题是，实践活动中有没有人的理性的东西在里面？显然应该存在，
否则，人的活动就不成其为"人"的活动了。这正是浪漫主义视野下
的对实践的理解。

　　这样，在实践活动中有人的意识参加，这种在意识支配下的实践，
就不应该用所谓的唯物或者唯心的尺度来衡量。正如高清海教授所指出
的，应该被理解为："实践观点的思维方式"。① 它超越了唯物和唯心的
对立。因此，我们认为"实践超越论"是对实践范畴更加本真的理解。
这个问题也正好是卢卡奇所面对的根本问题。诚然，我们不应该堕入到
思辨哲学的境域之中，但却也不应该陷入没有反思的对实践概念的直接
性理解。对此，卢卡奇指出了由于恩格斯的偏见，把实践概念弄得失去
了人所特有的超验性维度的理论原因。其实，说到底，实践的东西到底
是蕴涵着人的意识在其中的。实践看起来是物质活动，它以物质世界作
为自己的对象，并通过物质手段实现活动，但这都没有说出实践的形而
上学的意义。作为人的活动，其中所蕴涵的价值性思考毕竟应该作为实
践活动的内在根据。比如，对于实践活动我们总是要给出某种"评
价"，并且，我们总是力图让这种评价更加"客观"一些。由此出现的
问题是：实践到底有没有主观因素，或者说，作为主观形态的"客观思
想"在其中？如果有，那么，对实践概念的理解显然就会处在浪漫主义
境界之中。

　　现在以卢卡奇在 1967 年序言中，通过对《历史与阶级意识》以后
的几篇论文的评价，来分析他的浪漫主义思想状况。这些状况大致可以
认为是卢卡奇在《历史与阶级意识》以后的 10 年里对浪漫主义倾向的

---

　　① 　参见《高清海哲学文存》（1 卷），吉林人民出版社 1997 年版，第 123 页。其中"实
践观点作为新思维方式的意义"一文对此做了详细论述。

努力回避。这种回避，是从对经济问题的觉醒开始的。经济问题把卢卡奇从浪漫主义的主观救世主义和乌托邦主义中摆脱出来了。因此，这一时期，把对"经济问题"的哲学研究作为主要的目标，同时更加注意对唯心论因素的批判，从而显得更加符合马克思历史唯物主义基本原则，是这一期间的基本的理论倾向。

第一，通过对列宁的评论文章，改变了《历史与阶级意识》中对实践概念的理解。在《历史与阶级意识》中，卢卡奇就曾经被列宁的那种真正的实践的态度所打动。由于缺少真正的实践态度，"堕入到了唯心主义的思辨之中"。因此，由于没有正确的实践概念。与此相关，"经济问题"、劳动范畴当然也就自然在他的考虑之外了。相反，他从"总体性"范畴出发，以此来取代经济问题的基础性地位。他认为，马克思主义和资产阶级科学之间在历史的解释中所构成的决定性的区别，不是经济动机的首要性观点，而是总体性观点。因此，在《历史与阶级意识》中，卢卡奇确实由于浪漫主义的道德乌托邦陷入了费希特式的主观唯心主义。列宁逝世后，当卢卡奇被邀请写一篇对列宁的评论性文章的时候，又一次有机会思考列宁对他的深刻影响了。在对列宁的描述中，他指出："他的理论的实力来源于这样的事实：不管怎样抽象的概念，他总是从人类实践的角度来考察它的含义。同样的，就每一次行动来说（他始终在行动着），它们都是基于对相关形势的具体分析上。……他是一个深刻的实践家，是一个热情地把理论转变为实践的人，是一个总是把他敏锐的观察力集中在那些理论变为实践、实践变为理论的关节点上的人"。[①]

可见，卢卡奇对列宁的赞赏中，已经同时隐含着他自己对待实践态度上的转变了。可以说，列宁在卢卡奇思想中的地位，始终是以一种真实的实践态度影响着他的理论。这次对列宁的回忆，确实重新使卢卡奇对实践概念有了新的认识，他自己也认为是一个"进步"。

第二，在对布哈林的书评中，卢卡奇重新思考了经济问题的重要性，并且将经济问题与科学技术问题以及它们在社会发展中的作用进行了分析。卢卡奇认为这篇书评的最可贵之处在于使他的关于经济的思想

---

①　卢卡奇：《历史和阶级意识》，张西平译，重庆出版社1989年版，第38页。

具体化了。卢卡奇对当时庸俗的唯物主义的共产主义者，以及实证主义者进行了批判。在他们看来，技术是客观上决定生产力发展进步的原则。对此，卢卡奇站在经济决定的立场上提出了批判："同《历史与阶级意识》的大部分内容相比，这次的批判不仅是在更具体的历史水平上取得了进步，而且我也很少使用唯意志论的思想上的筹码同这种机械主义的宿命论相对抗。我试图论经济的力量决定着社会发展的过程，因而也同样决定着技术的发展过程"。① 这似乎对早年对经济问题的忽略有所认识。

第三，在拉萨尔的信札和赫斯的书评中，卢卡奇也渗透了同样的观点。在上述两个书评中，更加值得注意的问题是，卢卡奇实际上是通过对经济问题的重视，承认了自己的浪漫主义倾向的哲学基础，并且从马克思对拉萨尔批判中得到了很大启发。其实，这主要是说，在一种经济问题的视角中，卢卡奇把自己与拉萨尔以及马克思所说的自认为超越黑格尔的"自命不凡"的思想家们，统统都放在了费希特的主观唯心主义哲学基础之上了。这是卢卡奇对自己浪漫主义倾向的哲学基础的自觉。在这一点上，卢卡奇进一步指出：费希特哲学甚至还不如黑格尔的客观唯心主义哲学走得更远一些。因为毕竟黑格尔哲学"具有更多的历史的和社会的中介因素，它产生了一切。因此，它和只朝着将来的费希特哲学方式相比，就更具有现实性和更少于抽象思辨的结构"。②

第四，在对赫斯的批判中，卢卡奇最重要的理论成果就在于，他从黑格尔那里又得到了一种有关"经济和社会辩证法中世俗内容"的东西。此时，卢卡奇的历史辩证法似乎有了一点改观，即把以经济为基础的世俗的东西加入到了历史辩证法之中，从而使辩证法向着立足于经济基础的方向前进了一步。这一理论发现的结果促使卢卡奇开始对马克思的《政治经济学批判》的关注。"这种思想的最重要方面是：它最大限度地表现出了这样一种要求：要求一种新的批判，这种批判已经清楚地找到了一个直接同马克思的《政治经济学批判》的联系"。③ 能够从马克思的《政治经济学批判》入手来阐明历史辩证法，是卢卡奇的又一

---

① 卢卡奇：《历史和阶级意识》，张西平译，重庆出版社1989年版，第39页。
② 同上书，第40页。
③ 同上书，第42页。

理论上的进步。这毫无疑问会进一步影响他的浪漫主义情节。我们最重要的发现是：卢卡奇以经济基础为突破，开始改变了历史辩证法原来的充满浪漫主义情节的面貌。这一点可以从卢卡奇开始试图从经济学与辩证法之间的关系来理解历史辩证法的观点中得到说明。"一旦我对原先在《历史与阶级意识》中的全部探索的错误获得了一种确定的和根本的认识，这种研究就变成了对经济和辩证法两者之间哲学联系进行调查的计划"。① 在浪漫主义基础上的历史辩证法，实际是在反思的意义上指出人类历史在资本主义阶段，怎样通过无产阶级的自我创造，来实现理想的人类生存的辩证逻辑。这是在哲学的意义上，带着对乌托邦的向往来建构的历史辩证法。而现在，在经济意识的觉醒以后，这种历史辩证法从纯粹浪漫主义哲学转向了以经济为基础的对现实的批判，这构成了卢卡奇早期历史唯物主义思想上的转变。

第五，最后一个最有影响的思想转变的力量，来自马克思的《1844年经济学哲学手稿》。这一手稿的发现，明确地向卢卡奇敞开了本真的马克思的历史唯物主义语境。马克思如此重视对资本主义的异化劳动的分析，这使得卢卡奇从浪漫主义的意境中清醒过来，以至于卢卡奇说："阅读马克思手稿的过程中，《历史与阶级意识》的所有唯心主义都被抛到了一边。毫无疑问，我应该从我已经看过的马克思的著作中发现那种和经济学哲学手稿相类似的对我产生极大影响的思想"。② 然而，值得注意的是：根源于思想深处的东西，似乎是思想的原始的"纯思"部分，这种原始的东西很难被真正地改变。因此，卢卡奇对自己的观点的所有自我批评，都不应该轻易地以他自己的说法为标准。因为那是时代的压力下，有时候不得不做出"违心"的承认。这种最深层的东西即一种浪漫主义的情节。作为反思的哲学，浪漫主义始终在卢卡奇的思想深处闪烁着火花。因此，在1967年的序言结尾，卢卡奇又重新提出了他自己的伟大的重新理解马克思哲学的设想，即"有必要在辩证唯物主义的基础上建立起一个美学体系。"而且，卢卡奇很清楚地指出，仍然是针对在《历史与阶级意识》中提到的自然主义而言的。从美学的

---

① 卢卡奇：《历史和阶级意识》，张西平译，重庆出版社1989年版，第42页。
② 同上。

意义上理解马克思，无论如何都不应该排除这种根深蒂固的浪漫主义乌托邦情节。可见，对于卢卡奇来说，这种浪漫主义的哲学，几乎很难从他的思想中消逝。在后来的《关于社会存在的本体论》中仍然能够见到这种思想的影响。对于卢卡奇来说，始终伴随其终生的思想都浸透着这种浪漫主义倾向，带着这种倾向来理解马克思哲学，构成了卢卡奇的基本特点。

第六章

作为历史辩证法的历史唯物主义的功能

历史唯物主义通常被作为一种"历史科学"来看待的。通常认为，历史唯物主义是马克思对社会历史的科学认识，因此，它仅仅被看做是马克思所创立的一种特殊的"理论"。但是，青年卢卡奇在《历史与阶级意识》一书当中专门提到了历史唯物主义，而他所强调的，恰恰不是作为一种科学理论的历史唯物主义，也就是说，那种仅仅被当做一种认识社会历史的科学方法论而存在的历史唯物主义。卢卡奇所强调的却是被后来学者所忽视的，也是被他所处时代的各种马克思主义思潮争论所忽视的一个问题，这就是关于历史唯物主义作为一种无产阶级解放人类、通向自由王国的共产主义社会所必须使用的一种"武器"。正是在这个意义上，卢卡奇明确提出了"历史唯物主义功能变化"的命题，其深意就在于：历史唯物主义不仅仅是一种认识社会历史的"科学方法论"，而且更重要的是批判资本主义、通过暴力革命来实现共产主义的意识形态"武器"。所以，卢卡奇在这篇文章中，开篇就指出："无产阶级取得的胜利给无产阶级提出了一个不言而喻的任务，就是把它至今用以坚持阶级斗争的武器弄得尽可能地完善。在这些武器中，历史唯物主义自然名列前茅"。① 可见，卢卡奇在这篇文章中，开门见山地提出了历史唯物主义的本质问题，因此，这是历史唯物主义所具有的更加重要的意义。

---

① 卢卡奇：《历史与阶级意识》，杜章智等译，商务印书馆1999年版，第357页。

第一节　历史唯物主义作为一种认识
社会历史的科学方法论

毋庸置疑，历史唯物主义首先是一种由马克思和恩格斯所开创的认识人类社会历史的科学方法论，在这个意义上，它理应被看做是一门"历史科学"。马克思和恩格斯在《德意志意识形态》当中就明确指出，"我们仅仅知道一门唯一的科学，即历史科学"。① 《德意志意识形态》是马克思和恩格斯创立历史唯物主义的代表作，历史唯物主义作为一门科学，首次在《德意志意识形态》中获得了详细的阐明，因此，这部著作一直被学界视为"历史唯物主义的正式创立"的荣誉。正是在这部著作当中，马克思和恩格斯把社会历史发展的规律揭示出来了，因此，历史唯物主义就变成了全部马克思理论的科学典范之作。

一　历史唯物主义是一门历史科学

以往学术界把历史唯物主义简要地概括为"历史观"，并在传统教科书体系当中，把历史唯物主义列为其中的一个部分，这就是和"世界观"、"辩证法"、"认识论"共同构成的所谓的"四大块"的"历史观"。并且，历史观通常都被看做是"世界观"在人类社会历史中的运用。这种理解从根本上来说，遗忘了马克思和恩格斯创立历史唯物主义的一个最根本的意图，这就是：要想把共产主义变成一种具有必然性的社会现实形态，仅仅有哲学所提供的"世界观"、"历史观"是不够的，它必须要诉诸一种具有揭示社会历史发展规律的"历史科学"才是可能的。所以，马克思创立历史唯物主义的本意，首先就是要把社会历史发展问题，提升为一门历史科学，这样，我们才能够找到共产主义的必然规律。因此，按照马克思和恩格斯的这一设想，历史唯物主义首先应该是作为一门"历史科学"被创立的，而不仅仅是一种历史观。于是，我们看见，恩格斯后来还特意专门撰写了《社会主义从空想到科学》一文，这也进一步证明了马克思和恩格斯创立历史唯物主义的本来

① 《马克思恩格斯选集》（第 1 卷），人民出版社 1995 年版，第 66 页。

意图。

那么，历史唯物主义为什么能够作为一门科学而存在呢？显然，"科学"所针对的就是"空想"，或者在自然科学中所提出的"假说"。当一种观点不能通过科学得到论证，这一论点在理论上还只能作为空想或假说而存在。比如拿共产主义来说，如果不能在历史科学当中得出它的必然性，我们就不能把共产主义当做一种未来社会形态的有确定性的事实在对待，而只能是一种空想或假说。这是科学之为科学所固有的本性。这一点也恰好把马克思和恩格斯关于未来社会的设想，与此前以往的对人类社会理想形态的构想区别开来了。诸如在"乌托邦"、"太阳城"、"基督城"以及近代法国的"空想社会主义"当中，缺少的恰好就是马克思和恩格斯对社会历史所作出的科学考察。在这个意义上，马克思才通过历史唯物主义，把社会历史的认识提升到了一门科学的高度。

历史唯物主义作为一门历史科学，就在于它客观地揭示了人类社会历史的一般发展规律。科学的本性就是具有普遍有效性，当然，它排除了特殊的情况，就像水在一个标准大气压下在 100 摄氏度沸腾，但在特殊气压条件下则不是 100 摄氏度为沸点一样。所以，历史唯物主义揭示了人类社会历史发展所遵循的科学规律。当然，社会历史发展的规律有很多，作为社会有机体，它是在各种规律的综合作用下产生的，但是，在诸多社会历史发展规律当中，马克思和恩格斯找到了一条普遍有效的历史规律，这就是著名的"生产力决定生产关系"这一基本原理。根据这条原理，生产力构成了马克思所说的"迄今为止"一切社会形态更替的基本动力。而且，生产力决定生产关系，生产关系反过来影响生产力的发展。正是在人类社会历史不断追求生产力发展的过程当中，才不断地改变社会形态，即生产方式为基础的上层建筑。这一科学规律表明，人类社会历史是在以生产力为基础的社会生产方式的不断变化中展开的一个过程。因此，马克思找到了社会历史发展的基本规律。在这一基本规律基础上，马克思进一步提出了"经济基础决定上层建筑"的科学理论。两者共同构成了社会历史发展的基本规律。

然而，这还仅仅是历史规律当中最为抽象的一般规律，而要想进一步破解社会历史的发展规律，寻找共产主义的必然性，就需要进一步深入到当时的社会形态的分析当中，而无疑，这就需要对资本主义社会进行深入的剖析。这就构成了以《资本论》为代表的社会经济规律。应该说，历史唯物主义作为一门科学，包括两个部分，一个是宏观的、抽象的一般社会历史规律，即前文所说的两大社会历史发展规律；另一个就是微观领域的具体的经济规律，这就是资本运行为支撑的资本主义社会内部的经济矛盾所遵循的必然规律。

在资本规律当中，涉及的一个根本问题就是，为什么马克思说，资本主义社会的灭亡，是资本规律自身发展的结果？这个问题如果能够科学地得到解释，那么，资本主义灭亡才是具有必然性的事件，否则，如果单纯从资本规律之外寻找资本毁灭的原因，这些都是外在原因，它不足以支撑资本主义毁灭的全部理由。所以，《资本论》的一个艰巨任务就在于，如何破解资本主义社会是由于资本运行规律的自我矛盾所导致的必然结果。这也是历史唯物主义作为一门科学的一个"硬核"。在这个问题上，就必然涉及相关的另外一个问题：如果说资本主义制度是资本运行规律的自我毁灭，那么，人在这一经济规律当中是否还发挥着决定性的作用？这是由经济规律到人类自我价值观的一次"飞跃"。应该说，迄今为止一切对马克思主义理论的质疑，或许都来自这一从经济规律向人类自身提供的价值观飞跃是否是可能的争论。而一旦涉及人自身的能动性问题，问题就转变为：是否还需要无产阶级主动地采取革命？正是这一问题，才迫使青年卢卡奇重新思考历史唯物主义的功能变化问题。在他看来，历史唯物主义作为一门科学，最终必须要通过把历史唯物主义作为一种实现共产主义的历史"行动"才是可能的，而这行动不是别的，就是革命。这一问题到此为止已经超出了历史唯物主义作为一门历史科学所应该讨论的范围，但是，我们必须首先要提出这一问题，以便为后文解读卢卡奇对历史唯物主义的重新理解奠定基础。

最后，历史唯物主义作为一门历史科学，其中包含着辩证法的基本原则。上述资本主义制度的毁灭，按照历史唯物主义的解释，是一个事物自身内部矛盾发展的必然结果，因此，这种资本自我毁灭的必然性，在其根本意义上就是辩证法在社会历史规律中的具体呈现。在这个意义上，青年卢卡奇所称的历史辩证法首先具有了历史科学的本性。历史唯物主义对资本规律的揭示，主要的目的就是要证明，资本为什么是自我毁灭的。自身生长出来的否定性就在于，资本制度自己生产的不仅仅是私有制的生产关系，同时也生产了否定自身的力量，这就是马克思所揭示的资本主义周期性的经济危机。它的原理是，资本私有制总是试图保护自己的阶级地位和统治地位，而它所从事的社会生产恰恰是从私人利益出发，而生产却是需要全部社会有机体的合理运行才是可能的。因此，它不得不创造了否定自身的异己力量。马克思把这一矛盾概括为生产资料的私人占有和社会化生产之间的矛盾。具体说是什么矛盾呢？就是它总是追求私人利益的不断扩大，这就意味着工人阶级的相对贫困。而社会产品并不是仅仅由资本家来消费并得到资本带来的剩余价值的实现的，它必须要依靠全部社会的购买力的提高才能实现。而无产阶级因为相对贫困，促使社会整体的购买力下降，而生产的产品必然出现过剩，进而导致生产停滞。这就是所谓的经济危机。因此，马克思明确意识到：如果不消灭这样的私有制为基础的特殊利益阶级，就无法从根本上摆脱这一生产方式内部天然固有的矛盾。除非我们发现了这样的阶级：这一阶级再也不是从私人利益出发，而是从社会普遍利益出发，消灭特殊的利益集团，并且包括把自身也提升为普遍利益的阶级，此时阶级就已经消亡，社会历史的和谐发展才是可能的。而这一阶级不能是其他的，只能是无产阶级。正是在这个意义上，马克思和恩格斯才提出了共产主义的合理化设想，它必然依靠无产阶级这一普遍利益的代表才能实现。

以上我们看到，无论是资本私有制的自我毁灭（实际上是资产阶级特殊的阶级局限性所导致的自我毁灭），还是无产阶级通过公有制的建立来消灭特殊阶级，包括自身被扬弃为普遍利益的代表，这些都贯穿着马克思所提出的辩证法的科学原则。无产阶级是自我否定的，资产阶级也是自我否定的。但是，两者的区别不同，资产阶级的自我否定，虽然根植于自身的必然规律，但是，它最终要依靠无产阶级的自我否定才是可能的，即无产阶级不能把自身变成一个特殊的利益集团，而是把自身提升为普遍的利益集团，这才是可能的。正是在这个意义上，历史唯物主义作为一门历史科学，它贯彻了马克思的辩证法原则。因此，我们也可以把历史辩证法看作是历史唯物主义的历史科学的一条根本原则。

二　辩证法的科学原则

辩证法的科学原则主要体现为马克思在《资本论》中所使用的叙述方法，即辩证法。在《资本论》问世以后，当时有很多德国经济学家纷纷对马克思的经济学理论提出了批判和质疑。其中，很有影响的一个问题就是，他们认为马克思的《资本论》所揭示的经济学问题，并不是标准的经济学，而是一种德国式的"形而上学"。这种批判实际上否定了马克思经济学的科学本性。形而上学是哲学，它的方法是思辨，而经济学作为实证的分析，应该是一门科学。尽管马克思早在《德意志意识形态》中明确指出了"思辨终止的地方，是实证科学开始的地方"。但是，马克思在《资本论》当中，尤其是在开篇对"商品"这一章的分析当中，仍然使用的是黑格尔式的辩证法。这一点因此导致了当时经济学家的反驳和批判，以此认为马克思的《资本论》不是科学，而只是一种经济学的形而上学。对此，马克思针对当时经济学家们的批评，提出了自己的反驳。他指出："当然，在形式上，叙述方法必须与研究方法不同。研究必须充分地占有材料，分析它的各种发展形式，探寻这些形式的内在联系。只有这项工作完成以后，现实的运动才能适当地叙述出来。这点一旦做到，材料的生命一旦观念地反映出来，呈现在我们面前的就好像是一个先验的结构了"。①

马克思在《资本论》第二版序言"跋"中所论述的集中一点就是在为自己在《资本论》中所使用的叙述方法即辩证法做出强有力的辩护。因此，这篇文章也一直被看作是马克思对黑格尔辩证法继承方面的一个典范的例证。在马克思看来，研究方法和叙述方法是不同的。当时的经济学家错误地把叙述方法等同于分析方法，这是错误的。从马克思的反驳中可以看出，马克思所使用的叙述方法，恰好是建立在分析方法基础之上的。也就是说，如果只有单纯的对资本主义经济规律的分析，而没有辩证法这一科学原则来对此加以统摄，那么，这一经济学规律就缺少了内在的"生命力"。经济学规律并不是一堆毫无生机的经济事实的堆砌，而只有通过辩证法的方法，才能看到经济规

---

① 《马克思恩格斯选集》（第 2 卷），人民出版社 1972 年版，第 217 页。

律背后所隐藏的资本私有制下的和人的生存命运相关联的精神。这恰好是马克思批判从前古典经济学的关键所在。可见，辩证法在《资本论》中的引入，对于马克思全部历史唯物主义科学来说，是决定性的。也就是说，如果没有辩证法的引入，马克思的经济学分析将是没有关乎人类生存命运的僵死的科学。正是在这个意义上，马克思才非常自豪地毫不隐讳地阐明了他对辩证法的巨大的赞扬，而这同时也包含着对黑格尔的赞扬了。所以，马克思骄傲地指出："将近三十年以前，当黑格尔辩证法还很流行的时候，我就批判过黑格尔辩证法的神秘方面。但是，正当我写《资本论》第一卷时，愤懑的、自负的、平庸的、今天在德国知识界发号施令的模仿者们，却已高兴得像莱辛时代大胆的莫泽斯门德尔森对待斯宾诺莎那样对待黑格尔，即把他当作一条'死狗'了。因此，我要公开承认我是这位大思想家的学生，并且在关于价值理论的一章中，有些地方我甚至卖弄起黑格尔特有的表达方式"。① 可见，马克思对他在《资本论》中使用辩证法的叙述方法，是非常满意的。作为一种科学原则，辩证法是马克思对资本主义经济规律揭示的最为深入的一种科学原则。

当然，这里还需要强调的一点是，马克思虽然在一方面赞扬了黑格尔的辩证法，但是同时也批判了黑格尔的辩证法，并且指出了他的辩证法与黑格尔的辩证法的根本区别。马克思指出："辩证法在黑格尔手中神秘化了，但这绝不妨碍他第一个全面地有意识地叙述了辩证法的一般运动形式。在他那里，辩证法是倒立着的。必须把它倒过来，以便发现神秘外壳中的合理内核"。② 正是在这个意义上，辩证法才是一种不同于黑格尔的观念辩证法或概念辩证法，而是一种关于社会历史的和经济学规律的辩证法。可以说，历史辩证法是马克思对黑格尔"头足倒置"的概念辩证法的真正"颠倒"。

总而言之，辩证法是马克思《资本论》中的科学原则，历史唯物主义作为一门科学认识社会历史的方法论，是马克思历史唯物主义的第一个重大功能。青年卢卡奇对此给予了充分的肯定。

---

① 《马克思恩格斯选集》（第2卷），人民出版社1972年版，第217页。
② 同上书，第218页。

第二节　作为历史辩证法的历史唯物主义的新功能

一　历史唯物主义的"意识形态"功能

青年卢卡奇尤其要说明的并不是历史唯物主义的科学方法论功能，而是历史唯物主义所具有的"意识形态"功能。所以，历史唯物主义是作为一种无产阶级的"革命"的思想理论武器而更加具有现实的意义。而这一点正是青年卢卡奇所要强调的。也就是说，仅仅把历史唯物主义作为一种关于社会历史的科学认识的方法论，这还不够，这没有实现历史唯物主义这门科学的根本目的。那么，我们接下来要回答的问题就是：一种科学是如何能够变成一种思想理论武器的呢？显然，唯有当这门科学同时成为一种"意识形态"的时候，才是可能的。在晚期资本主义的社会现状的条件下，从西方马克思主义者的马尔库塞，到当代德国哲学家哈贝马斯，都曾经提到过"作为意识形态的技术与科学"问题。他们都认为，科学技术本身虽然是一种价值中立的科学，但是，这并不影响它同时充当一种意识形态的可能性。在他们看来，科学技术的发展，是促使晚期资本主义社会依然能够在一段时间内具有稳定的存在，其根源就在于，这种科学技术已经上升为一种晚期资本主义社会主导性的意识形态了。也就是说，晚期资本主义的合法性就在于，它通过科学和技术，在一定程度上摆脱了马克思所预想的社会矛盾。因此，当晚期资本主义社会能够通过它所承诺的科学技术来解决社会一系列问题的时候，此时的科学技术就上升为一种统治的合法性的证明。正是在这个意义上，马尔库塞和哈贝马斯都承认，科学技术已经成为晚期资本主义社会的"意识形态"了。

上述晚期资本主义科技作为意识形态的现象，其实在青年卢卡奇那里已经早就得到了说明。只不过，青年卢卡奇是把马克思和恩格斯所创立的历史唯物主义这门历史科学，提升为了无产阶级的"意识形态"。历史唯物主义把无产阶级的阶级本性在理论上确立为真理，这样，历史唯物主义就是作为无产阶级的"阶级意识"而存在的。历史唯物主义此时不仅仅是一种历史科学方法论，而是无产阶级的一种价值观诉求，是无产阶级作为一个与资产阶级相对的阶级的自我意识的理论表达。在这个意义上，历史唯物主义就是作为一种"阶级意识"，而不仅仅是社会历史科学。阶级意识是一个阶级价值观的集中体现。而无产阶级的价值观所以具有真理性，就在于，它是建立在对社会历史的客观分析基础之上的，因此，这样的阶级意识恰好反映的是无产阶级的历史命运。

阶级意识是一个阶级的核心价值观的理论表达。无产阶级的核心价值观就是确立终极的理想社会，即共产主义。而为了实现这样的社会理想，就必须要对资本主义进行批判，而且，这一批判在理论上和实践上双重维度中展开的。那么，历史唯物主义首先是对资产阶级价值观的批判，在这个意义上，无论是马克思本人，还是青年卢卡奇，都把资本主义看作是"虚假的意识形态"。所谓"虚假"，概括起来说就是，把本来是个别的特殊阶级的价值追求，当作了普遍有效的价值，这实质上就是强硬地把"特殊利益"当作"普遍利益"来看待。而这样说来，虚假性就体现在资产阶级把自身的利益，虚假地当作普遍利益，并把资本主义社会制度看作是永恒的社会制度来看待的。这样的价值观就是马克思和卢卡奇所说的"虚假的意识形态"。

二　历史唯物主义是无产阶级的意识形态

马克思在历史唯物主义当中建立的是无产阶级的意识形态，它不同于资产阶级的意识形态，其原因就在于这一意识形态具有科学性和普遍性。所谓科学性，是指它是建立在对人类社会历史包括前资本主义和资本主义社会的分析和考察基础上的实证研究，并且提出了社会历史发展所遵循的历史规律。所谓普遍性，是指这一意识形态并不是某一个特殊利益阶级的意识形态，而是全人类利益的根本诉求，是普遍的价值观。诚然，有人可以反驳说，马克思提出的共产主义并不一定被西方国家所接受，但是，这并不能推翻马克思主义历史唯物主义科学的真理性。当代学界讨论的一个热点问题就是"普世价值"的问题。西方人提出，西方的价值观并非是西方人的价值观，而是全人类的价值观。这就意味着，西方国家所倡导的自由民主平等等价值目标，并不是西方人的特殊追求，而是全人类的追求，所以，提出了所谓的"西方不是西方人的西方"的口号。这实质是提出了一种不同于马克思主义理论的另外的一种

"普世价值"。应该说，作为一种抽象的政治意识形态，自由、民主、平等这些范畴，确实是人类所共同追求的普世价值。但是，西方国家意识形态的问题就在于，它们没有看到普世价值仅仅在抽象的意义上是普世的，而当这种抽象的普世价值落实在每个具体的国家及其社会制度上的时候，就会出现巨大的差别。这样就出现了普世价值的具体形态。所以，西方国家的意识形态目的就是要推行西方特殊的普世价值。而这实质是在抽象普世价值掩盖下的一种政治价值观霸权现象。它所针对的就是要推翻其他国家的社会制度，建立西方的所谓的民主的政治制度。

而与西方国家的意识形态的区别，马克思所提出的"共产主义"为核心的价值观，才是真正具有真理性的普世价值。因为，马克思在解决人类社会的自由、民主、平等的问题上，所诉诸的根本社会制度是共产主义，而不是私有制为基础的资本主义制度。马克思想要通过建立一种公有制的形式，来实现人类的自由、民主和平等这一抽象的普世价值。因此，共产主义是落实在具体的国家制度当中的真正具有现实真理性的普世价值。在这个意义上，我们可以说，不是不存在具体的普世价值，而是说，具体的普世价值只有通过马克思主义所提出的公有制为基础的共产主义社会制度才能实现。因为，共产主义的实质不过就是，人类在物质生产生活领域当中，通过对生产资料、生产产品的普遍占有的方式，来实现真正的普遍的自由、民主和平等这一抽象的普世价值。所以，我们可以说，马克思主义所提出的共产主义，应该是真正具有真理性的普世价值，而不是西方国家意识形态所主张的私有制为基础的三权分立的政治制度。否则，这只能是一种"虚假的意识形态"。

三　意识形态是历史唯物主义革命功能的条件

为什么历史唯物主义能够成为无产阶级革命的"武器"？原因就在于，历史唯物主义是无产阶级的"意识形态"。这一意识形态不仅仅是无产阶级头脑中的"观念"，而是说，这一观念具有特殊性，特殊就特殊在它要走出观念，进入无产阶级的实际的革命行动当中。通过意识形态这一逻辑环节，历史唯物主义作为一门科学，就被赋予了新的功能，这一新的功能就是无产阶级革命的"武器"。其实，马克思早就在《黑格尔法哲学批判导言》中明确指出过："批判的武器不能代替武器的批判，物质的力量只能用物质去摧毁"。① 意思就是说，不是说哲学没有用了，或者说哲学应该被彻底地抛弃。马克思对哲学本身的批判和否定，并不是说哲学本身没有用处，而是说，为了实现无产阶级的伟大梦想，单纯在头脑的观念里革命是不够的，必须要把这种观念落实在人们的现实行动当中。因此，马克思才说："从前的哲学家都在解释世界，而问题在于改变世界"。② 这可以被看作是马克思的一次最根本的哲学观的革命。在马克思看来，哲学诚然可以思考形而上学的问题，但形而上学并不是哲学的全部功能和意义，哲学的一个最重要的功能，就是实现社会历史的批判和反思，从而以此观念的革命来推动人类社会历史的发展和进步。因此，哲学在马克思看来，不应该是被高悬在头脑中的形而上学，而应该是指导人类实际生活行为的理论。在这个意义上，马克思实现了一场彻底的哲学观变革，即把"观念的哲学"转变为"实践的哲学"。所以，我们经常看到马克思批判黑格尔和全部哲学，目的就在于要建立一种实践的哲学。而这种能够指导人类变革实践的实践哲学，它首先就是作为一种"意识形态"而存在的。因此，哲学改变世界，分为两个部分。其一是在观念上变革世界，其二是把观念上对世界的变革，转化成实践上的变革世界。这是马克思历史唯物主义作为哲学革命所特有的意识形态功能。青年卢卡奇就把这种意识形态的新功能称其为"革命武器"。

第三节　无产阶级成为社会历史的主体

无产阶级的阶级意识使无产阶级能够作为社会历史的主体而存在。历史发展到资本主义时代，才真正出现了历史主体。卢卡奇认为，这个历史主体就是由无产阶级担当的。因此，马克思认为，无产阶级的出现和自我意识的觉醒（这里指的就是阶级意识，或无产阶级的意识形态），才真正实现了历史在人类的合乎真理原则的支配下进行的。此前的社会形态当中，没有出现能够真正认识到社会历史的本质的那样的阶

---

① 《马克思恩格斯选集》（第1卷），人民出版社1972年版，第9页。
② 《马克思恩格斯全集》（第3卷），人民出版社1960年版，第6页。

级，说到底，社会历史从本质上发生的根本性变化，以及社会历史作为人类自身掌控自身命运的历史，应该是从资本主义时代所产生的无产阶级的自我意识的觉醒开始的。所以，如果说人类社会历史发展阶段有区别的话，那么，这个区别就是把历史划分为两个阶段，一个是前资本主义的历史无主体状态，另一个是资本主义为开端所产生的历史有主体的阶段。可见，马克思的共产主义设想，是在根本上改变了此前一切历史的无主体状态。

一　无产阶级何以能够成为历史的主体

从哲学的角度来看，主体所以能够成为主体，首先需要有自我意识。作为个体的人来说也是如此。一个人只有当他的自我意识成熟起来以后，这个人才能被称为是完整的人。否则，比如儿童就不能作为主体而存在，因为儿童缺乏自我意识。这就如同西方近代的启蒙运动一样，康德曾经把启蒙运动概括为"能够成熟地使用自己的理性"。如果人不能正确地使用自己的理性进行判断和认识，人就不是主体。按同样道理，社会历史也是如此。只有当社会历史发展到某一阶级能够站在历史总体的高度上来把握历史发展的命运的时候，社会历史才是有主体的历史。否则，社会历史就会在一个盲目的状态中自然发展，仿佛是大自然的无机世界的盲目运行一样。但是，人类社会历史发展为有主体的阶段，并不是没有过程的，而是经历了一个漫长的演进过程。在封建社会时代，就不可能形成真正的历史主体。原因是，在封建社会的时代里，人与人的关系还主要地表现为一种人与人的自然关系，比如宗法关系、血缘关系等。在社会生产活动当中，其生产关系也没有达到被确定下来的固定关系。而只有到了资本主义社会，人的社会关系才上升到了主导地位。因此，资本主义社会的经济运行已经明确把社会区分成了两大对立的阶级。也就是说，这样的生产方式创造了明确被区分开来的阶级，即一个是资产阶级，另一个是无产阶级。而且，这种社会关系成为主导，已经迫使人与自然之间的关系发生了"退缩"。从前的人与人的自然关系的界限越来越退缩，以至于人与人之间的商品交换为媒介的社会关系构成了社会历史的主导关系。正是这样的生产关系地位的凸显，才迫使阶级成为自我命运的反思者，因此，才有后来的阶级意识的意识形态斗争问题。所以，卢卡奇明确认识到，只有在资本主义社会，才能真正地产生社会历史的主体。"产生于资产阶级社会经济结构中的无产阶级扮演历史主体的角色，是因为它在这个社会中的客观地位使它不仅有可能认识整个社会，而且有可能认识它自身，使它既成为认识的主体，又成为认识的客体，并且把这种认识转化为改变现实的行动，从而使认识和行动、理论和实践统一起来"。①

此外，我们还要进一步分析的问题是，为什么只有无产阶级才能真正认识到社会历史的客观规律呢？从历史的范围来看，无产阶级的这一能够把自己作为社会主体的条件就在于资本主义这一特点的历史时期的社会性质。从精神思想方面，这一阶级能够建立自己的自我意识。可以说，这是无产阶级能够上升为社会历史主体角色的两个决定性条件，其中前者是客观条件，后者是主观条件。作为客观条件的意思是说，如果不遇见资本主义社会历史的发生，就不会有真正的社会生活中的人与人之间的否定性关系，即物化的关系。没有这样的物化的关系，则人与人之间的社会关系就不能上升到有确定性的经济事实当中。作为主观条件的意思是说，如果无产阶级不能够通过马克思主义理论形成对资本主义社会历史的客观的反思，尤其是如果没有马克思所创立的历史辩证法，也就不能形成对社会历史规律的科学认识。没有历史辩证法，也就不能把无产阶级的阶级性质和社会历史使命认识清楚。所以，无产阶级所以能够成为社会历史的主体，仍然在主观条件上与历史辩证法有着不可分割的联系。

青年卢卡奇在思考马克思的历史唯物主义的时候，最重要的是贯穿着他从黑格尔的启发那里发现的历史辩证法原则。在卢卡奇看来，辩证法根本不是作为所谓的自然辩证法而存在的。这一点与恩格斯是有区别的。问题是，卢卡奇认为，只有作为社会历史的自然历史过程来说，辩证法才是它本来应该发挥作用的领域。因此，卢卡奇在对历史唯物主义的理解当中，在对资本主义批判当中，在对无产阶级的价值观的分析当中，始终是用辩证法的原则和方法来完成的。辩证法的原则在《历史和阶级意识》这部著作中是贯穿始终的。资产阶级的意识形态为什么不能

---

① 卢卡奇：《历史与阶级意识》，杜章智等译，商务印书馆 1999 年版，第 109 页。

成为社会主导的价值观？其原因就在于它其中所存在的"二律背反"。即一方面，它总是企图揭示社会历史经济规律的永恒性，并且以此来保证资产阶级统治的合法性。但是，另一方面，它却始终是狭隘阶级的立场，从资本家个人的私利出发，这样就导致了这种意识形态必然是虚假的和内部矛盾的。而相反，无产阶级则充分认识到了自身的矛盾，并且接受这一矛盾。这一矛盾就是通过辩证法来解决的。也就是说，无产阶级才真正认识到了自身的特殊性和普遍性是集于一身的。无产阶级看起来好像是为了自身阶级利益而斗争而革命，但实际上，无产阶级是站在人类的高度上来通过个体阶级的努力而完成的。因此，无产阶级自身的矛盾双方，即作为个体阶级和作为人类普遍利益之间的冲突，是辩证统一在一起的，这一点超出了资产阶级的二律背反了。也就是说，资产阶级不接受其意识形态中的矛盾，所以就勉强地把其阶级自身的特殊利益，强行作为普遍的利益来看待，这是与无产阶级的阶级意识的本质上的区别。而无产阶级的历史主体意义就在于："卢卡奇清楚地认识到，推翻资本主义制度的历史使命只能由整个无产阶级来完成，因此他只能视整个无产阶级为历史的主体，任何个人都不能在作为总体的历史活动面前成为主体，否则就是荒谬的。但无产阶级又都是由现实的个人组成的，他们要真正成为历史主体就必须扬弃个人立场，采取阶级立场，必须获得无产阶级的阶级意识。这就是说，无产阶级只有在其阶级意识推动下所采取的实际行动，才能被视为历史主体的历史活动"。①

可见，辩证法的原则的引入，才使得马克思，当然也使得因此导致的青年卢卡奇，对历史唯物主义的理解，能够上升为客观真理而成为真正普遍的价值观。在这个意义上，由历史唯物主义所武装的无产阶级才是真正的历史主体。"理论与实践的统一必须具备上述的历史前提，这是从客观条件即现实可能性来讲的。但要把这种可能性变为现实性，还需要主观条件，亦即对历史辩证法的把握。只有把资产阶级社会当作一个总体历史过程来认识的辩证方法，才能使无产阶级既上升为自觉的认识主体，又上升为自觉的实践主体，实现理论与实践的真正统一"。②

---

① 卢卡奇：《历史与阶级意识》，杜章智等译，商务印书馆1999年版，第117页。
② 同上书，第111页。

二　历史唯物主义何以能够成为科学的方法论

历史唯物主义之所以能够成为科学的方法论，乃是由于社会历史存在的发展所导致的，这符合了马克思历史唯物主义的一个基本原则，就是社会存在决定社会意识。当然，不是所有的社会意识都是社会存在的客观反映，只有无产阶级的阶级意识，才是社会历史的真正反映。在这个意义上，卢卡奇认为，只有资本主义这一社会形态，才使历史唯物主义成为一门历史科学成为可能。但是，在卢卡奇看来，历史唯物主义作为社会科学的方法论，并不是它最重要的意义。它的最重大的现实意义在于，它能够成为无产阶级的阶级意识。但是，一方面，这种阶级意识是不能离开资本主义社会现实存在的，这是前面所讨论的历史唯物主义作为科学方法论的现实条件，但是，历史科学与作为阶级革命的"武器"并不是分开的，而是有着深刻的内在联系的。也就是说，历史唯物主义所以能够作为一种阶级斗争的"武器"而存在，是因为它首先是一门认识社会历史规律的历史科学；相反，作为社会历史科学方法论的历史唯物主义，又具有和其他的思想理论不同的本质特征，这一特征就是它必然要扬弃自身的理论本性，而进入实践环节，达到理论与实践的统一。这就是马克思所说的，不但思想要趋向于现实，现实也应该趋向于思想。这样，历史唯物主义实际上本身就是理论与实践的统一。所以，卢卡奇认为，历史唯物主义具有双重的功能，一方面是社会历史的科学方法论，另一方面是社会历史发展到资本主义阶段，无产阶级阶级斗争的"武器"，两者不是两种不同的东西，而是同一个东西的两个功能。只不过，卢卡奇所强调的是后者，即历史唯物主义所具有的现实的革命斗争的"武器"功能。下面引用的是卢卡奇对历史唯物主义的阶级斗争武器功能的集中表达："由于无产阶级的阶级地位，历史唯物主义通过揭示了历史事件的真正动力而成为一种武器。历史唯物主义最重要的任务是，对资本主义社会制度做出准确的判断，揭露资本主义社会制度的本质。因此，在无产阶级的阶级斗争中，历史唯物主义总是为以下目的而被加以运用：在资产阶级用各种意识形态成为来修饰和掩盖了真实情况即阶级斗争状况的一切场合，用科学的冷静之光来透视这些面纱，指出这些面纱多么虚伪、骗人，多么同真相不一致。这样，历史唯物主义的首要功能就肯定不会是纯粹的科学认识，而是行动。历史唯物主义不是目的本身，它的存在是为了使无产阶级自己看清形势，为了使它在这种明确认识到的形势中能够根据自己的阶级地位去正确地行动"。①

在上述这段话中，我们可以明确看到卢卡奇对历史唯物主义新功能的强调，就是历史唯物主义的阶级斗争的革命武器功能。他甚至强调："对无产阶级来说，如果在认识到历史唯物主义的科学特性时止步不前，把历史唯物主义仅仅看作是一种认识工具，这也同样是自杀。无产阶级阶级斗争的本质正好能被规定到这种程度：对这种斗争来说，理论和实践是一致的，在这里，认识不要过度就能导致行动"。② 可见，卢卡奇强调的就是，不要停留在单纯的对社会历史的科学认识就止步不前，认识不是最终的目的，正如他指出的历史唯物主义本身作为科学不是目的一样，那么，什么才是最终的目的呢？显然是无产阶级革命，建立新的社会制度，这才是历史唯物主义的最终目的。

第四节　历史唯物主义是对资产阶级意识形态斗争的武器

一　历史唯物主义作为意识形态的根本意义

历史唯物主义是无产阶级的意识形态，它的革命武器的功能，首先表现在对资产阶级意识形态的破坏上面。资产阶级的意识形态曾经是最为强大的，这主要表现在资产阶级在其上升时期反对封建社会的斗争当中。应该说，最初的资产阶级的意识形态是有其进步意义的，这一点必须予以承认。卢卡奇也曾经指出，在 18 世纪和 19 世纪的时候，资产阶级以西方古典经济学为基础的意识形态是有其进步性的，它也同样承诺了一个那个时代的思想英雄所提倡的"自由"、"民主"、"平等"、"博爱"等社会理想。但是，随着资本主义的发展，这种意识形态所承诺的东西并没有兑现，相反，却越来越走向它的反面。于是，资产阶级的意

---

① 卢卡奇：《历史与阶级意识》，杜章智等译，商务印书馆 1999 年版，第 313 页。
② 同上。

识形态出现了下降的趋势，而这一下降的趋势，恰恰是伴随着无产阶级意识形态的逐渐强大而表现出来的。所以，卢卡奇按照马克思的观点，这里运用了马克思的社会存在与社会意识之间的相互作用的原理。一方面，只有社会历史发展到了资产阶级出现的时候，才能够产生科学的历史唯物主义；另一方面，历史唯物主义的产生，却又是为了改变社会存在。但是，对社会历史的改变，并不单纯是盲目的斗争，也更不是单纯的经济斗争。卢卡奇认为，在无产阶级反对资产阶级的过程当中，两种斗争是同时进行的，即一方面要坚持经济斗争，另一方面也要进行意识形态斗争。"为社会意识而斗争，是与经济斗争同时进行的。而社会有了意识，等于领导社会有了可能。无产阶级不仅在政权领域，而且同时在这一为社会意识的斗争中，都在取得阶级斗争中的胜利，因为无产阶级在最近五六十年以来越来越有效地瓦解资产阶级意识形态，并把它自己的意识发展成为现在唯一起决定性作用的社会意识"。[①] 而人们往往总是忽视意识形态的斗争，单纯强调经济斗争。这种做法是一种伯恩施坦的经济决定论所导致的，因此，伯恩施坦也就在一定意义上背叛了马克思的本意。而青年卢卡奇则看到了伯恩施坦等的这种背叛马克思的意识形态斗争的本性，因而强调历史唯物主义的意识形态的斗争本性。卢卡奇认为，如果没有意识形态上的斗争，这种斗争就缺少自觉性，也缺少价值观的引导，因此斗争必然会发生一种与无产阶级的历史目的相反的结果，单纯的经济斗争可能从狭隘的私人利益出发，无产阶级毕竟是作为一个一个单个人的个体而存在的。而如果单纯为了个体的利益而斗争，这又会回到从前的社会形态的恶性更替当中。因此，无产阶级革命的彻底性之所以彻底，就在于，它不仅仅是革资本家的命，同时也是革去自身的狭隘性的命，从而使无产阶级的斗争有了更加远大的高尚目标。因此，这种革命就需要有精神上的指导和理论上的引导。这正是历史唯物主义作为意识形态的根本意义所在。

二　意识形态斗争的实质

意识形态的斗争的实质是什么呢？或者说，为什么要有意识形态的

---

① 卢卡奇：《历史与阶级意识》，杜章智等译，商务印书馆 1999 年版，第 317 页。

斗争，而且是非常重要的一个环节？原因就是，只有有了意识，才能够
为斗争确立一个价值观目标，也能使所有的无产阶级的个体凝结成为一
个统一的阶级。那么，是什么能够把个体联合起来，成为一个具有整体
性力量的阶级呢？显然就是阶级意识。因为阶级意识（不是指个体的自
我意识）才能够成为真正具有普遍性的意识。个体之间如果能够建立起
统一性的联系，主要在个体之间建立起来一种普遍性认同的社会价值
观。而且，这种价值观必须是代表着当时背景下的社会发展的方向，而
不是与历史相违背的。这种社会意识建立起来以后，那么，才能够形成
统一的强大的阶级力量。那么，进一步，这种阶级意识的建立，就是为
了更好地组织起来的阶级斗争而展开的。只有有了一个明确的领导权，
才能够从思想观念上把各个个体统一起来。所以，阶级意识的斗争，实
质上是为了争取无产阶级的领导权而进行的。这样，我们就清楚地看
到，无产阶级和资产阶级的阶级意识之间的斗争，从广大无产阶级队伍
来说，是为了形成统一的社会价值观，而从阶级斗争的领导权来说，则
是一场政治立场的斗争。正是在这个意义上，卢卡奇才明确强调了历史
唯物主义所具有的阶级斗争的意识形态新功能。

第五节　历史唯物主义是资本主义社会的自我认识

一　资产阶级的科学

资产阶级的科学是反对历史唯物主义的。他们反对的理由是，资本
主义社会产生的资产阶级的意识形态，这也是符合马克思所说的历史唯
物主义中社会存在决定社会意识的。因此，资产阶级的意识形态也是有
其客观现实根据的。因此，怎么能说你们的历史唯物主义是科学，而资
产阶级的意识形态就不是科学呢？而且，他们进一步指出，历史唯物主
义也不过是资本主义社会的经济结构的反映，所以，历史唯物主义的真
理性只能是相对的，而不是绝对的。但是，卢卡奇却明确指出，即便同
样是产生于资本主义社会的科学，但却有着本质性的差别。这个差别就
是，究竟谁能够准确地把握社会历史发展的规律和根本方向？在卢卡奇
看来，资产阶级的科学是根本做不到这一点的。因为，"历史唯物主

的决定性结论是，资本主义的总体和推动力不能被资产阶级科学粗糙的、抽象的、非历史的和肤浅的范畴所把握，即为资产阶级自己所理解。因此，历史唯物主义首先是资产阶级社会及其经济结构的一种理论"。① 实际上，在两种科学的对比中，我们会发现，它们的根本区别是隐藏在这种科学背后的价值观问题。资产阶级是把私有制作为无条件的社会历史前提来设定的，而无产阶级则是设定了一个理想社会的更高的前提。这个社会是超越了人与人之间的单纯的利益关系和商品交换关系的社会。因此，资产阶级的科学，不过是这种价值观或意识形态的反映。如果承认私有制，那就要为资产阶级在社会经济结构中的合理性找到最终的辩护。也就是说，如果我们设定了私有制是必然的永恒的，那么，因此必然带来资本生产中的秩序，这一秩序就是古典国民经济学所揭示的基本规律。这样看来，所谓的劳动异化、剥削和剩余价值等就都是尾随而来的必然结果。在这个意义上，资产阶级的科学，即国民经济学是有其真理性的。但是，这个真理性的条件就是资本主义私有制。

二　无产阶级的科学

当然，我们也可以说，古典国民经济学是对资本主义的经济结构的客观反映。它确实是根据于资本主义社会经济结构的必然结果。但是，历史唯物主义作为无产阶级的科学，为什么又得出了相反的结论？原因就在于，无产阶级的价值观，或者叫做无产阶级的意识形态，从一开始就超出了资本主义自身内部的限制，而实现了似乎是站在资本主义社会之外来思考资本主义社会的根本性价值观和意识形态的革命。这最早在马克思的《1844 年经济学哲学手稿》当中就已经体现出来了。马克思明确指出：资产阶级的经济学是教人如何发财致富的，而马克思的经济学则是要实现人类解放的。也就是说，如果我们设定私有制是天然合理的永恒性社会制度，那么，资本主义是合理的。而问题是，马克思所要批判的，恰恰就是资本主义所以可能的"前提"。因此，马克思尖锐地指出：国民经济学把它的前提当作了不证自明的了，而我们批判的就是资本主义的"前提"。

---

① 卢卡奇：《历史与阶级意识》，杜章智等译，商务印书馆 1999 年版，第 318 页。

因此，我们可以看到，历史唯物主义一方面无疑是在资本主义社会当中产生的，马克思的全部理论，都应该是对资本主义社会的思想理论的反映。没有资本主义社会，就不会有马克思主义的理论，这一点是确定无疑的。但是，另一方面，马克思主义的基本理论，却又在其开端处就已经超出了资本主义自身的限制的。资本主义是在它自己所设定的前提下是作为资产阶级科学而存在的，这是它的真理性的界限。而无产阶级的意识形态的真理性，即历史唯物主义的真理性，虽然同样是对资产阶级社会经济结构的思想理论反映，但是本身却已经超出了这个资本主义社会所提供的经济形式的界限，而是从一开始就进入了资本主义所以可能的历史前提，对其加以考察，才有了历史唯物主义的科学。正是在这个意义上，我们可以得出结论：历史唯物主义既是在资本主义社会之内的，但同时又是超出资本主义社会之上的。这正是为什么同样是对资本主义社会经济结构的思想理论反映，资产阶级的科学即古典国民经济学，却与马克思主义的历史唯物主义得出了相反的结论的根本原因。卢卡奇因此反驳了资产阶级科学对历史唯物主义所提出的质疑。

正是因为上述两种科学的本质上的区别，卢卡奇得出的结论是，历史唯物主义所提出的那些"超经济因素"的历史作用是不可忽视的。实际上，所谓的超经济因素，主要是指暴力革命。超经济因素还可以做另外的理解，就是无产阶级的价值观。价值观是超经济因素，因为它是人们的思想观念。没有这一超经济因素的引入，就会完全服从资产阶级的经济科学，那样就会承认社会历史在经济规律作用下的永恒不变的状态，而这恰好是资产阶级意识形态所要得到的东西。所以，历史唯物主义对资本主义的批判，必须要引入这一超经济因素。

卢卡奇认为，资本主义在其最初的阶段里，是能够依靠经济规律，而且是"纯经济规律"来统治社会的。那时候，虽然也有超经济因素的介入，但是，并不起决定性的作用。资产阶级的科学所揭示的规律，也能够作为维护社会稳定的力量而发挥着作用。在这种情况下，资本主义的国家、法律和经济都形成了相对稳定的自我封闭的体系。但是，由于资本主义社会历史的发展，这一封闭体系是必将被打破的。而打破这种社会封闭体系的力量不是别的，恰好是历史唯物主义这门历史科学完成的。我们从卢卡奇的下面一段话中，可以看出他对资本主义的自我封闭的体系为什么要被打破的揭示。"18 世纪末和 19 世纪初理论科学的巨大发展，英国的古典经济学和德国的古典哲学，标志着这些局部体系有独立的意识，标志着资产阶级社会的结构和发展的这些方面有独立的意识。经济、法律和国家在这里都表现为是一些自我封闭的体系，这些体系由于有自己完善的权力，以自己固有的规律而统治着整个社会。……历史唯物主义在方法论上划时代的功绩恰恰在于，这些表面上完全独立的、自我封闭的自律体系仅仅被看作是一个综合整体的一些方面，而它们表面上的独立性也会被扬弃"。① 马克思明确指出，由资产阶级科学所支撑的资本主义的这些封闭体系，并不是永恒不变的，它们的封闭体系所给出的独立性，恰恰是应该被扬弃的。

三 历史唯物主义包含人文精神

实际上，资本主义的一个最大的特点就在于，它脱离了人在自然关系中所建立起来的人文精神方面的东西，而这些东西，比如宗教、思想、艺术、哲学在古代是非常发达的。比如，西方的古希腊和中国的先秦时期，这是人类早期在自然的农业文明条件下的生活方式的反映。在这种生活方式当中，充满了人类自身的精神的自由。而一旦资本主义得到了发展，这种人文精神的要求就越来越退化，其背后实质上是人的自然关系的退缩。人的所有的精神智力都与经济上的计算相关联，因此出现了马克思所说的"人的异化"。所谓人的异化，就是人失去了精神自由的本性，那些宗教的、艺术的、哲学的东西都淹没在无情的利益关系当中，正如马克思在《共产党宣言》中所批判的："它无情地斩断了那些使人依附于'天然的尊长'的形形色色的封建羁绊，它使人和人之间除了赤裸裸的利害关系即冷酷无情的'现金交易'之外，再也找不到任何别的联系了。它把高尚激昂的宗教虔诚、义侠的血性、庸人的温情，一概淹没在利己主义打算的冷水之中。它把人的个人尊严变成了交换价值，它把无数特许的和自力挣得的自由都用一种没有良心的贸易自由来代替了。总而言之，它用公开的、无耻的、直接的、冷酷的剥削代替了由宗教幻想和政治幻想掩蔽着的剥削。资产阶级抹去了一切素被尊

① 卢卡奇：《历史与阶级意识》，杜章智等译，商务印书馆 1999 年版，第 319 页。

崇景仰的职业的庄严光彩。它使医生、律师、牧师、诗人和学者变成了受它雇佣的仆役"。[①] 马克思在这段话当中，揭示的就是资本主义社会为什么能够变成一种远离人的本质的社会，为什么导致了自然的退缩，为什么能够变成一种被思想范畴所固定的客观规律的原因。卢卡奇准确把握到了马克思的这一批判，力图恢复历史唯物主义所应该包含的这种价值观前提。或者说到底，历史唯物主义的功能，就在于恢复人的本性，恢复被资本主义制度所掩蔽着的人的自由本性。

四　自然界限的决定性只存在于前资本主义社会

除了上述前资本主义社会的人文精神，主要的特征还在于它的自然界限的决定性，表现为各个阶级之间的模糊关系。众所周知，只是到了资本主义社会，社会才日益分裂为两大对立的阶级，而且越来越明显。在资本主义社会，阶级关系是十分模糊的。卢卡奇指出："在这种过程中，各个别阶级的界限绝不是可以机械地相互划分清楚的，而是不易分清地互相交叉着。但是，这个过程的方向是清楚的：所有领域里的'自然界限在退缩'，由此可知——相反，而且对于我们现在的问题来说——这种自然界限曾存在于前资本主义的所有社会形式之中，并对人的所有社会表现形式产生了决定性的影响"。[②] 这段话中，"自然的界限"是马克思在《资本论》中所使用的概念，而卢卡奇则认为，前资本主义社会的阶级关系是模糊的，原因是这种社会是真正的有机体，而不是资本主义社会的无机的自然规律。所以，卢卡奇使用了"机械地划分"这一说法，这就表明，前资本主义社会不是可以用机械的办法对其加以科学的分析的，因为那里的人文精神发挥着主导作用。而在资本主义社会当中，则引入了"机械划分"的模式，因此才有了科学。在经济规律当中，如果能够找到规律，那么，这种必然性就是典型的机械论的思维方式，所谓机械论思维方式就是西方近代以来的因果思维方式。因果思维方式就是寻找事物的原因以及事物原因的原因，以此类推。在西方经济学中，亚当·斯密提出了"看不见的手"，而实际上经济学家

① 《马克思恩格斯全集》（第 4 卷），人民出版社 1960 年版，第 468 页。
② 卢卡奇：《历史与阶级意识》，杜章智等译，商务印书馆 1999 年版，第 324 页。

的主要工作，就是要寻找这只"看不见的手"。所谓看不见的手，实际上就是全部经济规律所以可能的绝对出发点，它相当于"阿基米德点"。而问题是，经济学家总是要在一定的假设基础上才提出经济学规律的各种命题。而这无疑就是机械的因果思维方式。这一点历史唯物主义是对此保持双重态度的。一方面，历史唯物主义也要寻找机械的因果规律，比如马克思在《资本论》中也在寻找剩余价值的秘密。而问题是，另一方面，历史唯物主义却建立了辩证法的思维方式，这就打破了原有的单纯的因果机械论思维，从而在社会有机体的高度上重新认识社会的本质。这一点是历史唯物主义超出资产阶级科学的关键所在。所以，卢卡奇认为，历史唯物主义是在这一点上高于资产阶级科学的。

西方人文主义复兴，实际上也是对资本主义的一次有力的批判。文艺复兴其中的一个本质性诉求就是要回到古希腊的人文精神之中。资本主义社会所导致的人的异化背离了古希腊的人文传统，所以，在诸多领域的异化出现以后，西方兴起了文艺复兴运动。但这只是在思想观念上对资本主义的批判，而背后，则因为理性的建立推动了科学技术的发展，在这个意义上又构成了资本主义的兴起的一种动力支持。文艺复兴应该具有双重本性，一方面是对古希腊建立起来的人文精神的回归，另一方面则是理性的兴起，从而导致社会机械化程度的提高，并参与到资本的扩张之中。综上可知，自然的界限只是在前资本主义社会才是有效的，而在资本主义社会，自然的界限却退缩了。它完全让位于一种由经济规律所支配的客观结构当中，而历史唯物主义的功能恰恰在于拯救这种被机械化所宰制的社会。这也是马克思为什么批判资本主义社会的一个重要根源。

五　历史唯物主义作为科学的独立性区别于黑格尔的绝对精神

历史唯物主义虽然是必然以资本主义社会的产生为前提，但是，历史唯物主义却提出了超出资本主义社会的理想，这就是共产主义的提出。这也就说明，历史唯物主义绝不是被局限于资本主义社会内部的一种意识形态，而是超出了这一社会形态的具有独立性精神品格的思想理论体系。那么，这里就涉及了一个问题，思想理论的价值观一方面依赖于产生它的社会条件，另一方面，又有独立于社会物质生活条件的特征。因此，这是一种历史唯物主义的辩证法所固有的根本原则。这就决定了，历史唯物主义与黑格尔哲学提供的"绝对精神"或"绝对真理"是有区别的。众所周知，黑格尔哲学的根本目的就是要建立一种超出一切社会形态的纯粹真理本身，即绝对精神。他把绝对精神看作是永恒不变的真理，而一切具体的时代和具体的现象的演变，都不过是绝对精神显现自己的外在环节而已。那么，历史就被黑格尔看作是绝对精神的演变的具体形态。这样，黑格尔建立了一个超出具体的历史条件以外的绝对真理。那么，这种情况是否适合于历史唯物主义呢？显然不适合。卢卡奇也注意到了马克思对于人文精神所具有的独立性的肯定。他曾经引用马克思对古希腊精神的评价的一段话，来阐明马克思对时代精神的根本态度。"马克思明确认识了这个问题，他这样说道：'但是，困难不在于理解希腊艺术和史诗同一定社会发展形式结合在一起。困难的是，它们何以仍然能够给我们以艺术享受，而且就某方面说还是一种规范和高不可及的范本"。①

　　上述马克思的这段话看起来非常容易引起误解，就是误认为马克思把古希腊的艺术精神看作是超历史的典范，因而是永恒的，并且由此可以得出结论说，人类这些精神文明的成果是不依赖于社会历史条件而独立产生的。这恰好是黑格尔的逻辑学的根本特征。然而，卢卡奇却果断地澄清了问题的实质。他认为，并不能因此就把人类的哲学、宗教、艺术的成果看作是完全独立于社会历史进程的超历史存在，相反，它们都是社会历史发展变化的产物。所以，卢卡奇指出："但是，艺术在效果方面的这种稳定性，它这种具有完全超历史和超社会的本质的假象，是基于在它里面主要有人对自然的一种阐明。艺术形成的这种倾向达到这种程度，以至于即使由它塑造的人们相互之间的社会关系也往回变成为一种'自然'。像已强调指出的，虽然这些自然联系是受社会制约的，虽然与此相适应它们随着社会的变化而变化，但是，它们却以这样一些联系为根据，这些联系面对纯社会形式的不断变化而具有——主观上——有根据的'永恒'假象，因为它们能够经受住各种社会的形形色色的甚至是很深刻的变化，因为要彻底改变它们，（有时）甚至需要更

---

① 卢卡奇：《历史与阶级意识》，杜章智等译，商务印书馆 1999 年版，第 325 页。

深刻的、把整个时代相互区分开来的社会变化"。① 可见，卢卡奇澄清了前面提到的一种容易引起的误解。在他看来，包括马克思本人也是如此，虽然那些宗教的、哲学的、艺术的精神成果看起来是有"稳定性"的，但是稳定性并不意味着"永恒性"，卢卡奇的这个概念使用是非常精确的。虽然稳定但并不一定的永恒。而且，卢卡奇还明确指出，这是一种"假象"，即人类的精神成果只是具有一种永恒性的"假象"，而非真实如此。那么，原因是什么呢？卢卡奇认为，原因在于在前资本主义社会，自然联系是纯粹的，宗教、哲学、艺术还没有收到非自然因素的经济因素的干扰，因此，导致了这些艺术作品的纯粹自然属性的流露，但这并不能否定艺术作品仍然是社会历史的产物。也就是说，这些艺术作品仅仅是我们"主观"上永恒的假象，好像它们能够把我们欣赏艺术作品的人重新带回到原始的"自然联系"当中去一样。这样，上述精神成果一方面具有稳定性，另一方面它们却具有一种永恒的假象特征。有此说来，我们就明确了作为人类人文精神成果的东西，仍然不能彻底脱离社会物质生活条件的限制，它们仅仅具有相对的稳定性而已。历史唯物主义具有科学的普遍性，但却仍然受到其社会物质生产条件和生产方式的限制。这一点与黑格尔哲学严格区别开来了。

六　关于艺术在前资本主义社会和资本主义社会的不同命运

在前资本主义社会当中，艺术与人们的社会生产实践是紧密相连的。就是说，这种人文精神的自由活动总是与自然的界限保持同一的。卢卡奇指出，正是因为前资本主义社会的生产方式，比如手工业生产方式，才决定了艺术必然是与它一体的。在手工业生产方式当中，艺术所占的成分十分突出。因为这种生产本身也就是艺术的创造过程。因此，人们也称为这种生产为"工艺"，工艺就是手工业生产与艺术作品的统一体。这一点不论在东方古代社会还是在古希腊都是十分明显的。我们发现，前资本主义社会的手工业生产，在生活日用品方面，包括建筑本身都是由艺术能力所支撑的。工匠不仅仅是生产的工具，而且同时也是艺术家，那时候民间艺术家才是可能的。从生产的动机来看，在生产活

---

① 卢卡奇：《历史与阶级意识》，杜章智等译，商务印书馆 1999 年版，第 326 页。

动当中贯穿着一种与自然同一的审美情趣，这种生产实践既是生产者创造生活资料的活动，同时也是把自身的审美自由精神灌注其中而获得的艺术鉴赏的过程。可见，艺术在前资本主义社会与生产方式是紧密联系在一起的。也就是说，艺术那时候是在自然的界限之内存在着的。

与上述情况相反，在资本主义社会当中，艺术的这种源泉被工业生产的大机器机械方式所遮蔽了。在大规模商品交换的背后，生产的动机已经发生了变化，即生产的目的是获得交换价值，这与前资本主义社会的生产发生了本质性的区别。在前资本主义社会的生产方式中，生产是为了生产产品的目的本身，而在资本主义社会，生产不再是目的本身，而是变成了获得交换价值的工具。随着这种生产方式的性质上的变化，那在生产活动中所具有的与自然的界限保持一致的审美要素所占的地位就被取代了。所以，在资本主义社会的生产当中，我们追求的是数量，当然也追求质量，但产品的质量也无法通过生产者个人的艺术想象力来建立，而是通过机械的运作来取得千篇一律的产品。所以，这种生产过程本身对于生产者来说，已经不再是艺术的活动了，而只是一个抽象的生产过程。这种生产过程同时就变成了僵死的无限重复的劳动。而在手工业生产当中，每一次劳动的支出，包括智力和体力，都是一种创造性的行为，它都凝结着生产者自身智慧的独特性，甚至同一个生产者在不同的产品当中所产生的艺术灵感都是有差别的。可见，在资本主义社会生产方式当中，艺术已经远离了自然的界限，而是变成了工业机械生产的牺牲品了。此时，生产与艺术发生了一种分离。正是在这个意义上，卢卡奇指出："无疑，在资本主义以前的社会中，艺术对手工业生产的实际影响必然是一种很明显的影响（像在从浪漫主义建筑艺术到哥特式建筑艺术的转变中那样）。在资本主义社会中，一方面艺术发展的活动余地狭小得多，另一方面它也不能对消费品的生产施加决定性的影响，甚至它能不能存在都决定于纯经济的动机和由此而引起的生产技术动机（现代建筑艺术）"。[①]

历史唯物主义能否被运用于前资本主义社会？卢卡奇给出的答案是，可以。但是，不能完全等同于它在资本主义社会中的运用。前面

---

① 卢卡奇：《历史与阶级意识》，杜章智等译，商务印书馆 1999 年版，第 327 页。

已经分析了历史唯物主义运用于前资本主义社会中所遇到的方法论困境。我们的核心问题是探讨历史唯物主义在资本主义社会所具有的新功能。那么，历史唯物主义在前资本主义社会当中的运用，就不具有这一新的功能。我们首先讨论一下，关于历史唯物主义作为一门科学，是否可以被运用于前资本主义社会的问题。首先，前资本主义社会没有达到对社会的总体性反思的把握。前面已经阐明了前资本主义社会是一种保持在与自然的直接联系中的社会，而资本主义则是"自然界限的退缩"的社会。在前资本主义社会当中，不仅人的认识能力有限，而且也没有提供社会自我认识和自我批判的客观条件。但是，并不意味着在前资本主义社会不存在历史唯物主义所揭示的社会历史发展规律，只是这些规律还没有达到一个理想的高度，也没有达到自觉。所以，这些规律仅只是潜在地存在着的。所以，卢卡奇使用了一个比喻，就好像哥白尼在没有发现天体运行规律之前，天体运行的规律仍然存在着一样。对于历史唯物主义在前资本主义社会中的状态就是如此。虽然历史唯物主义是在资本主义社会当中才第一次由马克思和恩格斯所发现，但是，这些规律在前资本主义社会当中已经存在了，只是没有被我们发现而已。从这个意义上看，历史唯物主义是可以被运用到前资本主义社会当中的。

其次，历史唯物主义虽然可以被运用于前资本主义社会，但是，却不能与它被运用于资本主义社会具有完全相同的方式。因此，历史唯物主义在资本主义社会才具有了一种不同于前此以往一切社会的特殊功能。这个功能就是前面所交代的作为批判资本主义社会的革命的功能。在前资本主义社会当中，我们不能把从原始社会到奴隶社会、从奴隶社会到封建社会的社会形态的更替，完全看作是历史唯物主义的理论自觉基础上发生的。因为，这些社会形态的更替，虽然在马克思发现历史唯物主义之后，可以用历史唯物主义的规律去解释社会形态更替的规律和探讨更替的根源，但是，在当时社会形态更替的过程当中，并不是被自觉到了的历史唯物主义理论所发挥的作用。相反，只是在资本主义社会向共产主义社会过渡的过程当中，历史唯物主义才第一次被发现，并且能够作为一种自觉的社会意识形态，即无产阶级的阶级意识而存在的时候，历史唯物主义才真正发挥了它的作用，并且具有了新的功能。

　　那么，历史唯物主义为什么只是在资本主义社会才具有了这种新的功能呢？因为在资本主义社会，"'自然界限的退缩'当时已经开始使一切都达到纯社会的水平，达到资本主义物化关系的水平，但对这些关系还不可能有一种清楚的认识。对于当时的认识阶段来说，在资本主义经济发展产生两个自然概念，即作为'自然规律总和'的自然（现代数学科学的自然）和作为心境、作为被社会'败坏的'人的榜样的自然（卢梭和康德伦理学的自然）的背后，看到它们的社会统一，看到资本主义社会以及它对所有纯粹自然联系的瓦解作用，的确是不可能的。正是随着资本主义实行所有关系的真正社会化，这里的一种自我认识，即人作为社会存在物的真正而具体的自我认识，才成为可能"。①资本主义社会是对纯粹自然的瓦解，但是，它建立起来的却是以现代数学为基础的作为"自然规律总和"的自然，以及以内心的道德法则作为行为规律的属人的自然。这两种自然都不再是自在着的自然，而是被人的思维所建构的自然，这些被建立起来的自然只能在资本主义社会生产条件下才是可能的。首先，资本主义社会的生产条件，催生了现代科学技术的发展，自然被纳入到了规律的总和当中，并因此带来了现代科学的思维方式革命。这种科学的思维方式被运用到对社会历史的分析的时候，就产生了社会科学。历史唯物主义作为一门科学，是与近代资本主义社会自然科学的发展紧密相关联的。这一点恩格斯已经论述得非常清楚。正是因为现代资本主义社会的生产方式，才为科学技术的进步提供了现实条件。正如马克思所说的，一旦社会需要提出了要求，自然科学的发展将会迅速提升，要比单纯按照自然科学自身的理论假设带领下的发展快得多。

　　另一方面，正是由于社会物质关系的建立，作为属人的内心世界才会凸显对道德法则的自觉。在没有物质关系的早期的自然社会当中，道德自律并不能变成一种纯粹的规律被建立起来。当然，并不是说早期社会的思想家不去思考这个问题，而是说，道德的行为在没有物质关系的条件下，还只是潜在地在个体之间发挥作用。只有到了资本主义的物化

---

① 卢卡奇：《历史与阶级意识》，杜章智等译，商务印书馆 1999 年版，第 328 页。

关系建立以后，道德的实践才被人们提到了明显的高度上，此时，道德
规律才成为社会意识的一个重要组成部分。这在西方主要是通过卢梭和
康德两位哲学家完成的对道德律的建构。在康德看来，道德是人所具有
的自然规律，它和物理世界的自然规律是一样的，都具有必然性。并非
道德只是一种不确定的东西，相反，道德也是客观的真理，它是人的行
为应该遵守的绝对法则，因此，道德律也被称为"绝对命令"。道德自
然律与自然物的物理规律的差别在于，物理规律总是有条件的，因而是
外在的必然性，而道德律则是无条件的，因此是内在的必然性。但两者
同属于自然规律。虽然道德律是"人"的规律，但是却是所有的人都
在内心当中先天存在的法则。在这个意义上，康德才说：有两样东西，
越发回首，就越发让人敬重，一个是头上灿烂的星空，一个是内心的道
德法则。康德把道德律与自然规律相提并论，这就意味着两者都是具有
自然本性的规律，因而都是值得人们敬重的对象。但是，资本主义社会
的物化关系，恰好构成了对道德法则的冲击，人与人的以物为媒介的社
会关系，总是提出对道德法则的挑战。在这个意义上，资本主义社会也
是"自然界限的退缩"。

　　总而言之，卢卡奇分析了为什么只是在资本主义社会当中，历史唯
物主义才能够被发现并且以新的功能出现。归结起来，不过是资本主义
导致了"自然界限的退缩"，它把社会变成了纯粹的经济学的数量关系
了，而这才使得历史唯物主义有可能产生，完成对资本主义社会的自我
认识和自我批判。"只有当历史唯物主义把人的所有社会关系的物化不
仅理解为资本主义的产物，而且同时也理解为暂时的、历史的现象时，
认识没有物化结构的前资本主义社会的途径才找到了。因为只有现在，
在重新获得没有物化的人与人之间、人与自然之间的联系的前景展现出
来时，才有了可能在原始的、前资本主义的形态中发现那些其中已有这
些形式——尽管在完全不同的功能联系中——的因素，并从现在起才能
按其自身的本质和存在来理解它们，而使它们没有由于资本主义社会的
各种范畴的机械运用而被歪曲"。① 前资本主义社会是没有被资本主义
社会的资产阶级科学所创造的范畴所割裂的有机体，在其中存在着有生

---

① 卢卡奇：《历史与阶级意识》，杜章智等译，商务印书馆 1999 年版，第 328 页。

命力的整体性的社会有机联系，这些联系是能够通过哲学、宗教和艺术来加以展现的。而在资本主义社会，则社会变成了一个机械的可以被范畴综合的客观必然性，正是因为这样，才可以用数学的方式揭示社会历史的规律。

第七章

批判庸俗的马克思主义是历史
唯物主义新功能的体现

第一节 庸俗的马克思主义

一 批判经济决定论

庸俗的马克思主义是第二国际时期的一个马克思主义的思想流派。这一派别自认为是对马克思主义的正统的理解，把马克思主义的学说看作是一种"经济决定论"。即以伯恩施坦和考茨基为代表的第二国际理论家试图把马克思主义解释成经济决定论，不仅歪曲了马克思主义，而且也违背了马克思、恩格斯的初衷。以伯恩施坦为代表的右派认为当时的社会情况与马克思主义学说产生时相比已经发生了根本的变化，因此主张在无产阶级革命的实践问题上放弃暴力革命的方式走社会改良的道路，在理论上用康德的伦理学"补充"马克思主义。这种"经济学定论"，对历史唯物主义的经济基础决定上层建筑的基本原理做了机械的片面的解读，认为社会历史是经济发展的必然结果，一种社会形态的形成，不是通过暴力革命导致的，而是通过经济发展按照自然规律的演进而逐渐完成的。其理由是，马克思认为经济是社会发展的基础，即经济基础，而上层建筑必须要在一定完成的新的经济基础之上才是可能的。因此，经济决定论认为，只有在经济发展在自然规律的意义上提供了新的社会形态的可能性，一种崭新的社会形态就会必然地产生，而不需要暴力革命。然而，卢卡奇却明确反对上述关于经济决定论的思想。作为一位非常关注马克思的人文主义和总体性观点的思想家，卢卡奇所强调的从来都不是社会历史的自然科学的本性，而是强调一种价值观在社会历史发展中所发挥的作用，并且，这种价值观的贯彻并不是通过单纯的经济手段实现的，而是超出了经济的决定性力量，而诉诸一种超自然的判断实现的。因此，这就为暴力革命提供了一个人文价值观的基础。在卢卡奇看来，历史唯物主义所包含的恰好是它的批判社会的本性，而不是仅仅关于社会历史经济发展规律的学说。所以，历史唯物主义所具有的崭新的功能，也就通过对庸俗的马克思主义的"经济决定论"的批判得到了证明。卢卡奇认为，马克思主义的实质就是在扬弃黑格尔唯心主义辩证法基础上建立起来的主客观相统一的辩证法思想。但第二国际的庸俗马克思主义者却恰恰否定了马克思主义因对黑格尔的扬弃而获得的这种革命性。他们极力推崇一种貌似客观实则完全脱离了实践的认识方法，片面地把经济发展的必然性看作是决定一切的东西，忽视了无产阶级的历史首创精神和主体意识的能动作用，从而导致了无产阶级革命的失败。

后来，庸俗的马克思主义的"经济决定论"被英国的哲学家波普尔所发挥，他在《历史决定论的贫困》中，把马克思主义的基本原理从"经济决定论"进一步提升到了"历史决定论"。这种观点认为，社会历史的规律并不是人为主观设想出来的。马克思主义之所以是不科学的，就在于它违背了社会历史发展的自然规律的本性，而超前地、预见性地提出了社会历史发展的未来结构，这就导致了一种主观主义的倾向。而在波普尔看来，社会历史并没有什么最终的目的可言，"历史决定论"按照规律的理性设计所提出的未来社会的构想是站不住脚的。

卢卡奇指出："更确切地说，庸俗马克思主义的经济主义否认暴力在从一种经济生产制度到另一种经济生产制度的过渡中的重要性。它依据的是经济发展的'自然规律性'，这种经济发展借助它自身的绝对权力而不诉诸粗野的、'超经济的'暴力来实现这种过渡"。[①] 庸俗的马克思主义仅仅强调了经济规律的决定性作用，而忽略的人自身的能动性因素。诚然，马克思是要寻找社会形态更替的历史科学，这一科学的核心就是社会生产力发展及其所表现的经济规律。但是，马克思对待经济规

---

① 卢卡奇：《历史与阶级意识》，杜章智等译，商务印书馆1999年版，第331页。

律的态度，并非是庸俗马克思主义所看到的那样，因为，马克思是在一种预设的理想社会的目标下来研究社会经济规律的，正是因为这一点，才使得马克思的历史唯物主义与古典经济学形成了鲜明的对比，也批判了古典经济学的"没有前提"的经济学规律。实际上，古典经济学也是有前提的，这一前提马克思概括为是"私有制"。也就是说，古典经济学是在私有制的前提下来研究社会的经济规律的，因此，这一经济学的最终的价值观基础就是私有制。从这个意义上来看，古典经济学家不过是通过经济规律的揭示，来捍卫资本主义私有制这一社会制度。因此，马克思对古典经济学的批判，实质是对古典经济学的"逻辑前提"的批判。因此，马克思首先就预设了一种不同于私有制的价值观，这就是没有剥削的、没有异化劳动的自由自觉的实践本性。从这一价值观前提出发，马克思展开了对古典经济学的批判。因此，马克思对经济规律的揭示，并非是简单地对资本主义私有制下经济规律的描述，如果是那样的话，马克思并没有超越古典经济学家。可见，在马克思看来，经济规律的揭示，只是马克思为了实现其价值前提的一种有条件的科学，而不是一种没有价值观基础的纯粹的自然科学。而庸俗的马克思主义恰恰忽视了马克思的这一价值观预设，单纯把马克思的历史唯物主义看作是一种经济规律的科学，因此把马克思主义的基本理论仅仅理解为一种"经济决定论"。

　　实际上，暴力革命是当时马克思所主张的一种推动社会历史进步的有效手段。这与庸俗的马克思主义的经济决定论思想是不一致的。庸俗的马克思主义认为，社会形态的更替只能通过经济发展的自然历史进程得到实现。他们经常错误地引用马克思的一段话，作为他们所主张的"经济决定论"的支撑，这句话就是："无论哪一个社会形态，在它们所能容纳的全部生产力发挥出来以前，是绝不会灭亡的；而新的更高的生产关系，在它存在的物质条件在旧社会的胎胞里成熟以前，是决不会出现的"。① 而事实上，庸俗的马克思主义误解了马克思。马克思认为，社会历史的发展，并不是完全等同于自然规律的必然性，因为，历史的特征就在于，它是"人"的活动所构成的历史，这与单纯的自然界的

_____

① 《马克思恩格斯全集》（第13卷）人民出版社1995年版，第9页。

发展区别开来了。人的活动意味着一种"自由"，所谓自由，就是人可以根据自身的理性来对自身的社会历史做出一种价值观的判断，人可以"选择"自己的历史，而不是完全被动地适应历史的发展。这一点，其实早在德国古典哲学康德的道德哲学当中已经给出了理论的根据。按照康德的说法，自然界服从的是必然规律，而人所以不同于自然界存在物的地方，就在于人是按照"自由规律"来行为的。这就意味着，由人构成的社会历史，是在人们的"选择"中完成的，而不是单纯被动的被选择。这是马克思的历史唯物主义所把握到的最根本的社会规律，马克思把人类的自由看作是他的价值预设的基础，在这个意义上，我们认为马克思是一位"以人为本"的哲学家，而不是以物为本的科学家。

那么，承认了人的本质是自由的和可以选择自己的行为和价值观的存在者，这就为暴力革命提供了一个理论基础。这一点是庸俗的马克思主义所没有看到的深层涵义。因为，如果单纯从经济规律的事实出发，我们是不一定能够得出暴力革命这一结果的。马克思在分析经济规律的基础上，是怎样得出暴力革命的结论的呢？显然，马克思的思路是，这种私有制为基础的经济发展，必然导致经济危机，因为经济规律无非表明了资本主义社会生产的内在固有的矛盾，即社会化生产与生产资料私人占有之间的冲突。这样，资本越来越向着少数人的手里流动，而多数人是越来越趋向于贫穷的，这就是马克思所分析的为什么资本主义社会会导致整个社会日益分裂为两大对立阶级的原因。因为多数人的贫穷以及所导致的购买力的下降，商品就不能得到销售。而如果商品不能得到销售，就无法实现资本的最终目标，资本家是不需要把一大堆商品积压在手中的，因为他们需要的是作为货币的资本，而不是商品，这是由资本生产方式的本质所决定的，即 G—W—G 才是资本的本质公式。正是因为这一点，马克思认为，整个社会因为出现不可避免的经济危机，就必然导致工人阶级队伍的壮大，以及必然导致工人的失业。而为了谋生，工人阶级队伍就必然要做出反抗，而这一反抗的形式就是暴力革命。这就是马克思通过分析经济规律所得出的必然产生暴力革命的过程。然而，这里，从经济危机向暴力革命的过渡，确实还缺少一个环节。因为，我们完全可以提出一个问题：为什么工人阶级就一定通过暴力革命来摆脱这种命运呢？这一深层次的必然性是不能通过经济规律自身得到说明的。经济规律最多只能表明经济危机是必然发生的，但是，并不能表明经济危机必然地导致暴力革命。所以，庸俗的马克思主义看到了从经济规律中分析出暴力革命这一结论，缺少一个中间环节。然而，卢卡奇则看到了这一中间环节，这就是历史唯物主义作为暴力革命的理论基础，它必然包含一种价值观在其中，正是这一价值观才决定了暴力革命的必然性。而这一点是庸俗的马克思主义所没有看到的。

此外，马克思在指出社会形态更替是以"生产力全部发挥出来"这一经济限定为前提的，但是，马克思却加入了一个十分重要的补充，这一补充如果被忽略掉，那就会完全变成了庸俗马克思主义所理解的那样了。这一至关重要的补充就是："在一切生产工具中，最强大的一种生产力是革命阶级本身。革命因素之组成为阶级，是以旧社会的怀抱中所能产生的全部生产力的存在为前提的"。① 马克思把革命看作是一种特殊的生产力，这与庸俗的马克思主义就明显区别开来了。在庸俗的马克思主义看来，革命似乎是在生产力之外的东西，而马克思则把革命看作是一种特殊的生产力。正是这一看法，决定了马克思的历史唯物主义必然包含着革命的合法性。因此，卢卡奇指出："单纯的生产力变为社会变革的杠杆，不仅是阶级意识问题，自觉行动的实际作用问题，而且也是经济主义的纯粹'自然规律性'结束的开端。这意味着，'最强大的生产力'起来反抗它是其成员的生产制度。现在已形成一种只有通过暴力才能消除的状况"。② 按照卢卡奇的这一说法，暴力革命并不是生产力的中断，而是相反，暴力革命构成了生产力发展的一种特殊形式。在这个意义上，暴力革命与马克思所说的生产力决定生产关系的社会规律以及经济学的自然规律，是不相矛盾的。

二　庸俗马克思主义的暴力革命与经济概念的分离及其理论根据

卢卡奇揭示了为什么会导致庸俗的马克思主义所提出的暴力革命与经济这两个概念的分裂。也就是说，庸俗的马克思主义总是在一种形而上学的思维方式中，坚持暴力革命与经济规律的对立，而造成这种形而

---

① 《马克思恩格斯全集》（第4卷），人民出版社1960年版，第197页。
② 卢卡奇：《历史与阶级意识》，杜章智等译，商务印书馆1999年版，第332页。

上学思维方式的根源，在卢卡奇看来是由于两个原因：其一，是因为经济关系拜物教外表掩盖了其背后的人与人之间的关系；其二，是因为暴力的法律形式也掩盖了阶级矛盾并把暴力基础排挤到次要地位上去了。就第一个方面来看，经济关系看起来是可以以确定的经济规律给予表达的，而这一规律遮蔽了其背后所隐含的人与人之间的真实关系。人与人之间的关系，比如正义和尊严的要求、公平与权利的要求等都被经济规律的外表所遮蔽了，这样就容易导致一种假象，似乎经济规律能够说明一切人与人之间的现存关系，而不存在重新去反省人与人在经济规律背后的关系了，而这与马克思所要完成的工作恰好是相反的。因为，马克思对资本主义的批判，实际上就是要揭示在资本的经济规律背后所隐藏的非正义的人与人之间的关系。在这个意义上，暴力革命才是有意义的。就第二个方面来说，庸俗的马克思主义则往往看到了有组织的暴力活动也同样是遵循着法律的。在法律形式的掩盖下，诸如法律与暴力、秩序与起义等区别就被遗忘了，从而导致忽略暴力革命的观念。针对上述两个方面的原因，卢卡奇指出："暴力和经济在概念上出现了明显和机械的分离，一般都只是由于，一方面，经济关系的纯客观性的拜物教外表掩盖住它作为人之间关系的性质，并使它变成一种以其宿命论的规律环绕着人的第二自然，另一方面，有组织的暴力的——也是拜物教的——法律形式使人们忘记它隐蔽地、潜在地存在于任何一种经济关系之重及其背后，像法律和暴力、秩序和起义、合法和非法一类的区别把阶级社会所有机构的共同的暴力基础排挤到次要地位"。①

三 庸俗的马克思主义的资本主义本性

庸俗的马克思主义不主张暴力，这等于在客观上维护了资本主义社会制度的秩序，虽然它也承诺社会形态的变革，但是，因为单纯依靠经济规律自身的节奏，这等于是在支持资本主义私有制的经济规律的必然性。资产阶级的经济学的主要目的就是要通过揭示社会经济规律的必然性，从而论证社会形态的稳定性，而庸俗的马克思主义否定暴力的做法，就等于是在支持资本私有制的稳定秩序。它忽略了经济规律当中所

---

① 卢卡奇：《历史与阶级意识》，杜章智等译，商务印书馆1999年版，第333页。

包含的内在的冲突和矛盾。而卢卡奇却清醒地看到了这一点："在某些社会中，生产制度已经如此完备，以至于它（一般）能无冲突和无问题地借助于它的内在规律运行。而在另外一些社会中，由于不同生产方式的竞争和在生产制度内不同阶级的分配额还没有达到（始终是相对的）稳定状态，使用赤裸裸的'超经济的'暴力必然是惯例"。① 资产阶级希望用经济规律来证明社会统治的稳定状态，它必然要极力抹杀社会内部的竞争矛盾以及由于剩余价值带来的剥削引起的社会冲突，国民经济学的重要任务就是要论证这种经济制度的稳定性和合法性。资产阶级自身决不希望改变原有的统治地位，因此，必然反对暴力革命。而庸俗的马克思主义虽然表面上是站在马克思的立场上的，但其实质则在客观上起到了维护社会稳定的作用。正是在这个意义上，庸俗的马克思主义是根本不理解马克思历史唯物主义的现实功能的。历史唯物主义就是要把这种社会矛盾以意识形态的方式凸显出来，从而推动社会内部矛盾的激化，这就是暴力革命。卢卡奇深刻地揭示了庸俗马克思主义的这一潜在的维护资本主义统治的本性："在资本主义制度下，这种稳定状态意味着资产阶级在持续不断的、革命的和动态的经济过程内稳定统治，只有在那里它才获得国民经济学'永恒的铁的规律''呵护自然规律地'起支配作用的形态"。②

庸俗的马克思主义的本质是与资本主义的基本立场一致的。这主要表现在它反对暴力革命，因为在它看来，暴力革命是经济力量的终结，而不是一种特殊的"经济力量"。在马克思主义看来，暴力革命并非是有利于经济力量之外的东西，相反，暴力革命也是一种特殊的经济力量。因为，无产阶级的暴力革命在根本上是一种建立新的生产制度和经济制度的主体力量。正是因为庸俗的马克思主义不懂得这一暴力革命的经济力量的实质，才导致了它单纯把固定的资产阶级经济科学的这一只是特殊社会形态中的规律看作是社会普遍发展的一般规律。对此，卢卡奇批判到："庸俗马克思主义在理论上却专注于这一点：它否认暴力作为'经济力量'的重要性。在理论上低估暴力在历史上的重要性，从

---

① 卢卡奇：《历史与阶级意识》，杜章智等译，商务印书馆 1999 年版，第 333 页。
② 同上。

过去的历史中消除暴力的作用，是庸俗马克思主义的机会主义策略的理论准备。把资本主义社会的特殊发展规律提升为一般规律，是庸俗马克思主义力求使资本主义社会的存在在实际上永久化的理论基础"。[①]"庸俗马克思主义意义上的合乎逻辑的、一直向前的继续发展，要求社会主义在没有'超经济的'暴力的情况下通过经济发展的内在规律来实现，这同资本主义永久存在下去的论点客观上是同义的"。[②] 可见，卢卡奇一针见血地指出了庸俗马克思主义的资本主义本性，即企图维护资本主义制度的永恒统治的实质。

第二节　无产阶级的主体性对抗是资本主义经济危机的本质性变化

一　两种生产制度的僵持会终止某一生产制度下单一的经济规律

资本主义的经济规律，并不能起到稳定的作用。社会历史发展的社会形态更替，实际上是两种不同的社会生产制度之间的竞争。不同社会生产制度之间的斗争，也会出现僵持平衡状态。这一僵持的平衡状态表明，某一种社会生产制度内部的规律不能稳定地发生作用。这就说明，资产阶级的科学虽然力图用铁的必然性规律来证明资本主义生产制度的永恒性，但是，这一努力是徒劳的。而庸俗的马克思主义也同样认为，经济规律在资本主义生产制度下是发挥着决定性作用的。卢卡奇则认为，在资本主义向社会主义过渡的过程当中，恩格斯的国家理论已经证明了，两种生产制度之间出现势均力敌的状态，因此，资本主义的经济规律已经不再能够发挥它的作用了，或者，出现了经济规律的中断。"在真正的过渡时期里，社会不受任何一种生产制度的控制；各个生产制度的斗争正好还未分胜负，任何一种生产制度也不能把自己的经济结构强加于社会，并使社会——至少在倾向上——按自己的方向运行。在这样一些情况下，当然不可能谈论会控制整个社会的任何一种经济规

---

① 卢卡奇：《历史与阶级意识》，杜章智等译，商务印书馆1999年版，第339页。
② 同上。

律"。① 卢卡奇的这段论述表明，在从资本主义向社会主义过渡的过程当中，两种生产制度已经进入了僵持化状态，因此，任何一方的社会生产制度的规律都无法继续发挥作用。这也就意味着，庸俗的马克思主义所谓的"经济决定论"是不成立的。因为，在两种生产制度之间的斗争中，彼此的力量处在势均力敌的状态，任何一种生产制度都不能强加于另一种生产制度，所以，在这种情况下就出现了经济规律的暂时停滞。恩格斯在其国家理论中，也论证了这一结论。"但也例外地有这样的时期，那时互相斗争的各阶级达到这样势均力敌的地步，以致国家权力作为表面上的调停人而暂时得到了对于两个阶级的某种独立性"。② 所以，庸俗的马克思主义根本没有考虑到当时社会正处在一种两种社会生产制度的较量之中的均衡状态，因而夸大了经济规律的作用，而事实上，此时的经济规律已经无效了。相反，暴力革命这一"超经济因素"正在发挥着决定性的作用。

必须认清的第一个假象：似乎资本家能够通过经济规律，来实现自身的经济行为的调整而彻底摆脱经济危机。

庸俗的马克思主义认为，即便社会发生了经济危机，导致社会矛盾的爆发，但是，这并不意味着经济规律已经不起作用了，而是说，可以通过对自身的经济行为的调整，使社会发展重新回到经济规律的秩序之下。而且，那些能够摆脱经济危机的行为，也同样是在经济规律之内完成的。这就说明，资本主义的经济危机不是不可以克服的，也不是说明经济危机是经济规律的失衡，相反，资本主义的自我调节也是经济规律的具体应用。这一观点，很容易导致一种假象，似乎资本家可以自上而下地调节生产规律，从而继续维持资本主义私有制的统治。然而，在卢卡奇看来，这是不符合事实的。因为，对危机的解决只表明了经济规律的终结，而是那些超经济的因素在发挥着决定性的作用。因此，"应该着重指出的只是，对危机可作的解释——像西斯蒙第同李嘉图及其学派的争论所表明的那样——必然超出资本主义固有的规律之外；就是说，一种证明各种危机是必然的经济理论也一定超出资本主义之外。即使危

---

① 卢卡奇：《历史与阶级意识》，杜章智等译，商务印书馆1999年版，第335页。
② 《马克思恩格斯全集》（第21卷），人民出版社1995年版，第196页。

机的'解决办法'也绝不可能是前危机状态直接的、固有的、'合乎规律的'继续，而是重新进入一次新的危机的一条新的发展路线，等等"。①

　　必须认清的第二个假象，就是似乎由于无产阶级"服从"了经济规律，才使得危机得以摆脱。

　　发现资本规律的无效性，是只有通过历史唯物主义的科学才能揭示出来的。因为无产阶级已经构成了资本主义生产制度的最强大的生产力，无产阶级已经是作为经济活动中的"主体"而存在的，并非是消极被动的适应规律的"客体"。因此，能否认识到无产阶级的社会生产制度中的主体地位，是我们判断资本主义经济规律是否仍然会作为摆脱经济危机的手段的根本依据。如果不能认清无产阶级的这样的历史地位，那么，就会错误地接受庸俗的马克思主义所主张的经济决定论，认为经济规律仍然占据着消除经济危机的主导地位。而卢卡奇认为，无产阶级必须要认清自己的历史地位，而这是历史唯物主义所具有的重大功能。正是由于马克思和恩格斯发现了历史唯物主义这门科学，才第一次清楚地看到了无产阶级在全部资本主义生产制度中所具有的主体性地位，才揭露了资本主义经济规律的虚假统治的基础。而此前，由于历史唯物主义没有被发现，因此，无产阶级还处在一种"不成熟"的状态。从这个意义上看，历史唯物主义是使得无产阶级从不成熟走向成熟的一个重大标志。因为，唯有在历史唯物主义的对资本主义社会进行了深刻反思的时候，无产阶级的理性和阶级意识才得到了澄清，此时，无产阶级的社会主体性地位也才被建立起来。卢卡奇指出了由于无产阶级的不成熟所导致的资本主义经济规律依靠自身摆脱经济危机的假象，从而忽略了无产阶级在摆脱经济危机中的积极能动性。当然，这一能动性无疑指的就是暴力革命。卢卡奇认为："由于无产阶级'不成熟'，由于它没有能力不作为被消极地吸收到经济中去并服从其'规律'的'生产力'参加生产过程，对抗的这一方面在向前发展的资本主义发生的各种危机中就没有公开显露出来。因此就可能会产生这样的一种假象，似乎

---

　　① 卢卡奇：《历史与阶级意识》，杜章智等译，商务印书馆 1999 年版，第 336 页。

'经济规律'像导致危机一样能从危机中找到出路"。① 卢卡奇的这段话表明，历史唯物主义所具有的功能，就在于它是无产阶级的阶级意识的成熟，因此能够判断经济危机的摆脱，并非是资本主义经济规律自我调节的结果，而恰恰在于，要想彻底摆脱经济危机，只能通过一种无产阶级与资产阶级的对抗才能实现，这就是暴力革命。在这个意义上，庸俗的马克思主义是没有把握到历史唯物主义真正的历史性功能的。

资本主义的经济危机不止一次地爆发，马克思已经分析了其中的周期性特征。但是，在每一经济危机的消除过程中，资产阶级都强调是通过经济规律的自行调节来完成的。这就意味着，经济危机并非是资本主义生产方式所特有的本质性现象。而卢卡奇则明确地指出，在历史唯物主义科学被确立以后，资本主义的经济危机实质上已经发生了根本性的变化，即不仅仅是量的变化，而是发生的是质的变化。由于无产阶级的对抗的暴露，资本主义经济危机的根本困境已经不是单纯的经济规律自身的困境了，而是表明了这种导致社会日益分裂为两大阶级的对抗，已经成为经济危机的根本困境。在这其中，无产阶级已经不再是作为消极的单纯的被动服从经济规律的"客体"，相反，已经是摆脱经济危机的主体了。无产阶级的主体性地位是通过它所公开出来的对抗的方式得到确证的。"同过去各种危机在本质上的区别，不单单是危机的广度和深度的突变，即它从量突变为质。或者更确切地说，这种突变表现在，无产阶级不再是危机的单纯客体；资本主义生产的内部对抗——它按其概念就已经意味着资产阶级生产制度和无产阶级生产制度的斗争，意味着社会化的生产力同其个体——无政府主义形式的冲突——公开展开。无产阶级组织起来的目的始终是'消除资本主义生产的那种自然规律对他们这个阶级所造成的毁灭性的后果'，这种组织从消极活单纯起妨碍、削弱、阻止作用的阶段转入了积极阶段"。② 正是因为经济危机已经发生了本质性的突变，所以，卢卡奇才把此时的资本主义经济危机称作是"最后的危机"。这就表明，消除资本主义经济危机这一社会矛盾，并不能指望资本主义的经济规律的自我调节，而只能寄希望于无产阶级的

---

① 卢卡奇：《历史与阶级意识》，杜章智等译，商务印书馆 1999 年版，第 337 页。

② 同上书，第 338 页。

公开的有着自我意识的阶级对抗。简言之，摆脱经济危机的最有效的办法，是用无产阶级的生产制度取代现存的资本主义生产制度，而这一取代过程，无产阶级只能通过暴力革命才能完成，即"暴力正在成为这种局面决定性的经济因素"。①

二　历史辩证法对"飞跃"的预见性安排

按照庸俗马克思主义的观点，社会历史是一种自然的渐变过程。因为他们坚持的只是知性思维的因果律，即事物的现在是由过去的结果所决定的，而事物的未来是由现在决定的。而在辩证法的思维方式中，事物的未来则是现在的目的，而事物的现在则是过去的目的。这种思维方式看起来不过是一个简单的颠倒，但实际上则是一种根本的方法论的变革。马克思曾经提出过，共产主义实际上是"从必然王国向自由王国的飞跃"的命题。这一命题是历史唯物主义的辩证法的典型例证。庸俗马克思主义的观点基本上是在必然王国中的自行发展的理论，它没有看到社会发展当中，新的社会形态是在发生着一场根本性质上的革命。诚然，从前的社会形态的更替并没有根本上的质的飞跃，虽然在生产方式上已经发生了根本性质的改变，比如，从封建社会向资本主义社会的过渡，也实现了生产方式的性质的改变。然而，相对于共产主义来说，此前的社会形态的更替并没有发生质的飞跃，这一点可以参照黑格尔对东方社会历史发展的评价。黑格尔就认为，东方社会并没有实现真正的社会历史的发展，其原因就是，一个朝代取代另一个朝代，并没有改变原有朝代的本性。所以，诸多朝代之间的更替是单纯在数量上的推进和时间上的推进，而没有实现社会历史的真正的发展。这其中的原因就在于，此前的社会形态都是私有制的社会，而共产主义则是在所有制问题上发生一场根本性的变革。在这个意义上，马克思才使用了"飞跃"一词，从而表明无产阶级的共产主义设想是一种根本性的社会形态的变革。正是这一飞跃才体现了马克思的历史唯物主义的辩证法本性。马克思曾经多次指出，前资本主义社会的阶级斗争都是不彻底的，原因就在于，他们不过是一个特定的阶级取代另一个特殊利益集团的革命而已，

---

① 卢卡奇：《历史与阶级意识》，杜章智等译，商务印书馆 1999 年版，第 338 页。

因此，本质上都是在私有制这一大的社会前提基础之上的。而相反，唯有无产阶级革命，才真正实现了社会历史发展的"飞跃"，因为，无产阶级不再把自身的阶级利益看作是一个个别阶级的阶级利益，而是看作一个普遍阶级的阶级利益，因此，无产阶级消灭的不仅仅是资产阶级，而且同时还要消灭阶级本身。当无产阶级把自身提升为普遍利益的阶级的时候，实质上阶级就已经消亡了。正是在这个意义上，马克思才指出，无产阶级的革命最终所实现的是人类从"必然王国"向"自由王国"的飞跃。这是社会历史的质的飞跃。它意味着，前此以往的社会都是阶级斗争的历史。而无产阶级革命所要实现的就是永远消除阶级斗争。因此，无产阶级的斗争是为了永久性地消除斗争而进行的斗争，因此，也可以看作是阶级斗争的自我否定的环节。前此以往的阶级斗争，都为下一次的阶级斗争提供了条件，当一定的社会形态的矛盾激化以后，新的阶级斗争就会重新开始，以此类推。那么，到了无产阶级对资产阶级的革命斗争的时候，这是阶级自身和阶级为基础的斗争的自我否定的过程。正是在这个意义上，马克思的社会发展理论是与黑格尔所提出的否定之否定的辩证法原理相一致的。

因此，马克思使用的"飞跃"一词，是与历史唯物主义所具有的新的历史功能即暴力革命相联系的。飞跃就不是在正常的自然进化意义上产生的社会进步，因而不是通过庸俗马克思主义所说的依靠经济规律的自我调整才进入的社会，这就需要一种实现飞跃的主动形式，这一形式在卢卡奇看来就是历史唯物主义的暴力革命的功能。只有通过暴力革命，才能促使社会发生质的飞跃。卢卡奇指出："飞跃更不是——按照过去发展的模式——缓慢的和逐渐的量变单纯突变为质变，让经济发展的'永恒规律'背着人们通过一种'理性的狡黠'做出真正的成绩；在那种情况下，飞跃只不过意味着人类（事后）也许是一下子意识到已经达到的新的状态。更确切地说，飞跃是一个漫长的和艰难的过程。而它的飞跃性质表现在，它每一次都是朝着质量上崭新的事物的方向转变；在那里，意在指向被认识到的社会整体的自觉行动得到了表现；因此，——按意图和根据——它的归宿是自由王国。"

马克思也意识到了，从前社会历史的发展形态之间的关系并没有发生质的根本变化，因此，它们都没有真正的"飞跃"，即便是暴力革命也是性质上根本不同的。以往的暴力革命应该是一个利益集团推翻另一个利益集团的暴力革命，而无产阶级的暴力革命则是最终导致暴力革命的消亡，或者说，是通过暴力消除暴力的暴力。这是马克思历史唯物主义的辩证法功能的体现。其原因就在于，无产阶级通过暴力革命取得专政的权力，这在历史上是一次质的飞跃，因为它表明人类社会历史第一次在人类自身的控制范围内来存在的。资本主义社会是在客观规律的支配下，超出了人类自身可以控制的范围，而只有在共产主义社会当中，社会是在人类自身的控制范围内发生的。自由王国就意味着人类可以真正在自己的意志之下来掌握社会发展的方向，否则，如果人类自身不能掌控社会发展的方向就只能是必然王国。正是通过历史唯物主义的发现及其所赋有的新的社会功能，历史才第一次变成了属于人类自身的自由王国，而此前的一切社会都不过是通向自由王国的一条道路的各个环节而已。我们看到，马克思在这个层面上仍然在发挥着黑格尔的辩证法思想。按照黑格尔的说法，辩证法就是绝对精神自我显现的过程，因此，每一个环节都表现为必然性，但是，这些必然性所共同构成的全体，则是自由的。马克思对共产主义的自由王国的设想，与黑格尔的这一辩证法原理是一致的。在马克思看来，社会历史发展的目的就是共产主义，而此前的一切社会形态的更替，不过是为共产主义这一终极目的所做的历史性准备。在这个意义上，每个社会形态才是有意义的。社会历史的进步表现为社会形态的更替，但这一更替必须是朝向一个终极目标的，否则，我们就无法判断社会历史是进步的。

综上所述，卢卡奇深刻解读了马克思恩格斯所创立的历史唯物主义，并在一种新的语境中解读了历史唯物主义所具有的新的功能。这一功能既是历史唯物主义的历史科学的运用，同时也是历史辩证法的实现过程。历史唯物主义首先是一门关于社会历史发展的实证科学。它揭示了社会历史发展的内在规律。但是，这并不意味着无产阶级可以在这一社会规律当中没有任何主观的努力。从对剩余价值规律的揭示，一直到共产主义社会的无产阶级政权的确立，并不是一个消极的规律自行发展的过程，这是一个飞跃，而这个飞跃就是一次壮观的"跳跃"。因此，历史唯物主义同时必然具有一种新的社会历史功能，也就是能够承载着无产阶级主观力量的功能，这就是暴力革命。因为，在暴力革命当中，无产阶级是带着全新的世界观和价值观进入的，在这个意义上，历史唯物主义的革命暴力功能，在观念上体现为辩证法的批判本性，在现实中就表现为革命的批判。马克思从早期的《关于费尔巴哈的提纲》中就开始批判从前的旧唯物主义的非批判本性，强调了"实践"所具有的批判本性。马克思指出："从前的一切唯物主义——包括费尔巴哈的唯物主义——的主要缺点是：对事物、现实、感性，只是从客体的或者直观的形式去理解，而不是把它们当作人的感性活动，当作实践去理解，不是从主观方面去理解。所以，结果竟是这样，和唯物主义相反，能动的方面却被唯心主义发展了，但只是抽象地发展了，因为唯心主义当然是不知道真正现实的、感性的活动的。费尔巴哈研究跟思想客体确实不同的感性客体，但是他没有把人的活动本身理解为客观的活动。……所以，他不了解'革命的'、'实践批判的'活动的意义"。① 马克思在对费尔巴哈的批判当中，就揭示了实践批判的重大意义。唯心主义虽然发挥了能动性的方面，但是，却是在观念上的抽象表达，而没有真正进入社会历史的能动性。这种在社会历史方面所表现出来的能动性，也就是马克思所主张的暴力革命的批判活动。在这个意义上，历史唯物主义不仅超越了从前的旧唯物主义，而且同时也超越了唯心主义。通过历史唯物主义的辩证法本性，历史唯物主义在具体的社会形态更替中，超越了庸俗马克思主义所主张的"经济决定论"的束缚，并第一次提出了历史唯物主义所具有的暴力革命的功能。

---

① 《马克思恩格斯全集》（第3卷），人民出版社1960年版，第3页。

结　论

怎样评价卢卡奇所理解的"历史辩证法"？

1. 卢卡奇所理解的历史辩证法的真实含义

（1）辩证法的历史化。我们是要理解卢卡奇所理解的马克思哲学，即辩证法。卢卡奇的意思是要实现针对黑格尔辩证法的彻底变革，这也符合马克思的想法。就是要把黑格尔的神秘的"倒置"的辩证法颠倒过来。卢卡奇也称之为"历史化"。总体上，卢卡奇是在理解马克思哲学，因而，也就是在"反思"的态度中，用他的说法，就是从"总体性"观点来理解马克思哲学。这样，他所理解的马克思哲学就具有了反思的性质。比如，卢卡奇同样研究"物化"。但是，这个物化的研究，不同于马克思在经济学中对人的物化的研究，而是从总体性上来反思马克思哲学对物化的理解。卢卡奇的总体性观念，使他区别于资产阶级经济学对"资本的逻辑"的关注。所谓的"资本的逻辑"，就是一种科学态度的观察结果。

（2）物化及其扬弃基础上的历史生存逻辑。而从总体性观点上理解，就是着眼于共产主义这个最高目标，所以，看到的是一种历史性存在的人的异化及其扬弃。这就是历史辩证法。这里可以简要地概括历史辩证法的基本内容：人是历史性地生存。这种历史性生存符合辩证法，也就是，人总是从当下的异化生存状态，返回到自由状态，即共产主义。这个过程就是异化和异化的扬弃。在资本主义这个特定阶段，就表现为人对资本客观逻辑力量的超越，回到人本身。这就是历史辩证法的基本内容。它反映的是人在其历史性生存中追求理想生存状态的辩证运动。

资产阶级经济学就是从"资本逻辑"入手的对人的生存的理解。这是一种科学态度，它不同于总体性态度。所谓总体性态度实质就是一种"哲学"态度。当资产阶级经济学指出了资本的逻辑的时候，这里的"逻辑"指的是"规律"，具体说，是在"经济规律"的意义上来使用的，而不是在人类历史性生存逻辑意义上所说的逻辑。这样，从科学的角度，资本的逻辑就是一种"铁的必然性"，这是马克思和卢卡奇所反对的。因而，超越这种在资本逻辑意义上来实现人类理想生存状况，就必须从另外的角度出发，这就是卢卡奇所说的"总体性"。

（3）阶级意识对历史主体的确立。这是在社会存在结构意义上理解的历史辩证法。在这个辩证结构中，需要历史形成"主体"。在特定阶段，即资本主义阶段就表现为"阶级意识"。阶级不是人类历史的全部特征，而仅仅是资本主义阶段的特征，因而，阶级意识就要以"阶级"作为载体。而在资本主义阶段，这个能够充当历史主体的"自我意识"，就是无产阶级。因为资产阶级是非总体性的，是在科学意义上来维护人的物化状态，把"物"看作是人类生存的绝对法则，因而，不会去反思，这样，也就不能获得人类历史的自我意识。而无产阶级则是在超越物的束缚的意义上对人类整体的反思，因而能够形成一种历史的自我意识。这样，在卢卡奇这里，历史辩证法就获得了进一步的规定：无产阶级通过总体性反思态度，确立了历史的自我意识，从而使历史具有了"主体"。有了这一"主体"，历史的辩证运动才成为可能，这也是符合马克思对辩证法的批判本性的理解。因为历史需要有主体。

2. 历史辩证法"颠倒"黑格尔辩证法的任务完成了吗？

对青年卢卡奇历史唯物主义思想的理解，最终集中在对他所理解的"历史辩证法"的理解。而对这一青年卢卡奇的历史唯物主义思想的理解，其核心问题包括两个方面：第一，我们如何看待黑格尔和马克思之间的关系？第二，我们如何看待卢卡奇对黑格尔与马克思之间关系的理解？或者说，我们如何看待卢卡奇眼中的黑格尔和马克思之间的关系？这构成了整个论文的核心问题。因此，对青年卢卡奇历史唯物主义思想的评价，自然也就体现在这一基本问题之中。

我们当然赞同卢卡奇在"67年序言"中对自己整个早期思想的评价。说到底的问题就是，卢卡奇虽然注意到了要"颠倒"黑格尔的辩证法，把辩证法放在"历史"领域当中来理解人类的生存活动，或者说，"一旦青年卢卡奇的理论逻辑仍然停留在旧本体论的陷阱中，就会使问题复杂化。这就是马克思在抛弃一切旧本体论之后，建构实践的历史性生存的同时，仍然坚持自然界永远先在性的深刻意义。"① 但是，这种颠倒是否最终完成了对黑格尔的批判和超越？是否是真正的马克思本人所希望的那种颠倒过来的辩证法？显然回答是否定的。

众所周知，马克思是在《资本论》序言中提出黑格尔辩证法是"颠倒"的和"头足倒置"的。这种对黑格尔辩证法的理解，所以在《资本论》序言中提出，自然是因为马克思已经意识到了这种"颠倒"工作一定要通过经济学来实现。也就是说，显然不能在黑格尔自身的逻辑内实现对黑格尔辩证法的颠倒。我们看到，马克思本人只是在《1844年经济学哲学手稿》中的后半部分集中批判了黑格尔的精神现象学，此外，就没有在思辨哲学的范围内去批判黑格尔，而是进入了经济学中继续对从前哲学的批判。而卢卡奇恰好因为没有超出黑格尔的影响，因而，他所做的"历史辩证法"的理解自然不是真正的"马克思主义"的。这一点，他自己也认识到了。也就是说，虽然卢卡奇使用了历史范畴去试图"颠倒"黑格尔的辩证法，但却最终没有超出黑格尔主观主义唯心论的束缚。可见，某种对马克思哲学的理解，虽然使用了"历史"范畴、使用了"实践"范畴，但却并不一定真正是马克思主义哲学。就如同马克思批判费尔巴哈一样，虽然他也高喊"实践"，但归根结底仍然是"半截子唯物主义者"。在这个意义上，卢卡奇的历史辩证法并没有完成最初设定的"颠倒"黑格尔辩证法的目的。

3. "历史辩证法"的积极意义

（1）历史辩证法在理解马克思与黑格尔之间的关系上作出了重要的贡献。正如卢卡奇自己所指出的那样："如果我们不对这种方法的奠基人黑格尔以及他和马克思的关系加以详细考虑的话，我们就不可能全面地对待具体的、历史的辩证法"。② 因而，卢卡奇的贡献之一就是，在颠倒黑格尔的概念辩证法方面，实现了辩证法的"历史化"。具体说来，历史辩证法实现了对马克思哲学——揭示人类历史性生存逻辑为基

---

① 张一兵：《青年卢卡奇的深度解读（笔谈）》，《南京社会科学》2000 年第 2 期，第 4 页。

② 卢卡奇：《历史和阶级意识》（序言），张西平译，重庆出版社 1989 年版，第 49 页。

础的共产主义思想的自觉。

马克思在什么意义上超越了黑格尔？说到底，还是"解释世界"和"改变世界"的关系。因此，所有的哲学家都可以说是要"改变世界"的。那马克思为什么却还要做出"解释"与"改变"这种区分呢？人的存在就是两个世界的成员。作为理论理性，总是要为自身的存在寻求某种"解释"，从而达到自觉。而达到"自觉"却还仅仅是一个方面，因为人作为感性世界的成员，对于感性世界的把握还需要通过感性的方式。因而，才有了在实践层面上"改变世界"的必要。解释首先就是在观念上对现实世界的一种"改变"。而这种观念上的改变，最终必须要通过实践上的改变来最终得以完成。

我们首先在理论上分析解释世界与改变世界为什么是辩证统一的关系。改变自然需要解释，所以，改变是对解释的一种实现，改变世界是解释世界的完成，改变是解释的目的。而反过来，解释世界是为了改变世界，所以，目的本身就是过程。正是在这个意义上，我们可以把黑格尔哲学看作是解释世界，而把马克思哲学看作是改变世界。但是，黑格尔哲学当中也在理论上包括在实践中改变世界的因素。也就是说，黑格尔是在理论上论证了人类自由应该在现实的社会历史中得到实现，精神在国家和市民社会里的实现，也就是人的自由的实现。但黑格尔没有真正在现实的历史行动当中来实现人类的生存自由。而马克思哲学，是对黑格尔哲学的一次"实践"。

可以说，黑格尔和马克思甚至更多的哲学家所关注的问题只有一个，那就是人的自由。但是，以往哲学都没有在历史的和实践的层面上去改变世界，实现现实的人的自由。而马克思则认识到，实现人类的生存自由，最终要走出纯粹哲学的和理论的领域，进入历史的、实践的和经济的领域。需要注意的是：马克思虽然进入真正的历史和实践，但是，却没有抛弃人类生存的精神向度，因为自由必须要有精神的自由。所以，共产主义自然是人类的精神与现实统一的自由王国。在这个意义上，我们可以认为，黑格尔和马克思是互为对方的前提的辩证统一关系。黑格尔哲学发展到马克思才算完成，而马克思哲学是黑格尔哲学的完成，黑格尔哲学反过来也可以被看作是马克思哲学的一个内在环节。这样，整个历史就在黑格尔和马克思的张力关系和辩证关系中被实现出来了。

　　既然黑格尔和马克思之间的关系可以被看作是对人类生存自由的理论的和实践的统一的表达，我们可以断定，卢卡奇从黑格尔哲学立场出发理解马克思，自然有其积极的意义。思辨哲学从来都是对事物本质的认识的最深刻的办法。所以，对马克思哲学所进行的黑格尔主义的理解，用卢卡奇自己的话说，自然要"比黑格尔还要黑格尔"。因为思辨哲学起初是"存在论"，是精神自身的呈现。精神是世界的本质，所以，精神自身的呈现构成了思辨哲学的全部内容。但是，在精神中呈现精神，是唯心主义，而在精神中呈现感性的人，则是更加困难的事情。能够把现实的感性的人，放在思辨哲学中考察，更是更加彻底的唯心主义。所以，卢卡奇能够从黑格尔的立场来理解马克思，显然已经比站在黑格尔立场上理解黑格尔还要困难。正是在这个意义上，卢卡奇认为，《历史与阶级意识》是"比黑格尔还要黑格尔的尝试"。

　　这种尝试表现在卢卡奇对历史辩证法的理解当中。他认为，黑格尔的辩证法是精神自身的逻辑运动。"在黑格尔那里，它是以一种纯粹逻辑的和哲学的方式提出的：通过消除外化，自我意识向自身的返回，并由此实现同一的主体—客体，绝对精神在哲学中达到了它的最高阶段"。① 而马克思的辩证法则是历史本身的辩证运动，即无产阶级经过对阶级意识的确立，从而成为历史的主体。而且同时，无产阶级的革命行动也是历史的客体，这种历史过程的主体—客体统一的运动，构成了卢卡奇意义上的马克思的"历史辩证法"。因此，卢卡奇认为，这已经实现了对黑格尔精神辩证法的历史的颠倒。"在《历史与阶级意识》中，这个过程表现为一种社会—历史的过程，当无产阶级在它的阶级意识中达到了这一阶段，并因而成为历史的同一的主体—客体时，上述过程也就达到了顶点。这看起来的确已经'使黑格尔以脚立地了'，似乎《精神想象学》的逻辑—形而上学结构已经在无产阶级的存在和意识中得到了真正的实现"。② 但是，即便是解释出了社会历史的这种主体—客体同一的运动辩证形式，卢卡奇认为，这也不是"唯物主义的实

---

　　① 卢卡奇：《历史和阶级意识》（序言），杜章智、任立、燕宏远译，商务印书馆1999年版，第17页。

　　② 同上书，第18页。

现"。也就是说，这种对社会历史过程的揭示，不过是更加彻底的唯心主义而已，所以，才是"比黑格尔更黑格尔的尝试"，或者说是要"超越大师本身"。

但是，不可否认的是，这种对社会历史的辩证运动形式的揭示，虽然具有黑格尔的唯心论性质，但却不失为一次创造性的发挥。它也符合马克思自己对人类社会生存逻辑的揭示。马克思自己也在哲学的意义上指出了共产主义的辩证运动，即私有财产的扬弃过程。但是，马克思则超出了这种哲学的解释活动，而进入到了经济学领域。而卢卡奇则停留在了黑格尔的思辨结构之中了，没有按照马克思的步伐前行。在这个意义上，卢卡奇对历史辩证法的理解，对马克思来说是倒退。但是，他对社会历史的思辨结构的阐释，又不乏积极的意义。所以，能够站在黑格尔的哲学视野中来理解马克思，应该具有积极的意义。问题是，我们的目的是什么？是要单纯地研究马克思吗？如果是这样，则站在黑格尔的哲学视野上理解马克思，应该是对马克思哲学的最深刻的理解。否则，如果目的要在每个时代关注人类的现实当下的生存自由问题，从而发展马克思主义哲学，则青年卢卡奇的历史唯物主义思想必然不能实现这个目的。

尽管卢卡奇在《历史与阶级意识》当中存在着诸多与黑格尔主义有关的错误，但是，却不能忽略的一个事实是：卢卡奇已经注意到了应该回到马克思的经济学领域来研究马克思哲学这样一个重要的理论着眼点。这也是青年卢卡奇的《历史与阶级意识》所敞开的通向马克思的一条道路。尽管这条道路没有完全在该书中贯彻到底，但是至少已经确定了一个通向马克思的基本方向。所以，能够在积极的意义上去超越黑格尔主义，在《历史与阶级意识》当中主要地就表现在卢卡奇对"历史辩证法"的理解。青年卢卡奇把马克思的历史唯物主义理解为"历史辩证法"，是出于以下的考虑，即试图对马克思的经济学与辩证法的哲学关系进行考察的结果。正是在考察经济学与辩证法的关系的总体目标中，卢卡奇把历史唯物主义理解为了"历史辩证法"。而且，在"物化现象"这一部分中，卢卡奇已经十分接近马克思对商品经济异化问题的分析了。所以，青年卢卡奇在《历史与阶级意识》当中对"历史辩证法"的阐释，构成了卢卡奇超越黑格尔主义的最有价值的萌芽。所以说是萌芽，是因为此时卢卡奇毕竟没有彻底回到真正的经济学领域当中来考察经济学与辩证法的关系。只是到了后来，卢卡奇在《关于社会存在的本体论》当中才真正实现了这一目标。根据他本人的说法，可以说，在这部著作中，卢卡奇才真正超越了黑格尔主义，回到了马克思。正如他在"67 年序言"中所说的："只是在 30 年后的今天，我才试图在关于社会存在的本体论中找到解决这一问题的根本方法"。①

4. 历史辩证法的消极意义

卢卡奇的历史辩证法始终没有彻底超越黑格尔。"我们看到他走进了黑格尔的巨大身影之中，在其中徘徊留连却未曾走出来——不是他不想走出来，而是力有未逮不能走出来。"② 这也就是说，卢卡奇没有按照马克思所说的"改变世界"的哲学去做。所以，早期的卢卡奇受黑格尔的影响比较深，在这个意义上，卢卡奇的黑格尔主义传统，影响了他的理论成为彻底的"马克思主义"。这也是卢卡奇争议颇多的原因。

尽管卢卡奇在很多问题上分析和批评了自己早期思想中的观点，但是，从总体上看，卢卡奇自己对早期的思想所做的回忆和批评，可以被归结为一个问题，这就是：在黑格尔主义的笼罩下，对马克思的历史唯物主义作出了抽象的唯心主义的理解。尽管强调了历史范畴，并以此来规范和颠倒黑格尔的辩证法，但是仍然没有彻底在经济学意义上回到真实的实践概念，这导致了他的理论必然具有黑格尔的浪漫主义和乌托邦宗派主义的基本倾向。为此，他所理解的"历史辩证法"自然还仅仅是通向本真的马克思主义哲学的一个环节，而《历史与阶级意识》也不过是对"马克思主义学徒期"的一次总结而已。

当卢卡奇认识到了自己在《历史和阶级意识》中的黑格尔主义倾向，他就开始了向本真马克思的回归。这个过程实际上经历了四个过程：第一，就是在《历史和阶级意识》后不久的几篇书评当中，对实践和经济学的关注；第二，就是 1930 年《1844 年经济学哲学手稿》的影响；第三就是 1967 年为《历史与阶级意识》写的序言；第四，晚年著作《关于社会存在的本体论》。这四个阶段，实际构成了卢卡奇在

---

① 卢卡奇：《历史和阶级意识》（序言），杜章智、任立、燕宏远译，商务印书馆 1999 年版，第 33 页。

② 吴晓明：《卢卡奇的存在论视域及其批判——〈历史与阶级意识〉的黑格尔主义定向》，《云南大学学报》第 2 卷第 1 期。

《历史和阶级意识》以后，逐渐向本真马克思回归的一个漫长的历程。这也就说明了《历史和阶级意识》显然没有实现对"历史辩证法"的彻底马克思主义的解读。这当然不是说对历史辩证法的理解有错误，因为对马克思哲学所做的"历史辩证法"的理解，应该说是符合马克思本意的。问题仅仅在于，卢卡奇在《历史和阶级意识》当中所理解的"历史辩证法"，或许还由于他的黑格尔主义传统，而抹杀了马克思历史辩证法所具有的革命性和批判性。

在 20 世纪 30 年代，卢卡奇已经认识到了自己在这方面的缺点。所以，在《历史和阶级意识》以后的几篇书评文章中，开始向马克思回归。当然，这些仍然没有最终实现对黑格尔的超越，只是到了后期，卢卡奇才在《关于社会存在的本体论》中解决了这个问题。对此，卢卡奇在后来写的序言中明确指出："我也认识到了，在我思想上希望以这种认识来纠正《历史和阶级意识》的错误……我将需要扩大研究的范围，……它是从研究黑格尔出发，经由对经济和辩证法的关系这个方案的研究，到达今天我试图建立的一种社会存在的本体论"。①

卢卡奇在晚期的著作《关于社会存在的本体论》中进一步修正了早期思想的错误。在对于卢卡奇所理解的历史辩证法方面，我们同样可以看到青年卢卡奇的历史唯物主义思想所存在的问题。这就是，他没有真正把历史辩证法与自然辩证法区分清楚，因而导致了用历史辩证法取代自然辩证法的黑格尔主义的倾向。

在对待辩证法的态度上，卢卡奇前后发生了重大的变化。在《历史与阶级意识》当中，卢卡奇把辩证法仅仅看作是"历史"的辩证法，而把"自然"辩证法排除了历史辩证法之外。在对"自然"概念的理解的时候，也是不自然纳入到社会历史范畴之内来理解的，而不是把自然看作是纯粹的自然物本身。这一点在当时反对庸俗的经济决定论和自然主义方便，确实起到了积极的作用。站在黑格尔的立场上，卢卡奇从总体性的观点出发，显然是对当时自然主义和庸俗唯物主义的有力批判。然而，青年卢卡奇在《历史与阶级意识》当中却走到了另一个极

---

①　卢卡奇：《历史和阶级意识》（序言），杜章智、任立、燕宏远译，商务印书馆 1999 年版，第 43 页。

端，即忽视了马克思的现实的经济基础的经济学考察，因而，使得卢卡奇离开了马克思的实践哲学的路向。因此说来，在《关于社会存在的本体论》中，卢卡奇纠正了这个早期的自然观，并且把"社会存在"也看作是一个与"自然存在"同样具有的客观性。用卢卡奇的话说，自然存在构成了社会存在的"前史"。也就是说，卢卡奇重新区分了自然存在与社会存在的关系。在《历史与阶级意识》当中，把二者完全割裂开来，而在《关于社会存在的本体论》当中，则把二者重新统一起来。一方面认为自然存在是社会存在的前史，辩证法应该统摄自然存在和社会存在。但是，另一方面，又看到社会存在一定是对自然存在的"飞跃"。"必须看到社会存在对于原有的自然存在产生了一个飞跃，即这是一个目的论设定的过程"。① 这样，就为重新思考社会存在确立了"本体论"基础。然而，无论如何去理解"社会存在"，都不过是对马克思哲学的一种理解而已，最终没有超出本体论的思维方式。"但是，本体论毕竟是'解释世界'的思维方式的产物，它还同时具有一系列严重的缺陷和弊病：既然要'解释世界'，提供世界图景，就要寻根溯源，从头说起，于是就给世界设定一个终极的、先在的、独立的本体……窒息了哲学的生机和活力"。②

　　也就是说，只要没有超出"本体论"的思维方式，就没有彻底回到马克思哲学。在这个意义上，《关于社会存在的本体论》仍然存在着《历史与阶级意识》所遗留下来的黑格尔主义倾向。可以说，卢卡奇一生都没有突破黑格尔的束缚，当然同时也就意味着他与马克思始终有一段距离。这个距离是根本性的，而且恰好是马克思所集中批判从前旧哲学的"症结"所在。所以，卢卡奇的这一教训对当代研究马克思哲学的意义是深远的。

　　卢卡奇晚年在他看来是一生最重要的著作《关于社会存在的本体论》中，完成了关于"社会存在"的"本体论"的分析。这里包括两个最关键的概念，就是"社会存在"和"本体论"。总体上来看，卢卡奇一直还停留在对马克思的《资本论》《1844 年经济学哲学手稿》和

---

① 卢卡奇：《关于社会存在的本体论》（上卷中译本序），白锡坤、张西平、李秋零等译，重庆出版社 1993 年版，第 18 页。

② 张奎良：《马克思的本体论思想及其当代意义》，《现代哲学》2002 年第 2 期。

《政治经济学批判》等几部著作的"理解"的层面上。那么，问题是，这种"理解"是否真正超越了黑格尔？是否真正超越了《历史与阶级意识》？是否真正回到了马克思？如果评价卢卡奇的思想，这些当然是值得思考的。我们当然也不能完全听任卢卡奇本人在"67年序言"中和在《关于社会存在的本体论》写作中自己所作的一系列评价。按照他本人的理解，当然他认为自己通过《关于社会存在的本体论》彻底回到了马克思。然而，当我们站在当代对马克思作出理解的时候，或许仍然能够发现，在卢卡奇眼中的"社会存在"以及他所做的"本体论"研究，可能还存在着一定程度的"黑格尔主义"的影响。比如，卢卡奇自己在晚年的自传中曾经认为："本体论是马克思主义的真正哲学基础"①，马克思的论述"在最终的意义上都是直接关于存在的论述，即它们都纯粹是本体论的"。② 这些结论可能与卢卡奇本人的哲学风格有关。或许卢卡奇在骨子里更加是一位接近黑格尔的"思辨哲学家"，而不是马克思和列宁的"实践哲学家"。纵然卢卡奇是在"社会存在"的意义上来理解经济学的各个范畴，包括"劳动"、"分工"、"生产"、"再生产"、"异化"等，但不能因此判定卢卡奇就已经完全超出了从前哲学的影响。在他对这些范畴的分析中，总是去为这些"社会存在"寻求某种"本体论"的"解释"，而不是像马克思那样带着"共产主义"的宏观社会历史目的去实现社会历史的伟大"变革"。在这个意义上，卢卡奇是否真正超越了《历史与阶级意识》、是否真正回到了马克思，还是值得争议的问题。

我们显然不能因为卢卡奇自己做出了"自我批评"，或晚年对自己的较高评价，同样也不能因为他关注了社会存在，并且把"劳动"作为社会存在的基础性范畴，就完全认为他已经回到了马克思。思想的努力毕竟不能取代思想的客观性。但是，无论如何，卢卡奇所理解的历史辩证法对我们今天仍然具有重要的学术价值。

---

① 卢卡奇：《关于社会存在的本体论》（上卷中译本序），白锡坤、张西平、李秋零等译，重庆出版社1993年版，第10页。
② 卢卡奇：《关于社会存在的本体论》，白锡坤、张西平、李秋零等译，重庆出版社1993年版，第637页。

参 考 文 献

［1］《马克思恩格斯全集》（第1—4卷）人民出版社1958、1960年版。

［2］《马克思恩格斯选集》（第1—4卷）人民出版社1995年版。

［3］《马克思恩格斯全集》第32卷，人民出版社1956年版。

［4］马克思：《资本论》（第1卷），人民出版社2004年版。

［5］马克思：《1844年经济学哲学手稿》，中央编译局译，人民出版社2000年版。

［6］柏拉图：《理想国》，郭斌和、张竹明译，商务印书馆1986年版。

［7］康德：《纯粹理性批判》，蓝公武译，商务印书馆1960年版。

［8］康德：《实践理性批判》，韩水法译，商务印书馆1999年版。

［9］康德：《实践理性批判》，邓晓芒译，人民出版社2003年版。

［10］黑格尔：《小逻辑》，贺麟译，商务印书馆1980年版。

［11］黑格尔：《哲学史讲演录》（1—4卷），贺麟、王太庆译，商务印书馆1959年版

［12］黑格尔：《精神现象学》（上卷序言），贺麟、王玖兴译，商务印书馆1979年版。

［13］费尔巴哈：《基督教的本质》，荣震华译，商务印书馆1984年版。

［14］卢梭：《社会契约论》，何兆武译，商务印书馆2003年版。

［15］哈贝马斯：《重建历史唯物主义》，郭官义译，北京社会科学文献出版社2000年版。

［16］哈贝马斯：《作为"意识形态"的技术与科学》，李黎、郭官义译，学林出版社1999年版。

［17］海德格尔：《存在与时间》，陈嘉映译，生活·读书·新知三联书

店 1999 年版。

［18］ 海德格尔：《海德格尔选集》（上下卷）孙周兴选编，生活·读书·新知三联书店 1996 年版

［19］ 伽达默尔：《真理与方法》，洪汉鼎译，上海译文出版社 1999 年版。

［20］ 卢卡奇：《历史与阶级意识》，张西平译，重庆出版社 1989 年版。

［21］ 卢卡奇：《历史和阶级意识》，杜章智、任立、燕宏远译，商务印书馆 1999 年版。

［22］ 卢卡奇：《关于社会存在的本体论》，白锡坤、张西平、李秋零等译，重庆出版社 1993 年版。

［23］ 《卢卡奇早期文选》，张亮、吴勇立译，南京大学出版社 2004 年版。

［24］ 卢那察尔斯基：《论文学》，人民文学出版社 1978 年版。

［25］ 阿尔都塞：《保卫马克思》，顾良译，商务印书馆 1984 年版。

［26］ 霍克海默、阿多尔诺：《启蒙辩证法》，洪佩郁、蔺月峰译，重庆出版社 1990 年版。

［27］ 霍克海默：《批判理论》，李小兵译，重庆出版社 1993 年版。

［28］ 马尔库塞：《单向度的人——发达工业社会意识形态研究》，张峰、吕世平译，重庆出版社 1990 年版。

［29］ 葛兰西：《葛兰西文选》，人民出版社 1992 年版。

［30］ 阿多尔诺：《否定的辩证法》，张峰译，重庆出版社 1993 年版。

［31］ 马克斯·韦伯：《新教伦理与资本主义精神》，于晓、陈维纲译，生活·读书·新知三联书店 1987 年版。

［32］ 丹尼尔·贝尔：《资本主义文化矛盾》，赵一凡、蒲隆、任晓晋译，生活·读书·新知三联书店 1989 年版。

［33］ 弗洛姆：《健全的社会》，孙恺详译，贵州人民出版社 1994 年版。

［34］ 《高清海哲学文存》（1—6 卷），吉林人民出版社 1997 年版。

［35］ 张奎良：《马克思的本体论思想及其当代意义》，《现代哲学》2002 年第 2 期。

［36］ 孙正聿：《理论思维的前提批判》，辽宁人民出版社 1992 年版。

［37］ 孙正聿：《哲学通论》，辽宁人民出版社 1998 年版。

［38］孙正聿：《人类思想运动的逻辑——黑格尔概念辩证法的真实意义》，《社会科学战线》2003 年第 6 期。

［39］孙利天：《死亡意识》，吉林教育出版社 2001 年版。

［40］孙利天：《朴素地追问我们自己的问题和希望——中国哲学、西方哲学和马克思主义哲学会通的基础》，《吉林大学社会科学学报》2005 年第 3 期。

［41］刘福森、张维久：《社会发展问题的哲学探索》，吉林大学出版社 1994 年版。

［42］刘福森：《从实践唯物主义到历史唯物主义》，《理论探讨》2001 年第 6 期。

［43］杨魁森：《马克思主义与当代思潮》，吉林大学出版社 1998 年版。

［44］杨魁森：《商品经济与人的物化问题》，《哲学研究》1993 年第 10 期。

［45］杨魁森：《当代哲学与社会发展》，中国文联出版社 2004 年版。

［46］艾福成：《马克思哲学著作研究》，吉林大学出版社 2004 年版。

［47］王天成：《直觉与逻辑》，长春出版社 2000 年版。

［48］贺来：《现实生活世界》，吉林教育出版社出版 1998 年版。

［49］孙伯葵：《卢卡奇与马克思》，南京大学出版社 1999 年版。

［50］张一兵：《马克思历史辩证法的主体向度》，南京大学出版社 2002 年版。

［51］张一兵：《青年卢卡奇的历史唯物主义观念》，《南京社会科学》2000 年第 2 期。

［52］张一兵、胡大平：《西方马克思主义哲学的历史逻辑》，南京大学出版社 2003 年版。

［53］袁贵仁：《马克思的人学思想》，北京师范大学出版社 1996 年版。

［54］万俊人：《现代性的伦理话语》，黑龙江人民出版社 2001 年版。

［55］徐崇温：《“西方马克思主义”论丛》，重庆出版社 1989 年版。

［56］王南是：《作为实践智慧的辩证法》，《社会科学战线》2003 年第 6 期。

［57］俞吾金：《本体论复兴和趋势》，《浙江学刊》2002 年第 1 期。

［58］俞吾金：《实践诠释学——重新解读马克思哲学与一般哲学理

论》，云南人民出版社 2001 年版。

［59］ 俞吾金：《存在、自然和社会存在》，《中国社会科学》2001 年第 2 期。

［60］ 吴晓明：《卢卡奇的存在论视域及其批判——〈历史和阶级意识〉的黑格尔主义定向》，《云南大学学报》2003 年第 1 期。

［61］ 吴晓明：《卢卡奇与现代性批判——〈历史和阶级意识〉的分析定向及存在论基础》，《天津社会科学》2002 年第 5 期。

［62］ 张西平：《工业文明中人的困境——卢卡奇浪漫主义哲学述评》，中国社会科学 1998 年第 1 期。

［63］ 杨耕：《为马克思辩护》，黑龙江人民出版社 2002 年版。

［64］ 杨耕：《超越与回归：斯大林与卢卡奇本体论思想的比较研究》，《哲学研究》2003 年第 12 期。

［65］ 衣俊卿：《论西方马克思主义的理论定位与批判指向》，《广东社会科学》2003 年第 2 期。

［66］ 韩震：《西方历史哲学导论》，山东人民出版社 1992 年版。

［67］ 韩庆祥：《哲学的现代形态——人学》，黑龙江人民出版社 1996 年版。

［68］ 李德顺：《价值论》，中国人民大学出版社 1987 年版。

［69］ 郭湛：《哲学与社会》，中国人民大学出版社 2000 年版。

［70］ 陈筠泉、刘奔：《哲学与文化》，中国社会科学出版社 1996 年版。

［71］ 黄学军：《德国古典主义与浪漫主义的分野》，《宁夏大学学报》2001 年第 1 期。

后　记

　　目前学术界有越来越多的学者认为，马克思主义哲学是历史唯物主义。究竟马克思主义哲学是怎样的历史唯物主义，国内学者形成了很多的理解，如实践唯物主义、实践观点的思维方式、实践本体论、历史生存论、社会关系本体论，等等。卢卡奇则把马克思的历史唯物主义理解为"历史辩证法"。可以说卢卡奇是以"辩证法"为立足点来理解马克思所创立的历史唯物主义的经典代表。卢卡奇在《历史和阶级意识》中，抓住"辩证法"及其所具有的"历史本性"来理解马克思的历史唯物主义。从卢卡奇的《历史和阶级意识》的内容中，结合卢卡奇自身种种对辩证法历史特性的强调，我认为，"历史辩证法"应该是卢卡奇所理解的历史唯物主义的根本称谓。

　　在当代许多对马克思的历史唯物主义的理解中，还没有形成完整的对马克思历史唯物主义的解读。卢卡奇对马克思的历史唯物主义的理解——"历史辩证法"，对于我们当代科学理解马克思的历史唯物主义，具有很大的启发和借鉴意义。为此，我在吉林大学读博士期间确定了这一选题而进行研究，本书则是在我的博士论文的基础上的拓展和深化。

　　在这里，我要衷心地感谢我的导师——吉林大学博士生导师刘福森教授。导师严谨的治学风范，高尚的人格魅力，独具特色的理性思维，富有深邃智慧的哲学理念，不断追求崇高的思想自由，乐观达人的生活态度使我受益匪浅。

　　在这里，我要感谢吉林大学博士生导师孙正聿教授、孙利天教授、贺来教授、王天成教授、杨魁森教授等，在我读博士期间能够聆听他们的教诲以及开题答辩所给予帮助和指导。

在这里，我还要感谢我的师兄吉林大学博士生导师吴宏政教授，他深厚的哲学底蕴，渊博的学识，独特的思维深深影响了我，同时给予了我诸多无私的帮助，在此，表示深深的谢意。

同时，本书吸收和借鉴了许多国内外相关的研究成果，另外本书的出版得到了中国社会科学出版社任明主任的大力支持和帮助，在此，表示诚挚的谢意。

尽管我极力地努力去思考与研究，但认识能力和研究水平的限制，文中难免存在不足与缺陷，诚恳同仁批评赐教！

邹之坤

2015 年 5 月